ADOS EN VRILLE, MÈRES EN VRAC

XAVIER POMMEREAU

Ados en vrille, mères en vrac

ALBIN MICHEL

ISBN : 978-2-253-16690-0 – 1re publication LGF

À Françoise

Avant-propos

> « Les ados ont la gerbe, les mères ramassent, les pères détalent. »
>
> Florine, centre Abadie, 2009.

« Il, elle part en vrille », l'expression est courante pour dire de quelqu'un qu'il n'est plus contrôlable, que la spirale de ses agissements est devenue infernale et que l'on craint que tout ça ne finisse très mal, à l'image d'un avion en perdition tombant en tournoyant sur lui-même. Lorsqu'il s'agit de son propre enfant et que la vrille s'appelle coma éthylique, scarification ou crise de boulimie – échantillon très actuel des troubles des conduites à l'adolescence –, tout parent se fait non seulement un sang d'encre mais se sent entraîné dans une chute libre qui correspond aussi à l'écroulement de ses illusions et de ses espérances d'hier.

Un adolescent sur sept présente et répète aujourd'hui de tels troubles, et une tendance nette se dessine : les passages à l'acte sur le mode de la coupure commencent de plus en plus tôt, dès l'âge de 11 ans, avec un pic de fréquence à 14-15 ans. Fugues, ivresses (alcool, cannabis), automutilations, addictions aux jeux vidéo et troubles des conduites alimentaires (TCA) en sont les formes les plus courantes. Dans ce genre de pratique, rien ne semble pouvoir arrêter la dégringolade, ni la douceur ni la fermeté éducative. Malgré les tentatives de reprise en main, l'adolescent a le diable au corps. Il fume et boit plus que les autres, se met en danger, s'acharne à se faire du mal et, quand on n'assiste pas à sa descente en flammes, on est forcément là pour constater les dégâts...

Tout parent, vraiment ? Oui, bien sûr, les pères autant que les mères, sans oublier les « pièces rapportées » des familles recomposées, ces nouveaux venus dont la position est bien inconfortable. Admettons-le, n'importe quel parent peut se montrer concerné et inquiet. Mais alors une question se pose : pourquoi ne donner ici la parole qu'aux seules mères ? Voici en effet un livre soutenant leur cause puisqu'il restitue leurs uniques témoignages tels que nous les avons recueillis, écrits puis condensés, avant de les commenter avec notre regard de psychiatre spécialiste de l'adolescence. Reconnaissons que les beaux-parents ne s'y expriment pas et que les hommes en général – et tout particulièrement les pères – n'y sont pas épargnés. Qu'auraient-ils dit, corrigé ou confirmé s'ils avaient eu la parole ? Ils mériteraient assurément un ouvrage qui présenterait leur propre version des faits et gestes de l'ado... Mais ce sont les mères de ces ados en vrille qui viennent nous consulter, dans l'immense majorité des cas, et ce sont indubitablement elles qui se trouvent le plus souvent en première ligne, avouant se sentir très seules pour gérer l'ingérable. Et parce qu'elles s'adressent à nous en toute confiance avec l'espoir de trouver des réponses, nous avons choisi de relayer leur parole. Peu s'en prennent directement aux « pièces rapportées ». Ce sont les pères de leurs enfants que ces mères remettent en question. Où sont-ils ? demandent-elles. Pourquoi n'ont-ils plus d'autorité ? S'inquiètent-ils autant qu'elles, lorsqu'ils se taisent ou au contraire hurlent à tous les vents qu'ils vont intervenir sans mettre leur programme à exécution ? Que font-ils pour éviter le pire ? Voilà les questions que posent ouvertement nombre de mères en détresse que nous rencontrons. Elles déplorent l'inconsistance des pères, leur lâcheté ou leur disparition.

Sont-elles objectives ? Sûrement pas. Elles l'admettent d'ailleurs elles-mêmes. Mais plus que les faiblesses propres à chacun d'entre eux, elles dénoncent surtout le paradoxe paternel qui, selon elles, crève aujourd'hui l'écran : d'un côté, les pères n'ont jamais autant revendiqué leur paternité (contrairement à autrefois, la plupart s'impliquent auprès de l'enfant dès la naissance, et ils n'hésitent pas à aller en justice pour faire valoir leurs droits parentaux après séparation) ; de l'autre, ils semblent avoir beaucoup de mal à assumer les difficultés de l'adolescent en situation de crise. Ils fuient, éludent, s'abritent derrière le travail, le conflit parental ou l'éloignement géographique... En tout cas, d'une manière ou d'une autre, ils ne sont pas là et c'est cela que leur reprochent ces mères.

Qu'en pensent les sociologues ? Ils sont généralement d'accord pour dire que la société n'aide pas les pères à trouver place et fonction. Exit les inflexibles et les machos de salon, les mentalités ont évolué, heureusement ! Mais le prix à payer est le floutage de leur image, devenue imprécise au fur et à mesure que s'est affirmée celle – omniprésente – des femmes qui travaillent tout en gardant la haute main sur la vie domestique. Les pères trop flous ou dérangeants sont réduits par la société au statut de « simples géniteurs », tandis que les autres sont censés « égaliser » le rôle des mères au sein de la famille, à travers un partage de l'autorité sans concession où la virilité n'est pas de mise. Au nom de l'égalité citoyenne, on dénie la différence des sexes et on confond les places, avec en face un ado cherchant lui-même ses singularités et ses repères, ce qui donne à la maison une vigoureuse ambiance de jeu de chaises musicales !

Au sein de quelle famille, à propos ? Un couple sur deux divorce ou se sépare, et le modèle familial s'est lui aussi écroulé comme un château de cartes. En moins d'un demi-siècle, les familles monoparentales se sont installées dans le paysage social. Leur nombre ne cesse d'augmenter. Avec près de trois millions d'enfants de moins de 25 ans à charge, celles-ci représentent aujourd'hui un foyer sur cinq. Dans 85 % des cas, la mère est le chef de famille. Les jeunes issus de parents séparés ne sont que 17 % à être élevés par leur père ; 18 % ne le voient jamais ; un enfant sur quatre voit son père une fois par semaine ; un sur cinq ne le rencontre que quatre fois par an[1].

1. D. Versini, *Enfants au cœur des séparations parentales conflictuelles : plaidoyer pour mieux préserver l'intérêt des enfants*, novembre 2008, La Documentation française.

Dans les familles recomposées qui ont, elles, la charge d'un peu plus d'un million cinq cent mille enfants de moins de 25 ans, la configuration la plus courante (près de deux tiers des cas) est celle de jeunes vivant avec leur mère et un beau-père, 37 % seulement résidant avec leur père et une belle-mère. Ces recompositions succèdent habituellement à une période de vie en famille monoparentale. Ainsi, la part des enfants habitant avec un parent et un beau-parent est faible chez les petits de moins de 4 ans, puis elle progresse régulièrement avec l'âge et atteint son maximum à l'âge de 13 ans, au début de l'adolescence.

Cessons le tir statistique. Même dans les familles où les parents vivent ensemble, la participation active des pères laisse souvent à désirer en cas de tensions avec l'ado. La plupart n'ont jamais le temps de rencontrer le principal du collège, l'enseignant, l'assistante sociale ou le psy qui les sollicite. Ils jouent en touche, chargeant leur épouse ou compagne de les représenter et de régler sinon l'addition du moins le problème. Sommes-nous tout à fait honnêtes en écrivant cela ? À vrai dire, un frémissement en sens contraire semble s'opérer ces dernières années. Les pères sont un peu plus nombreux qu'hier à se mobiliser, comme l'attestent nos groupes de parents où il n'est plus rare qu'ils soient deux ou trois à y participer aux côtés de la dizaine de mères présentes. Espérons que ce mouvement s'amplifiera et perdurera...

Quoi qu'il en soit, et sous réserve d'un prochain livre sur les pères d'ados, c'est le témoignage de ces mères très seules que nous avons voulu recueillir et discuter. Elles sont en vrac, c'est-à-dire perturbées, en désordre, bouleversées en voyant leur ado partir en vrille. Surtout lorsqu'elles ont leurs propres raisons de souffrir et que d'un vrillage à l'autre elles se sentent inexorablement taraudées. Bien plus que la face, elles ont alors le sentiment de tout perdre, jusqu'au sens même de la vie. Des mères ainsi déboussolées, nous en présentons six, et c'est à travers leur regard que nous découvrons leur adolescent.

Hélène a de sérieux ennuis de santé et sa fille s'adonne au *binge drinking* – ce nouveau mode d'alcoolisation consistant à boire le plus possible en un minimum de temps. L'une et l'autre se rendent malades ; qui détermine quoi ?

Nacéra, elle, c'est avec son fils qu'elle a des problèmes ; il semble filer un mauvais coton. Est-il, comme les mauvaises langues le prétendent, une racaille de banlieue ou bien plutôt un Œdipe cherchant son chemin au risque de tous les accidents de parcours ?

Au moindre conflit, « tu n'as rien à me dire, tu n'es pas ma mère ! » crie Tania à Élisabeth, son instit de mère, avant de s'enfermer dans sa chambre et de se scarifier les avant-bras. De quoi essaie-t-elle de se couper ?

Barbara, pianiste, aime l'harmonie mais violences et désaccords rendent les relations qu'elle a avec sa fille totalement dissonantes. Et le cannabis dont celle-ci abuse ne calme pas ses ardeurs fanatiques au point qu'une question devient insistante : est-elle en train de devenir folle ?

Avoir un fils accro aux jeux vidéo, Catherine ne connaissait que trop bien, mais le jour où le jeu virtuel s'est transformé en scénario suicidaire dans la vraie vie, tout a basculé. L'Internet a-t-il failli le tuer ?

Quant à Paola, si elle aime les bons petits plats, on ne peut pas en dire autant de sa fille tombée dans l'enfer de l'anorexie. Comment la remettre dans son assiette ?

Ces femmes existent, nous les avons rencontrées. Parfois bien avant de connaître leur adolescent et à plusieurs reprises, même lorsque des centaines de kilomètres nous séparaient. Nous restituons ici leur point de vue, sans donner la réplique aux pères et aux ados concernés. Un parti pris que nous assumons pour saluer le courage de ces femmes qui tentent de comprendre et d'agir au profit de leur progéniture. Chacune a littéralement droit au chapitre pour livrer son vécu, tenter d'être objective ou se montrer au contraire partiale. La plupart se débattent avec un problème personnel s'ajoutant à l'inquiétude que leur inspire leur ado. Au moment où elles essuient une tempête intérieure liée à leur état de santé, à leurs problèmes d'identité, ou encore aux déchirures de leur vie sentimentale, elles voient se dégrader la relation mère-enfant et ont sérieusement du souci à se faire. Bien sûr, nous avons voulu qu'elles se reconnaissent, non que l'on puisse les identifier. Avec leur accord, nous avons ainsi maquillé certains détails, de même que nous avons soigneusement masqué les éléments relevant de leur identité civile et des lieux où elles vivent. L'essentiel était pour nous de respecter les ambiances et les états d'âme.

Ce faisant, n'avons-nous pas sélectionné des histoires un peu trop « spéciales », voire extravagantes ? Certaines peuvent donner à le penser, mais notre équipe du centre

Abadie en traite tous les jours de semblables. En tout cas, nous n'avons pas cherché à rapporter des histoires extraordinaires ; celles que nous avons choisies nous paraissent illustrer la diversité des situations et des parcours de vie, et indiquer quels sont les principaux enjeux familiaux au temps de l'adolescence. La sincérité des témoins a fait le reste, et leur souci d'aller au fond des choses montre une fois de plus que derrière les évidences se cachent des aspects plus complexes.

Rappelons que c'est un leurre de croire que l'on peut connaître, de l'extérieur et en superficie, la nature et l'intensité des drames se jouant dans l'intimité des familles. La preuve éclatante en est donnée par la pauvreté des témoignages tels que les médias les saisissent lorsqu'ils interrogent à chaud le voisinage de personnes touchées par un fait divers sordide : « Une famille sans histoires... On ne comprend pas... Ils avaient l'air si heureux », etc. Les mères qui s'expriment ici empruntent au contraire une voie puis une autre, avant de rebrousser chemin et de se lancer dans une piste explicative différente, en réponse aux questions que nous leur posons.

Pour autant, nous ne prétendons pas que toutes ces histoires courent les rues. Mais sachant qu'environ 15 % des ados vont mal, une mère sur sept est en difficulté et peut se retrouver en détresse lorsque sa propre histoire entre en résonance avec celle de son enfant. Nous espérons que nos lectrices reconnaîtront des aspects de leur vécu, même si elles n'ont pas à affronter de telles difficultés.

Le choix de ces mères a été fait à partir des conduites à risque développées par leur adolescent. Nous voulions balayer les principales formes de coupure caractérisant aujourd'hui les jeunes en souffrance. Tous n'ont pas été suivis ou hospitalisés au centre Abadie, et nous ne connaissions pas forcément leurs mères avant d'élaborer ce projet. Le groupe de parents nous a aidés en nous renvoyant judicieusement vers des « amis d'amis » en difficulté, et c'est avec ces derniers que nous avons parfois pris contact. La sélection était assez libre. Nos seules vraies contraintes consistaient à éviter la caricature et à faire en sorte que chaque témoignage ait pour fil conducteur une des problématiques d'ado les plus actuelles : alcoolisation massive, errements identitaires, automutilations, violences, addiction à l'Internet, TCA. À partir de cela, nous avons voulu recruter des mères représentatives, sans chercher à réaliser un panel statistique. Toutes devaient inspirer à la fois de la force et du désarroi, pouvoir s'en ouvrir facilement et apparaître, sinon familières, du moins assez proches des lecteurs. Qu'elles vivent seules ou en couple, et qu'elles bénéficient ou non de moyens matériels suffisants, s'est en réalité révélé très secondaire.

Contrairement à nos craintes initiales, nous n'avons eu aucun mal à trouver des mères volontaires. Le projet les intéressait et la méthode leur convenait. Elles nous ont dit combien elles souhaitaient que leur expérience soit riche d'enseignements pour d'autres mères désemparées, et elles se sont montrées coopératives à un point que nous ne soupçonnions pas. Elles n'ont jamais cherché à censurer ce que nous écrivions à leur sujet. Et l'abnégation dont elles font preuve nous a fortement impressionnés. Ces mères donnent le plus d'amour possible. Elles n'attendent ni remerciement ni gratification, et ne veulent pas non plus qu'on les plaigne. Elles assument leurs difficultés de mères. Ce sont des combattantes. Puisse ce livre leur rendre l'hommage qu'elles méritent.

Hélène

Couvrez ce sein…

L'histoire commence un vendredi matin par une visite de routine chez la gynéco. Normalement tout va bien. L'examen se conclut par la palpation réglementaire des seins. Hélène est d'autant moins détendue qu'elle est anxieuse de nature. Tout a l'air de bien aller mais on ne sait jamais. « À force d'entendre parler de dépistage précoce, raconte-t-elle, on s'attend toujours à ce qu'on vous trouve un grain de sable dans les rouages, même quand tout paraît OK. »

Elle ne croit pas si bien dire. La gynéco, qui s'attarde sur le flanc du sein gauche, observe : « Tiens, je sens que ça accroche un peu, là, c'est granuleux… » Hélène se souvient de s'être sentie comme clouée sur place. Dans la panique, elle est incapable de bredouiller quoi que ce soit. En l'occurrence, elle se rappelle avoir bêtement répété : « Vous sentez vraiment quelque chose ? » Le médecin, la mine ennuyée, s'emploie alors à la rassurer, à grand renfort de : « Ne vous inquiétez pas, moi je ne suis pas inquiète », avant d'ajouter : « Je ne suis pas sûre, mais comme je suis très scrupuleuse, on va quand même demander une échographie. »

Hélène regagne sa voiture en titubant, comme groggy. Sans prendre le temps de s'arrêter quelque part pour recouvrer ses esprits, elle prend la direction du lycée pour y récupérer sa fille Élodie. Toutes deux ont prévu d'aller faire des courses et Hélène tient à faire bonne figure, à surtout ne pas montrer son trouble. En route, son cœur continue de battre la chamade. Elle sent à nouveau monter une vague d'angoisse et tremble de tous ses membres. Passant et repassant dans sa tête la séquence chez la gynéco, elle en arrive toujours à la même conclusion : le Dr C. a trop répété qu'elle n'était pas inquiète, et elle n'a pas parlé de « grosseur », « kyste », « petite boule », voire « nodule », ces mots qui auraient véritablement justifié sa « non-inquiétude ». Au contraire, cet évitement, ce blanc, ces réassurances de pacotille, et ce rendez-vous d'échographie obtenu dans seulement quatre jours ne font qu'accentuer le soupçon d'une présence indésirable – celle de la « Chose »...

Hélène en est là lorsqu'elle aperçoit Élodie près de l'entrée du lycée, gesticulant au milieu d'un groupe d'amis. Évidemment, comme toujours, « la clope au bec ». Grande et belle jeune fille âgée de 17 ans, il faut dire qu'Élodie ne passe pas inaperçue. Et, à l'évidence, ne cherche pas à le faire. La crinière de punkette brune au vent, elle rit et fume à gorge déployée avec une décontraction qui fait plaisir à voir. Fumer tue ? Elle a la chance de croire que ce sera dans longtemps, « lorsqu'elle sera vieille et de toute façon fripée à mort », dit Élodie chaque fois qu'elles en parlent. Hélène hésite presque à venir perturber cette insouciance. Bref coup de klaxon. L'adolescente tourne la tête dans sa direction et change instantanément d'expression, son visage se ferme : une mèche en barre soudain l'accès, son regard s'assombrit, sa lèvre percée fait la moue. Tandis que sa mère se range en double file, Élodie ouvre la portière et s'engouffre dans la voiture en disant : « Salut. Je t'avertis, je ne suis pas d'humeur à ce que tu me prennes la tête… »

Week-end Lexomil. Hélène a des copies à corriger, mais finit par y renoncer. Elle n'a pas du tout la tête au travail et ne veut pas que ses élèves en fassent les frais. Elle se sent « amortie » par le tranquillisant mais cela ne l'empêche pas de tourner et virer comme un ours en cage. Seule éclaircie au tableau, elle n'a pas à faire beaucoup d'efforts pour masquer son angoisse auprès de sa fille : comme d'habitude, celle-ci est rentrée vers midi, épuisée de fatigue et d'ivresse, après une virée passablement arrosée. Élodie a vaguement salué sa mère et directement rejoint sa tanière pour se mettre au lit. En temps « normal », Hélène aurait été la voir, ne serait-ce que pour l'aider à se déshabiller et lui signifier, une fois de plus, ce qu'elle pense de ses soirées. Habituellement Sandra, l'amie d'Élodie, arrive avec quelques bières. Les filles restent un moment dans la chambre d'Élodie pour passer plusieurs coups de fil aux inévitables « potes » avant de filer vers leur lieu de rendez-vous. Et de bar en boîte puis en *after*[1], Hélène ne revoit généralement sa

1. Pour *after-hours*, établissement ouvrant après quatre ou cinq heures du matin où les noctambules peuvent poursuivre leur soirée au-delà des heures de fermeture des bars et discothèques classiques.

fille que le lendemain vers midi, sauf lorsque celle-ci en décide autrement et dort chez quelqu'un. Certes, elle n'y a pas droit tous les week-ends, mais comment rompre ce cercle vicieux ? Hélène n'en sait rien. « Élodie n'est pas la seule à boire jusqu'à tomber raide, dit-elle. Faire la fête, s'amuser, semble synonyme de beuveries organisées où bière et vodka coulent à flots avant que les vomissements des uns et les comas éthyliques des autres ne refroidissent l'ambiance. » Hélène ajoute : « Il arrive qu'au moment de sortir, ma fille et ses copines réfléchissent à deux fois à ce qu'elles vont mettre aux pieds. Savez-vous pourquoi ? Parce qu'elles évaluent les risques d'avoir à marcher dans le vomi et de salir leurs belles chaussures ! Je vous assure que c'est vrai... »

Élodie n'est pas la seule, mais elle n'est sûrement pas la dernière à se mettre dans les états les plus lamentables. Il n'est pas rare que ce soient les autres qui la ramènent et il lui faut presque une journée entière de récupération pour « encaisser » chaque virée. Mais pour Hélène, ce ne sont pas tellement les sorties qui posent problème. Élodie et l'alcool, c'est un problème en soi. « Elle est capable de se siffler des bières en douce, dans sa chambre, reconnaît sa mère. Je trouve des canettes vides sous son lit, dans son placard. Elle prétend toujours qu'elle n'en a bu qu'une ou deux et que les autres datent d'un siècle. Lorsque j'insiste, elle explose... »

Pour l'heure, Hélène la laisse dormir, même s'il s'agit d'un mauvais sommeil dans les brumes de l'alcool. Elle ne se sent pas le courage d'affronter une éventuelle querelle. Élodie a tort, évidemment, à tous les points de vue. Elle passe le bac à la fin de l'année et semble ne pas s'en soucier. Mais n'a-t-elle pas le droit d'avoir d'autres soucis que sa mère ignore ? Et ne serait-ce pas elle, sa mère, qui est beaucoup trop stressée ?

Menue et de taille moyenne, la quarantaine, Hélène est une femme souriante et avenante qui n'a rien d'une « boule de nerfs à vif », comme l'affirme, paraît-il, sa fille. Néanmoins, elle se considère plutôt phobique que banalement anxieuse. Rien que l'idée de la maladie ou de l'accident lui fait perdre ses moyens. Depuis sa consultation chez la gynéco, elle a vu surgir des angoisses de mort difficilement surmontables. Ce qu'elle a déjà vécu lorsque Élodie est tombée de cheval à l'âge de 9 ans ; et ce qu'elle est précisément en train de vivre à l'heure actuelle.

Prof de français en collège, elle vit seule avec sa fille depuis qu'elle s'est séparée de son compagnon – le père d'Élodie – il y a une dizaine d'années. Jean-Luc a deux ans de plus qu'elle. Ils se sont rencontrés à la fac. Lui aussi est prof. « Jean-Luc est davantage doué pour faire de la politique que pour être père de famille, dit Hélène. D'ailleurs il est en train de se séparer de sa nouvelle compagne dont il a deux enfants. » Elle lui en veut encore. Moins pour la pension qu'il oublie régulièrement de verser que pour son attitude envers Élodie. « Depuis toujours, c'est le père absent dont on attend le vrai retour, poursuit-elle. Il ne la voit quasiment jamais sauf quand ça lui chante. Il peut alors l'inviter pour la journée, faire les boutiques avec elle et lui donner en prime deux cents euros. Puis ne plus se manifester pendant trois mois. Du grand n'importe quoi. Mais je ne veux pas avoir l'air de le charger, j'ai eu du mal à faire le deuil de notre relation. C'est un homme que j'ai passionnément admiré. » Hélène évoque leur engagement politique lorsqu'ils étaient étudiants. Jean-Luc était alors un brillant agitateur capable de mobiliser les plus rétifs. Elle a été séduite par l'homme autant que par la cause, tout en restant sagement tournée vers un Capes qu'elle obtiendra brillamment ; tandis que lui ne le passera jamais. Agitateur d'idées, agitateur de familles, qui disparaît aux premières émulsions.

Le Dr C. a téléphoné devant elle pour obtenir rapidement un rendez-vous avec l'échographiste. Perdue, confuse, Hélène n'a pu se concentrer sur les mots qu'a employés sa gynéco à l'adresse de son confrère. Tout lui a semblé aller très vite, trop vite. Et à peine quelques jours plus tard, après seulement cinq minutes d'entretien dans son bureau, le praticien la conduit dans une grande pièce sombre où ronronne du matériel de radiologie.

Elle est maintenant allongée sur une couchette. Le froid du gel sur le sein la saisit. Puis le médecin y promène avec insistance une sorte de souris, tout en regardant fixement son écran. « Ce n'est pas un kyste de mastose », déclare-t-il. Hélène s'empresse de lui demander ce que c'est, mais l'échographiste ne répond pas. Ce n'est décidément pas un homme de langage. Il est déjà en train de préparer l'examen suivant, la mammographie. « Vous êtes torse nu, explique-t-elle. On vous coince le sein entre deux plaques et on l'aplatit comme une crêpe. Et pendant que vous êtes scotchée à cet instrument de torture, on vous mitraille de clichés jusqu'à la garde. Vous vous sentez réduite à un misérable sein comprimé qu'on veut faire parler. » Les gestes de l'échographiste sont doux mais il n'est pas rassurant pour un sou. Il a même l'air gêné. Hélène en est certaine : il ne se protège pas seulement des rayons qu'émet son appareil, on dirait qu'il se défile. « Il préfère se taire, pense-t-elle, parce qu'il a vu tout de suite que ça s'annonçait mal. »

Assise sur la banquette, elle attend le développement des radios. Le type revient avec un léger sourire. « On ne voit rien à la mammo, dit-il. Mais comme votre gynéco l'a demandé, je vais faire une microbiopsie... » – Quand ? lance-t-elle à la volée. – D'ici quelques jours », répond le médecin, évasif. Sur l'insistance d'Hélène, l'examen sera réalisé le lendemain, entre midi et deux. Elle veut savoir, maintenant qu'elle a la preuve que sa gynéco ne lui a pas tout dit. Ce type ment aussi, et elle pressent que tous deux ont bien en tête de débusquer la présence de la Chose. Le soir même, Internet lui apprend que la microbiopsie est une cytoponction, en l'occurrence le prélèvement d'un peu de ce tissu granuleux palpé dans le sein pour l'examiner au microscope. Hélène voit bien qu'on est monté d'un cran dans la série des tests.

La voici à nouveau allongée sur cette maudite couchette recouverte de sa protection inconfortable. Hélène sent l'angoisse l'étreindre lorsque l'échographiste place sur sa poitrine un champ stérile. Son sein en émerge par un grand trou. Le médecin refait d'abord une échographie. Puis il annonce calmement : « C'est à deux heures... » Il parle comme un pilote d'avion indiquant où se trouve l'ennemi. C'est un peu comme « le ver est dans le fruit », pense-t-elle au bord du malaise. « Je vais vous piquer », prévient l'homme, imperturbable. Il n'est pas causant mais il est adroit. Hélène se souvient d'avoir eu peur, pas mal.

Deux ponctions, et l'homme reprend, l'air satisfait : « J'en ai eu, c'est filandreux. » Hélène lui demande son avis. Une fois de plus, il esquive. « Non, je ne peux rien vous dire, dit-il. J'envoie au labo. Si c'est rien, tant mieux. Sinon, il faudra vous faire opérer... Il ne faut pas se voiler la face. » Lorsqu'il se met à parler celui-là, il n'y va pas avec le dos de la cuillère ! Elle ne peut s'empêcher d'insister : « Mais si ce n'est rien, puisque ce n'est pas une mastose, qu'est-ce que ça peut être ? » Et le gars de bafouiller « fibrose » ou « fibromatose », un terme de ce genre. « En tout cas, un mot pas net », se dit Hélène. Quand le mot n'est pas clair, n'est-ce pas en soi l'aveu d'une maladie grave ?

« Je suis malade, décidément ! Je me portais si bien le mois dernier ! J'ai la fièvre, une fièvre atroce, ou plutôt un énervement fiévreux, qui rend mon âme aussi souffrante que mon corps ! J'ai sans cesse cette sensation affreuse d'un danger menaçant, cette appréhension d'un malheur qui vient ou de la mort qui approche, ce pressentiment qui est sans doute l'atteinte d'un mal encore inconnu, germant dans le sang et dans la chair. » En récitant mollement cet extrait de Maupassant, Lucas B. – élève de troisième – produit sur Hélène un effet inattendu. Elle frissonne. Jamais elle n'aurait imaginé que la lecture laborieuse du *Horla* la mettrait un jour dans un tel état. *Le Horla*, un classique du programme qu'elle aime travailler avec ses élèves... Eux qui ont du mal à accrocher à la littérature se laissent généralement prendre par cette histoire en forme de journal intime où le narrateur confie comment progressivement il se sent devenir l'esclave d'une présence invisible, emprise qui le rend fou ou qui révèle sa folie – au lecteur d'en décider. Comme dans la célèbre nouvelle de Stevenson, *L'Étrange Cas du Dr Jekyll et de Mr Hyde*, le thème du double fonctionne bien chez les adolescents en pleine crise pubertaire. Hélène retient généralement toute leur attention lorsqu'elle explique que le mot inventé par Maupassant résonne comme un « hors là » – une entité à la fois en soi et qui peut mettre hors de soi, un « double je ».

Depuis son dernier examen, cette histoire de possession par un double invisible entre en résonance avec celle d'Hélène. Elle se sent, elle aussi, comme possédée par un mal étrange qui se cache et la ronge sournoisement. Un monstre né et nourri dans son sein, ce sein qui fait toute l'identité de la femme et de la mère, qui suscite le désir, le plaisir… et donne force et vie au nouveau-né, comme Élodie du temps où elle n'était encore qu'un bébé… Et voilà son sein suspecté d'abriter l'ennemi, l'envahisseur. Avant de la tuer, va-t-il l'obliger à partir en morceaux, à commencer par lui faire parler de sa poitrine au passé ?

Hélène attend les résultats de la biopsie. Paradoxalement, ce délai lui offre quelques jours de répit et, sous l'effet des anxiolytiques, son angoisse s'évanouit. Sa gynéco l'a appelée pour l'informer qu'elle prenait une semaine de congé mais que sa remplaçante serait là pour voir les analyses attendues en milieu de semaine. « Si ma gynéco part en vacances, se dit Hélène, c'est qu'elle n'est réellement pas inquiète. » Puis elle réalise l'absurdité de ce raisonnement. Comme si sa gynéco n'avait que son cas à traiter ! Cette idée l'aide cependant à ne pas trop « gamberger ». Elle parvient à travailler et donne parfaitement le change à ses collègues.

À la maison, Hélène n'a pas beaucoup à se forcer pour cacher ses états d'âme. Ils n'intéressent pas Élodie. Pour une fois, l'égocentrisme de sa fille lui semble avoir du bon ! C'est l'année du bac et, compte tenu de la jachère paternelle, elle ne tient pas à accabler Élodie. Comment réagirait-elle d'ailleurs en apprenant que sa mère est gravement malade ? Et si elle devait décéder ? Connaissant son caractère, Hélène n'ose y songer. Elle serait capable du pire comme du meilleur... Mais elle n'est pas encore à l'agonie, alors à quoi bon tourmenter inutilement l'adolescente avec ses soucis de santé ? Élodie est bien assez agitée comme ça.

Certes, aucun nouvel épisode d'ivresse n'est à déplorer, mais il y a toujours des canettes vides qui traînent dans sa chambre ! Une pensée fait alors irruption dans la tête d'Hélène, une pensée incroyable : finalement, vu les circonstances, le fait que sa fille boive des bières en douce n'est peut-être pas tellement un problème en ce moment. Tout ce qui peut adoucir le poids de la réalité est bon à prendre... Quelle horreur ! Hélène se dégoûte d'elle-même. Quand va-t-elle avoir le courage d'affronter Élodie sur le terrain de l'alcool ? Elle se promet de le faire dès que la Chose lui en laissera le temps.

C'est vrai que la situation ne peut plus durer. Élodie mène la danse, sa mère ne fait que suivre le mouvement. Le frigo est quasiment vide, il n'y a plus de pizzas congelées ni de barres chocolatées – l'adolescente ne parle pas des packs de bières mais elle y pense tellement fort qu'on les entend déjà tinter ! Quand sa mère compte-t-elle faire des courses ? Il faudrait aussi qu'elle pense à lui donner son argent de poche. Bref, elle ferait mieux d'assurer le ravitaillement plutôt que de passer son temps à faire le ménage. « Une obsédée du rangement, voilà ce que tu es ! » déplore sa fille qui tient également à signaler que depuis que « sa chambre a été passée au Kärcher », elle a perdu un CD auquel elle tenait énormément. « C'est peut-être le foutoir chez moi, mais au moins je m'y retrouve », ajoute-t-elle. Tout cela lancé avec un aplomb confondant. Et une désinvolture à toute épreuve. Hélène pensait que la crise d'ado était derrière elles, quelle erreur ! À l'évidence rien n'est vraiment réglé…

Hélène ressent une grande fatigue. L'expression « de guerre lasse » serait parfaitement appropriée. Elle doit lutter contre la maladie, c'est-à-dire se battre contre une partie de ses propres cellules ; lutter encore pour ne pas baisser les bras, et prendre sur elle afin de résister au besoin de partager tout cela avec Élodie – la « chair de sa chair » – pour ne justement pas lui faire de mal, la corrompre, l'inquiéter… Mais la solitude morale est pesante lorsqu'on ne va pas bien. Et sa fille semble aveuglée par l'égoïsme.

Elle ne voit pas que sa mère a souvent les yeux rouges, le soir, et qu'elle reste plus tard que d'habitude à corriger ses copies, enfermée dans son bureau. Pendant ce temps-là, le son de la télé ou de la chaîne inonde l'appartement, comme pour signifier : « Je me rends imperméable à tes soucis, aveugle et sourde en prime, grâce à ce rempart de bruit. » Élodie ne semble pas non plus réaliser combien Hélène fait d'efforts pour éviter les conflits. Et plus la mère se montre calme et compréhensive, plus la fille s'affiche odieuse et provocante. Cependant, un dimanche soir, la découverte très tardive de deux nouveaux billets d'absence oblige Hélène à demander des comptes. Que répond Élodie ? Elle n'a « plus le temps d'aller au cours d'italien », elle a « autre chose à faire ». Ses yeux brillants disent autre chose : elle a encore bu.

Hélène doit appeler la gynéco remplaçante mais elle ne le fait pas. S'il y avait quelque chose de grave, c'est elle qui appellerait, non ? « Toujours cette même attitude d'autruche face aux dangers qui menacent, reconnaît Hélène. Je suis pire que ma fille. Elle ne voit rien, mais moi je prétends vouloir voir et je plonge la tête dans le sable à la première alerte ! » Mercredi. Il faut pourtant appeler. Elle prend le thé avec Myriam, son amie d'enfance. C'est elle qui va téléphoner et se faire passer pour la patiente. Hélène assiste à l'appel, mais se bouche les oreilles et tourne le dos à son amie pendant la durée du bref échange téléphonique. Lorsque Myriam raccroche, elle se retourne brusquement et l'interroge de la tête. Myriam fait oui d'un air grave. « Je te répète texto ce qu'elle vient de me dire, poursuit-elle. "Vous deviez appeler hier. On vous a déjà dit qu'on était inquiets. Je veux vous voir. On a trouvé des anomalies cellulaires." »

La trappe s'ouvre sous ses pieds. N'aurait-elle rien compris ? Ils sont inquiets ! Et elle qui s'accrochait à l'idée contraire ! C'est un mauvais rêve. Elle fond en larmes. Elle voudrait crier mais reste sans voix. Heureusement que Myriam assure. Nouveau coup de fil, la gynéco les attend à dix-neuf heures. Hélène est dans le flou. Les images défilent. Celle, répétitive, d'une longue glissade s'impose à elle. Quelle sera l'épreuve suivante ?

Du rendez-vous avec la remplaçante, elle n'a gardé en mémoire que le souvenir de certaines séquences. L'accueil du médecin d'abord, chaleureux. Cette petite blonde a l'air fiable. Elle parle beaucoup, se perd en explications et en statistiques. Quel mot utilise-t-elle sans arrêt ? Un terme qui finit peut-être par « plasme ». Hélène ne s'en souvient pas. Elle ne retrouvera le mot que plus tard, sur Internet. Pour le moment, elle n'écoute plus rien. « Je ne vais pas mourir ? » demande-t-elle soudain. Et la remplaçante de lui répondre : « Ça, c'est une certitude, vous n'allez pas mourir… » Peut-on faire totalement confiance à quelqu'un qui vous tient ce genre de propos ?

En sortant, elle réalise l'impensable : elle a oublié Élodie ! C'est un nouvel électrochoc. D'habitude, le mercredi soir, elle passe chercher sa fille à la sortie de son atelier de théâtre. Ensuite, elles vont souvent manger quelque chose au McDo du coin avant de rentrer. Elle rallume son portable et trouve plusieurs messages de sa fille, dont un SMS éloquent : « Tut fou dmoi :(((» Sa main tremble et son visage blêmit. Myriam lui propose de rester auprès d'elle, mais Hélène préfère régler ce « petit problème » toute seule. Au lieu de l'effondrer davantage, la situation vient bizarrement de lui redonner de la « niaque ». Son amie insiste. Elle parvient à refuser gentiment, lui disant toute sa reconnaissance mais aussi son besoin d'aller retrouver sa fille maintenant.

De façon surprenante, elle n'a plus l'impression d'être au fond du gouffre. Elle ne va pas fuir et se lamenter toute sa vie ! Elle se sent prête au contraire à faire front et à se battre. Dire à Élodie pourquoi elle l'a oubliée ; commencer en douceur en lui rappelant que lorsque quelque chose « prend la tête », on ne peut plus penser à rien d'autre – fût-ce à sa fille chérie. Lui exposer calmement la situation, tel qu'il convient de le faire avec une grande personne, au lieu de continuer à la tenir à l'écart en la traitant comme une enfant. Et peut-être amener Élodie à parler de ses propres soucis, de ce rapport dangereux à la bière et à la vodka qui risque de la mener à l'alcoolisme. L'angoisse a disparu... Les mots de la gynéco n'y sont sûrement pas pour rien. Et le fait de redevenir une mère responsable l'aide manifestement à évacuer des pensées noires. Hélène se sent à nouveau calme et lucide. Elle ne doit pas continuer à rester passive. Mais pour l'instant, Élodie est injoignable. Elle a coupé son portable et n'est ni au théâtre ni à la maison. Que faire ? Attendre demain qu'il fasse jour. Elle est forcément allée dormir chez une copine...

Le lendemain, coup de fil de Jean-Luc. Le père d'Élodie lui annonce que sa fille est chez lui. Elle souhaite rester quelques jours. Il n'y a aucun problème, il est d'accord. Il est seul, « enfin séparé de Christine », ajoute-t-il. Les enfants sont en ce moment chez leur mère. Une petite semaine avec Élodie lui fera du bien. Il a compris qu'elles étaient en froid et ne veut pas s'en mêler. Il plaisante en jouant sur le mot « séparation » et annonce qu'elle passera prendre quelques affaires dans la soirée.

« Jean-Luc ne changera jamais, pense Hélène. Toujours aussi peu concerné par les contingences matérielles. Va-t-il au moins lui dire d'aller en cours et de bosser son bac ? Ou bien se contentera-t-il de faire le gentil pour s'attirer ses bonnes grâces ? » Elle sent monter la colère, mais elle a d'autres chats à fouetter. Et ce n'est pas plus mal qu'Élodie passe la semaine chez son « géniteur ». Elle exagère. Elle utilise le mot que Jean-Luc déteste. Elle aimerait tant que cette expérience l'amène à jouer son rôle de père...

D'autre part, le programme est loin d'être réjouissant. Depuis la visite chez la gynéco – et même si elle en a oublié la moitié – Hélène sait qu'il y a des grades, du moins virulent au plus agressif. À la biopsie, elle est au grade 2 sur une échelle de trois ! Il va falloir déterminer si la Chose est ou non hormono-dépendante, doser les récepteurs des œstrogènes et de la progestérone sur les « anomalies cellulaires ». Et surtout prévoir un chirurgien. Elle se rappelle à présent cette phrase de la remplaçante : « Il y a une tumeur qu'il faut enlever. Ne vous inquiétez pas. Beaucoup de patientes font comme vous un primo-machin. » Elle a perdu le mot en route. En termes d'inquiétude, « tumeur » – ce mot qui tue – lui suffit amplement.

En début de soirée, Hélène a ses parents au téléphone. Un rituel qui se déroule chaque semaine. Cinq cents kilomètres les séparent, et bien d'autres choses encore... Elle les voit deux ou trois fois par an. Ses sœurs occupent le terrain. Elle, l'aînée, a essuyé tous les plâtres. Ils sont restés longtemps fâchés et puis ils ont fini par trouver un certain équilibre en se voyant peu. Dans ces conditions, elle ne tient évidemment pas à faire état de ses problèmes. Ses parents parlent d'eux, comme d'habitude – seulement d'eux et de leur prochain voyage en préparation. Sans même prendre de ses nouvelles.

La sonnette d'entrée sort Hélène de son amertume. C'est Jean-Luc qui passe récupérer les affaires d'Élodie. Celle-ci n'a pas voulu venir. Il a une liste, il est souriant, mais il est pressé. Tandis qu'elle remplit un sac, Hélène pense que ce n'est pas un hasard si son « problème » touche le sein gauche. « Du côté du cœur, se dit-elle, donc en lien avec ma fille. Je l'aime trop et voilà comment j'en suis récompensée : je tombe malade et elle m'abandonne. » Au moment de partir, Jean-Luc s'aperçoit qu'elle a les larmes aux yeux. Il lui demande ce qui ne va pas. Il semble sincère et, pour une fois, ne tourne pas les choses en dérision comme il a l'habitude de le faire. Hélène sent les mots lui brûler la bouche. L'émotion l'envahit. Elle ne peut s'empêcher de lui dire qu'elle a un « souci de santé », qu'elle a été « chez la gynéco »... Il la dévisage avec étonnement. Son regard glisse vers son ventre. Il pense évidemment à l'utérus. « Crache le morceau ! » dit-il. Elle ne doit pas flancher. Pas maintenant.

La polyclinique est réputée, le chirurgien aussi. Hélène se sent toute petite devant cet homme à la large carrure. Il inspire confiance et se veut pédagogue sachant sans doute qu'il a affaire à une prof. Il explique ce qu'est la Chose, comment il va la retirer, les techniques et les astuces. Hélène s'en fiche complètement. Elle n'a pas envie de savoir comment on va la « charcuter ». Elle souhaite seulement pouvoir s'abandonner entre de bonnes mains. « Quand allez-vous m'opérer ? » lui demande-t-elle. Il pense pouvoir la « caser » jeudi. Quel discours de garagiste ! Elle imagine des brancards pleins de malades, alignés les uns à côté des autres, qu'on livre un par un au chirurgien sur un plateau. Des objets à réparer, des opérations qui se suivent. N'être dans cette chaîne que « le suivant »... Mais a-t-elle un autre choix ?

Tout va beaucoup plus vite que prévu. Elle a eu Élodie sur son portable. Impossible de lui dire la vérité. Sa fille reste trop distante, trop à vif, sans doute en attente d'une franche explication avec elle. Hélène n'en a ni l'envie ni l'énergie. Ce n'est pas le moment. Elle qui ne ment jamais se met à broder une histoire de stage pour expliquer son absence jusqu'en fin de semaine. Élodie avale l'alibi sans broncher. Son père va lui avancer les cinquante euros que lui doit sa mère. Demain soir, elle sort. « Retour *at home* lundi. » Elles se revoient donc normalement lundi soir. « Il faudra qu'on parle », conclut Hélène en raccrochant. La voie est libre. « Un comble, se dit-elle. Je me cache pour aller me soigner, et peut-être crever ! » Elle ne doit pas penser ça. « Se battre, j'ai promis de me battre », murmure-t-elle.

Les bilans vont lui donner l'impression d'être passée en revue sous tous les angles. Scanner, scintigraphie, etc. Un examen la frappe particulièrement : le « repérage du sentinelle ». Un terme obscur au masculin, chargé d'un sens pour le moins guerrier. Quand elle parle de se battre ! Il s'agit en l'occurrence de localiser le ganglion sentinelle, celui qui se situe à l'avant-poste, au plus près de la Chose qu'il draine. Hélène comprend pourquoi. Il faut marquer ce ganglion pour que le chirurgien puisse ensuite le prélever et le faire analyser. S'il n'est pas encore touché, on laissera les autres tranquilles. Pour le trouver, on lui injecte dans le sein un produit radioactif bleu. Hélène ne sent rien. Quelques heures plus tard, elle se retrouve dans cette ambiance « odyssée de l'espace » dont elle a déjà eu un aperçu : au milieu d'une pièce noire, une étrange machine lui explore le sein de long en large. Le bras articulé d'un robot la frôle et l'inspecte ; un technicien silencieux le pilote, les yeux rivés sur son écran. Elle est étrangement calme. La machine n'est pas hostile. Et Hélène n'est plus à ça près. Ou plutôt elle espère ainsi qu'« ils vont pouvoir être précis » et ne pas trop la « cabosser ». Sa seule obsession est maintenant qu'on lui enlève au plus vite cette cochonnerie mutante avant qu'elle n'aille faire son nid ailleurs.

Une semaine s'est écoulée. Hélène ne dit pas que l'opération s'est passée sans accroc puisqu'elle arbore deux cicatrices, une sur le bord du sein, l'autre sous l'aisselle, chacune de trois centimètres environ. Mais tout s'est déroulé comme prévu. On lui a retiré une « petite grosseur » de douze millimètres et le désormais fameux ganglion sentinelle. Comme il est « négatif » et que la Chose fait moins de quinze millimètres, Hélène échappe à la chimiothérapie, donc à la perte des cheveux et à la perruque. Ouf ! Tout n'est pas terminé, bien sûr. Elle va devoir subir une radiothérapie pendant six semaines « pour bien nettoyer la zone » – d'après le chirurgien. Cinq minutes par jour de bombardement par les rayons. Mais on lui affirme que personne ne le saura. Elle ne sera pas malade et pourra travailler sans problème. La visite technique chez la cancérologue est programmée pour la semaine suivante.

Hélène a une autre raison de se réjouir. Élodie et elle ont enfin pu s'expliquer. Un heureux épilogue qui démarrait pourtant mal. Au lieu de revenir le lundi, l'adolescente ne donne aucun signe de vie jusqu'à ce qu'elle débarque avec fracas à trois heures du matin dans la nuit du mardi au mercredi. Complètement ivre, déposée devant l'immeuble par ses petits camarades qui se sauvent après avoir tambouriné à la porte ! Hélène récupère une Élodie qui ne tient plus debout. Ses points de suture se tendent sous l'effort mais elle parvient à la faire rentrer et à la coucher. Elle doit se relever un peu plus tard pour l'aider à vomir dans la baignoire. Et tandis qu'elle lui nettoie le visage et les cheveux, sa fille ne cesse de gémir et de marmonner : « Où est-ce qu'il se cache ? » d'une voix pâteuse et qui empeste l'alcool. Quelle réussite ! Élodie ne pense qu'à faire la fiesta, elle boit, elle fume, elle mène une vie de patachon... Hélène est consternée. Une cuite en plein milieu de la semaine ! Mais qu'est-ce que sa fille a dans le ventre ? Et de qui parle-t-elle ? De son père absent, une fois de plus incapable de s'en occuper ? D'un petit copain qui viendrait de rompre ? D'un agresseur dont elle aurait été victime ? Hélène s'inquiète, mais Élodie fait chaque fois non de la tête. Elle finit par s'endormir dans les bras de sa mère.

C'est le lendemain en fin d'après-midi qu'elles ont une discussion sérieuse. La fille reconnaît qu'elle ne va pas bien. Elle se sent seule, le bac lui fait peur, elle en a ras le bol. Ce n'est pas un hasard si elle est rentrée « torchée ». Depuis le début, elle n'est pas dupe qu'on cherche à lui cacher un « truc important ». La situation lui semble évidente : « Maman fréquente quelqu'un mais ne veut pas me le dire. » Pourquoi une cachotterie pareille ? Craint-elle sa réaction parce qu'elle la juge « ultra-possessive » ? Ou bien est-ce par honte d'avouer qu'elle sort avec un homme marié, ou un vieux ? Élodie n'en sait rien mais n'en pense pas moins. Sa mère n'est plus la même ; quand elle ne disparaît pas, on la sent ailleurs ou énormément préoccupée ! Élodie s'est fait tout un film. Elle pense que cette liaison secrète doit connaître des hauts et des bas ! Elle en veut à sa mère de l'imaginer aussi innocente. Ça l'énerve. C'est la raison pour laquelle elle a choisi de « débarrasser le plancher ». Laissant du même coup le champ libre... « Ton père ne t'a rien dit ? » lui demande Hélène. Non, ils n'ont pas parlé. Ils ne parlent jamais. « En plus, Papa est lui aussi amoureux, dit Élodie. D'une blondasse qui chante dans une chorale. Une vraie casserole ! »

Les confidences d'Hélène ne viennent pas aussi facilement. Comment dire sans trop en dire ? Elle décide de commencer par le plus simple : non, elle n'a pas d'homme dans sa vie. Elle espère qu'elle en rencontrera un avant d'être en maison de retraite, mais pour l'instant le « casting » est désert. Pour le reste, oui, c'est vrai, elle a gardé quelque chose pour elle. Elle admet maintenant que c'était idiot, mais elle voulait épargner sa fille. Ne pas l'inquiéter. Elle craignait aussi de lui donner une raison supplémentaire de partir en vrille. Avec le bac et ses histoires de cœur, n'a-t-elle pas déjà des soucis qu'elle a du mal à gérer ? À ces mots, Élodie se cabre. Elle n'a pas la grande forme mais elle ne part pas en vrille ! Sa mère est une angoissée de naissance. Quand compte-t-elle la lâcher ? Et où veut-elle en venir exactement ? Élodie s'agace. La discussion peut dégénérer. Hélène doit se lancer. « La gynéco m'a trouvé une petite grosseur dans le sein, dit-elle. On a eu peur que ce soit un sale truc. Alors j'ai dû me le faire enlever. C'est pourquoi je t'ai menti en te parlant d'un stage. En fait, j'étais à la clinique. Tout s'est très bien passé. Je dois juste suivre un protocole pendant un bon mois. Ça va me bloquer deux heures par jour, peut-être de cinq à sept d'ailleurs. Ne te fais donc pas des idées : en guise de rendez-vous galant, j'irai simplement tous les jours à la clinique ! »

Le rendez-vous avec la cancérologue a été fixé à quinze heures. Hélène est venue à pied. Ce soleil de début de printemps l'y a encouragée. Le hall de la polyclinique ne lui est plus étranger. D'immenses baies vitrées font entrer la lumière et l'on pourrait se croire dans une station thermale. Les plantes vertes sont vraies et semblent en excellente santé. Un détail qui a son importance quand on vient se faire soigner. On est loin des couloirs jaunâtres qui caractérisent les vieux hôpitaux.

À droite du hall, des escaliers conduisent au sous-sol. Avec, au-dessus, ce panneau qui calmerait les plus téméraires : « Chimiothérapie – Radiothérapie ». Quitter la lumière naturelle, descendre au lieu de monter, pénétrer dans un monde hyperfiltré... Des aspects qui se comprennent quand on sait que ce genre de spécialité nécessite une mini-centrale nucléaire et qu'il faut l'enfouir dans un caisson de béton et de plomb pour en sécuriser les abords. Mais cette descente dans les entrailles de la clinique s'apparente, pour Hélène, à une descente aux abysses. Elle hésite à s'engager dans les escaliers. C'est idiot, mais le faire c'est se dévoiler aux yeux de tous ces bien-portants d'en haut qui vont et viennent en se croyant très malades sans l'être vraiment. Elle arrivait détendue, et la voilà maintenant angoissée comme au premier jour de cette histoire. En bas, couleurs pastel, ambiance feutrée. Deux jeunes femmes en blouse blanche discutent en riant sous la pancarte menaçante. Hélène est saisie par ce contraste. Elle envie leur éclatante santé. Ont-elles conscience de leur chance ? « Elles sont au moins aimables et souriantes », constate Hélène en les abordant. On la dirige vers une salle d'attente. Elle s'assoit avec une boule au ventre. Tous les gens qui attendent se regardent. Il y a des vieux, beaucoup, mais aussi des « entre-deux-âges ». Et ce couple qui détonne. La jeune femme est livide, presque déjà réduite à l'état de fantôme ou de morte vivante. À un moment, elle se lève et se déplace comme un automate... Quelle misère ! Son sang se glace vraiment quand elle réalise que la personne assise en face d'elle porte à l'évidence une perruque.

À intervalles réguliers, la voix métallique d'un haut-parleur convoque un nom. C'est au tour d'Hélène d'être appelée. Elle suit le fléchage et emprunte un long couloir sinueux. En chemin, elle songe qu'elle s'enfonce dans le ventre d'un monstre destiné à terrasser cet autre monstre qu'est la Chose. Son parcours se termine dans une salle d'attente, plus petite, faisant face à quatre portes. Celles des cancérologues « chefs de rayons ». Malgré la clim, l'air paraît confiné. Un bourdonnement sourd alourdit l'ambiance. On sent que le réacteur n'est pas loin. Hélène lance un regard circulaire en forme de salut aux gens qui attendent. Elle a l'impression qu'ils sont tous plus livides les uns que les autres. Elle exagère encore, évidemment ! La lumière est tamisée et, de toute façon, son regard n'a fait que balayer l'assistance. Mais elle gardera en mémoire cette image obsédante :

ce sont les « gens d'en bas », ceux qui ne verront bientôt plus la lumière. Et puis elle réalise quelque chose, quelque chose d'invraisemblable : ces gens se parlent ! De séance en séance de chimio ou de rayons, ils ont appris à se connaître. Ils se saluent, se donnent des nouvelles, papotent doucement ; de loin, certains pourraient passer pour être en train de se séduire. La vie se reforme, même en enfer. Ils parlent aussi le jargon des porteurs de la Chose. Les termes techniques de « repérage » et de « marquage » n'ont plus de secret pour eux. Hélène fait maintenant partie du clan. Elle va d'ailleurs être tatouée comme eux. Tatouée ! Trois points. Pour mieux cibler le tir aux rayons. Dire que l'ambiance est plombée serait un euphémisme.

Retour vers la lumière. L'entretien avec la cancérologue s'est très bien passé. Aimable, précise, celle-ci lui a expliqué le protocole. Tout repose sur le chiffre cinq : cinq jours par semaine, cinq minutes par jour. Et après tout ça, pendant cinq ans, un médicament antihormonal à prendre pour protéger ses seins. Y aura-t-il des effets secondaires ? Oui, des courbatures, peut-être une sorte de fatigue, plus exactement un manque d'envie, et une baisse de la densité osseuse à surveiller. Moyennant quoi, les statistiques sont formelles, on peut vraiment guérir de la Chose. Les gens d'en bas ne sont pas des damnés. Certes, les jours sont comptés pour les quelques vieux mal en point qu'elle a croisés. Mais pour la plupart, les autres vont s'en sortir.

À mesure qu'elle regagne le circuit des bien-portants, Hélène n'éprouve pas que du soulagement. Depuis quelques jours, elle éprouve une sensation bizarre qui se répand peu à peu en elle. Celle d'avoir ouvert une porte par erreur et d'être entrée dans un autre monde. Elle n'en a pas encore parlé, mais la réalité de ces derniers jours, elle l'a vécue comme à travers une vitre. Elle se sent décalée, légèrement peut-être, mais décalée tout de même. Plus rien n'est comme avant. Elle dit qu'en se réveillant le matin, pendant quelques secondes elle ne sait plus où elle est ; ça ne lui était jamais arrivé auparavant. Elle appartient toujours au monde des vivants, elle en est sûre, mais une partie d'elle s'est comme engouffrée dans un monde parallèle. Hélène se sent traumatisée... Chez les hommes de son âge, c'est le cœur qui peut lâcher. En général, la Chose ne les menace que beaucoup plus tard, lorsque leur prostate se met à faire des siennes. Quelle différence ! Dès la quarantaine, les femmes peuvent être frappées dans ce que la mère et l'amante ont de plus précieux – le sein ou l'utérus. Même si elle ne les fait pas mourir, la Chose ne risque-t-elle pas de tuer cette autre « chose » qu'est la libido ? La cancérologue a d'ailleurs évoqué le risque d'un « manque d'envie » à venir...

Hélène traverse le hall. Les portes vitrées s'ouvrent à son passage. Le soleil est toujours là. « C'est un signe », se dit-elle. Pourquoi n'aurait-elle pas la force de sauver sa peau et son désir ? Le courage et l'énergie, elle les aura. Son visage s'illumine : devant elle, une silhouette familière surgit à sa rencontre. Élodie, souriante, l'attend.

Le point de vue du psy

Dans cette histoire, il y a un problème de reconnaissance à plusieurs niveaux. Tout d'abord Hélène, la mère, se refuse à désigner son « assaillant » par son nom comme si cette indétermination volontaire pouvait à la fois conjurer le mauvais sort et réduire la capacité de nuisance de cet ennemi intérieur qu'est le cancer du sein. Elle finit par l'appeler la « Chose », terme qui, en d'autres circonstances, se rapporterait à l'acte ou à l'organe sexuel, et confond en un même mot tous les objets maléfiques : la tumeur mammaire elle-même, l'angoisse de mort qu'elle convoque et l'angoisse de castration suscitée par la perspective de perdre le sein et le désir. En vrac, Hélène l'est au point de rester étrangement silencieuse sur les ressorts de sa propre histoire, tandis qu'elle s'évertue à détailler chaque étape de son parcours du combattant, cherchant à se raccrocher aux branches de ses souvenirs pour ne pas tomber. On serait évidemment en vrac à moins. Mais son inventaire est incomplet. Elle oublie de reconnaître que deux autres « choses » la rongent : sa solitude sentimentale (a-t-elle réellement fait le deuil de la relation avec son ex-mari ?) et surtout ce qui est en train de dégénérer à sa façon sous ses yeux, en l'occurrence le comportement de la « chair de sa chair » – Élodie, pour nommer celle qui forme avec elle un véritable couple mère-fille.

Se rendent-elles malades l'une l'autre ? La question mérite d'être posée, non pour établir une relation de cause à effet entre leur mal respectif, mais pour aider

Élodie et Hélène à réaliser que l'alcool chez l'une et le grave souci de santé chez l'autre servent de révélateurs à l'irrépressible besoin de reconnaissance mutuelle qu'elles éprouvent. Pourquoi un tel besoin ? Parce qu'elles sont trop dépendantes l'une de l'autre et que cette relation fusionnelle les empêche de se sentir exister dans leur individualité. En même temps qu'elle fuit dans l'ivresse cette réalité et sans doute aussi son « mal-de-père », Élodie affiche ostensiblement ses haut-le-cœur avec le secret espoir d'être reconnue dans son mal-être et de faire parler sa mère à propos du sien. De son côté, Hélène semble elle-même vouloir fuir les brisures de sa vie familiale et sentimentale, refusant manifestement de voir sa fille traduire sans le savoir les déchirements affectifs en déchirures alcoolisées. Comme tant d'autres parents touchés par un problème personnel grave, Hélène n'est plus en mesure de voir sa fille sombrer, banalisant et laissant sans réponse d'authentiques provocations.

L'avant et l'après s'articulent autour de la découverte puis du traitement de ce cancer du sein. Son annonce est un électrochoc qui, paradoxalement, se révèle salutaire. Par la charge émotionnelle qu'il mobilise (le sein est comme on le sait le lieu primordial des échanges mère-enfant), le cancer dévoile un dysfonctionnement relationnel majeur : la mère et la fille sont emmêlées dans leurs liens et chacune en est prisonnière. Plus exactement, en refusant à cor et à cri d'être l'appendice ou le clone d'Hélène, Élodie confirme qu'elle se vit comme un « morceau de sa mère » – autre manière de connaître la problématique de la tumeur. Elles fonctionnent toutes les deux en interdépendance, sans ouverture extérieure, avec peut-être même par moments le sentiment douloureux d'évoluer « aux dépens » de l'autre.

La mère entrevoit-elle dans la solution chirurgicale qu'on lui propose la nécessité d'un arrachement qui s'imposerait également vis-à-vis de sa fille ? Difficile à dire, mais on peut penser que l'opération salvatrice a souligné l'urgence qu'un tiers intervienne pour les séparer. Élodie, quant à elle, tente de se dégager de l'emprise maternelle, mais la résistance des liens l'oblige à le faire dans la substitution d'objet et la déchirure. Comment ne pas voir en effet dans son appétence pour l'alcool l'impossibilité d'un « sevrage » et dans l'aggravation soudaine de ses ivresses l'impérieuse nécessité de se soustraire à l'angoisse d'une mère frappée en son sein ? On pourrait objecter qu'elle en ignorait l'existence, mais ce serait dénier cette évidence : la fille ressent forcément la détresse maternelle même si elle ne la comprend pas. C'est la voie du dialogue qui leur est difficile, non la circulation des émotions.

Il est vrai qu'elles devront se trouver acculées aux « explications » pour pouvoir mettre des mots sur leur vécu. Elles semblent alors découvrir qu'il y a un moment où les choses doivent être dites, sous peine d'accentuer l'incompréhension et les malentendus. La leçon est simple : cacher la vérité ne préserve pas celui que l'on croit ainsi épargner, car il est amené à interpréter plus ou moins justement ce qu'il ressent sans pouvoir le confronter à l'autre.

« Élodie et l'alcool » constitue un sujet à part entière. La liaison dangereuse que l'adolescente entretient avec cette substance reflète une réalité inquiétante : toutes les enquêtes[1] constatent que les jeunes Européens s'alcoolisent de plus en plus souvent et de plus en plus tôt, les garçons davantage que les filles – bien que la proportion de celles-ci augmente sensiblement depuis quelques années, passant du quart au tiers des cas. En laissant de côté la notion d'« expérimentation » qui ne s'applique qu'au contact avec le produit « au moins une fois au cours de la vie » et qui n'a donc pas beaucoup de sens, on estime aujourd'hui qu'à l'adolescence, un garçon sur trois et une fille sur cinq sont des consommateurs réguliers d'alcool (une ou plusieurs fois par semaine). La fréquence de cette pratique croît avec l'âge en association avec l'usage de tabac et de cannabis. Et tandis qu'un tiers des jeunes Européens âgés de 15 ans déclarent avoir connu une ivresse au cours des six derniers mois, un sur six reconnaît s'être saoulé au moins une fois durant les trente jours précédents. La boisson la plus consommée par les adolescents est la bière. Elle constitue une « base » à laquelle s'ajoutent, en fonction des circonstances, les prémix (mélanges prêts à consommer de boissons gazeuses et d'alcool dont le titrage avoisine les cinq degrés) et les alcools fortement titrés.

---

1. L'enquête HBSC (*Health Behaviour in School-aged Children*) est menée dans quarante et un pays ou régions du monde occidental auprès d'élèves de 11, 13 et 15 ans scolarisés, avec en France la collaboration de l'INPES et de l'OFDT ; l'enquête ESPAD (*European School Survey Project on Alcohol and Other Drugs*) observe les usages des élèves âgés de 16 ans dans trente-cinq pays d'Europe dont la France ; l'enquête sur la santé et les comportements lors de la journée d'appel de préparation à la Défense (ESCAPAD) offre une observation des Français de 17 ans, scolarisés ou non.

Si la pratique quotidienne signale de façon évidente un problème profondément ancré et interroge sur l'entrée précoce dans l'alcoolisme chronique, un phénomène récent prend une ampleur surprenante chez les très jeunes adolescents : il s'agit du *binge drinking*. Ce mode de consommation consiste à boire le maximum d'alcool en un minimum de temps. L'expression est d'origine anglo-saxonne ; le mot *binge*, emprunté au langage courant, correspond au français « bamboche » qui évoque la notion de débordement, d'excès, de débauche, d'ambiance de fête débridée. Mais c'est l'expression « beuverie express » qui traduirait au mieux cette conduite dont l'objectif est d'être ivre le plus vite possible. La quantité d'alcool joue évidemment un rôle déterminant et le recours aux mélanges accélère l'enivrement, notamment à travers les cocktails délibérément sucrés pour adoucir les breuvages. Associés à la bière et souvent à des additifs dits « énergisants » (taurine, caféine...), les alcools blancs type tequila, gin et vodka sont les plus prisés. La vodka est aujourd'hui en tête des consommations de ces alcools forts que les jeunes désignent par les initiales TGV pour exprimer la rapidité d'obtention de l'ivresse. Outre leurs degrés et leur « exotisme », ces alcools offrent l'avantage d'être incolores, ce qui permet aux jeunes de les transvaser dans des bouteilles d'eau en plastique pour passer les contrôles dans les concerts ou les festivals.

Jusqu'à ces dernières années plutôt connu des soirées étudiantes et des pratiques d'intégration des écoles de commerce, le *binge drinking* s'est répandu chez les lycéens et les collégiens. Chaque fin de semaine, les urgentistes hospitaliers constatent une augmentation croissante des admissions de mineurs en état d'ébriété avancée, voire en coma éthylique, la nuit ou au petit matin. En cinq ans, le nombre de transferts aux urgences pour un tel motif a doublé dans les hôpitaux français, avec des taux d'alcoolémie records. Ces intoxications aiguës sont également responsables de nombreux accidents de la circulation et impliquées dans diverses formes de violence antisociale (rixes, actes de vandalisme, agressions sexuelles, etc.).

La pratique du *binge drinking* elle-même n'est pas nouvelle. Elle est notoire dans les pays scandinaves où les alcools sont fortement taxés, ce qui amène les consommateurs les plus intempérants à prendre les ferries reliant les îles entre elles dans le but de boire le maximum d'alcool lors de ces brèves traversées, les produits étant *tax-free* à bord. Outre-Manche, le phénomène est également connu depuis longtemps sous d'autres formes : les *happy hours* permettent de boire à moitié prix pendant un temps limité ; l'application pervertie du *drink or drive*, principe selon lequel « boire ou conduire, il faut choisir », incite à boire beaucoup lorsqu'on ne conduit pas ; enfin, la pratique de l'*open bar* consiste à obtenir les consommations à volonté, une fois que l'on a payé son entrée. Ce qui est nouveau, c'est que ces différents usages se sont répandus dans toute l'Europe et qu'ils connaissent un grand succès chez les jeunes ; malgré les interdictions de vente aux mineurs et les lois limitant l'accès des moins de 16 ans aux bars et discothèques, les adolescents usent et abusent de l'alcool, associant de plus en plus souvent cette consommation à celle du tabac et du cannabis.

Qu'en disent la plupart d'entre eux ? Ils critiquent les graves débordements mais ils ont tendance à banaliser le *binge drinking* qu'ils considèrent comme une simple pratique festive. Les soirs de week-end, ils veulent « faire la fête » et se réunissent pour cela avec l'envie de « délirer », de « s'éclater ». Pour la majorité, il s'agit de s'amuser et d'oublier les contraintes du quotidien – ces devoirs et interdits que les adultes imposent sans toujours avoir conscience qu'ils noircissent à l'excès l'avenir et ne ménagent pas assez de moments de relâchement. Le mot que les jeunes utilisent souvent – « se déconnecter » – exprime ce besoin de ne plus être, le vendredi soir ou le samedi soir, en prise directe avec les obligations et les soucis habituels, et ce le plus vite possible.

Stressés par les exhortations à se battre pour réussir, privés de temps vraiment libre et d'espaces de défoulement ad hoc, nombre de jeunes se sentent prisonniers d'un cadre d'évolution trop étriqué. On limite leurs déplacements, on les met en garde contre tous les dangers, on fait d'eux l'objet de toutes les attentions, mais ce « cocon-carcan » nie un besoin fondamental : pour se construire, il faut se nourrir d'expériences dont certaines sont, par définition, risquées. Plus on veut soustraire les jeunes à la violence au lieu de les aider à la gérer dans des formes socialement acceptables, plus on nourrit en eux l'envie de s'y frotter. Le *binge drinking* est aussi une manière de « se faire violence » qui traduit cette aspiration, soulignant l'étrange abandon dont beaucoup de jeunes sont l'objet de la part des adultes. Ce qui leur manque aujourd'hui, ce sont des « espaces d'évolution » circonscrits qui autorisent les investissements et les essais (donc les erreurs). Trop de contraintes tuent les engagements et donnent envie de fuir.

Comment les adolescents s'échappent-ils ? Ils passent par la « fenêtre » d'Internet et, le week-end, ils sortent la nuit (le cas échéant, par la fenêtre de leur chambre) pour échapper au monde parental et se retrouver dehors, ensemble. Lors de ces regroupements festifs, l'alcool joue le rôle de liant et lève les inhibitions. À l'euphorie recherchée s'ajoutent l'envie de partager des sensations fortes, la tentation de se situer parmi les pairs en (se) lançant des défis, y compris les plus risqués, et le plaisir de transgresser. L'ivresse autorise l'oubli, c'est-à-dire surtout le non-respect de certains codes, et au sein du corps groupal où chacun se sent suffisamment entouré pour se permettre divers excès, beaucoup d'adolescents réalisent trop tard qu'ils ont trop bu et déjà dépassé les limites. Dans de telles circonstances, il n'est pas rare que des situations potentiellement dramatiques doivent leur dénouement favorable à l'intervention des amis ou à la vigilance des professionnels de la nuit. Mais ne soyons pas dupes : parmi les jeunes qui se livrent à ces excès et qui d'ailleurs les répètent, se trouvent ceux qui vont le plus mal – les 10 à 15 % d'ados en mal-être. À l'image d'Élodie, ils sont en quête de ruptures, de déchirures pour oublier leurs problèmes, effacer leurs souvenirs et amortir le poids des réalités.

Les « fêtes » sont pour eux moins l'occasion de s'amuser que de se retrouver entre semblables pour s'éclater, se déchirer, se casser au sens propre. S'abrutir afin de ne plus penser, boire pour « s'oublier », pourrait-on croire. Ce n'est pas le plaisir qu'ils recherchent mais la « défonce », jusqu'à s'en rendre malades. Cet aspect est capital : ces jeunes se déchirent de manière ostensible, provocante, jusqu'au-boutiste, en s'exposant au regard de tous, comme s'ils attendaient secrètement qu'on s'intéresse de plus près à leurs difficultés. Qu'ils occupent bruyamment un espace public ou qu'ils se distinguent en soirée au milieu de leurs pairs, ces jeunes en mal-être se repèrent en effet très vite : ils arrivent déjà ivres, se montrent particulièrement effrayants, titubent et se bousculent, continuent apparemment sans limite à boire, fumer… et finissent souvent la nuit le nez dans leur vomi.

Force est d'admettre qu'ils ne cherchent pas seulement la fuite et la rupture, puisqu'ils sont loin de se faire oublier, laissant même des traces évidentes de leur passage (déjections, bouteilles vides). Qu'espèrent-ils ? Sans doute qu'on s'inquiète à leur sujet, même s'ils s'en défendent farouchement, et qu'on les aide à trouver une limite et un sens à de tels débordements. Ils ne veulent pas se l'avouer, mais ces adolescents réclament en somme la confirmation que les adultes – à commencer par leurs parents – refusent de les laisser choir dans l'indifférence générale. C'est pourquoi la reconnaissance de leur malaise existentiel passe d'abord par la prise en compte de la réalité manifeste de leurs agissements. En ville et en famille, il ne faut surtout pas rester indifférent à ces manifestations. Non seulement les ados en dérive attendent qu'on les reconnaisse et qu'on les contienne, mais tous les jeunes de leur âge voient dans cette attitude responsable des adultes l'assurance que ces derniers sont bien garants de leurs espaces d'évolution.

Quoi qu'en disent les ados, les contrôles d'alcoolémie et la répression de l'ivresse publique ont, sur eux, une portée éminemment rassurante et contenante. De même, au collège ou au lycée, tous les jeunes doivent savoir que les professeurs ne toléreront en aucun cas la présence en classe d'élèves ivres et que des sanctions seront prises. À condition de ne pas conduire au rejet, cette position ferme du corps social fournit un étayage indispensable aux plus fragiles et profitable à l'ensemble des jeunes. Les parents doivent évidemment se montrer solidaires de cet étayage. Sans attendre l'alerte rouge du coma éthylique, les petites et les grandes « cuites » appellent une réaction de leur part assortie de mesures concrètes, tout comme la consommation quotidienne d'alcool soi-disant en cachette dont les indices flagrants d'une perte de contrôle dans l'excès et l'assuétude les somment d'intervenir.

« À partir de quand s'inquiéter, en dehors des situations extrêmes ? » nous demande-t-on souvent. Le premier niveau d'alerte est un constat qu'il faut avoir le courage de faire sans continuer à se voiler la face par peur du qu'en-dira-t-on : son enfant boit et la manière dont il le fait exprime à la fois une volonté d'échappement et un besoin d'être reconnu en souffrance. Le cas de l'ado qui sèche les cours mais qui campe devant son collège un pack de bières à la main signale cette double attente, de même que celui du jeune qui n'a pas à l'évidence l'âge d'acheter et de consommer légalement de l'alcool dans un lieu public, mais qui le fait au vu et au su de tout le monde.

Le deuxième niveau consiste à ne surtout pas banaliser ces déviances en se contentant de les rapporter à de nouvelles formes de rites initiatiques. Il faut au contraire s'efforcer de voir en quoi la conduite de son propre ado tranche avec celle de la plupart de ses camarades, qu'il s'agisse de la précocité de ces modes d'alcoolisation, de leur intensité ou de leur fréquence. Apprendre qu'il est impliqué dans des histoires de beuverie à l'école, qu'il est signalé en état d'ébriété en ville ou encore qu'il figure systématiquement parmi ceux qui font preuve d'excès et de provocations diverses ne doit pas amener les parents à se replier dans des attitudes défensives accusant les témoins d'exagération. Même si cela fait mal, il faut au contraire leur savoir gré de déclencher les warnings à temps, et essayer de réaliser comment se conduit l'ado : lui arrive-t-il de s'enivrer seul et en dehors de tout contexte festif ? Rentre-t-il ivre presque tous les week-ends ? Ses amis sont-ils obligés de le raccompagner car il a bu plus que les autres ? A-t-il pris l'habitude de consommer de l'alcool dans sa chambre ? L'ado attend que ses parents se posent ces questions et qu'ils réagissent. Si tel n'est pas le cas, le risque est grand qu'il aggrave ses conduites de rupture.

Comment en parler avec lui ? Le plus sincèrement possible, en lui faisant part des inquiétudes qu'il suscite et des raisons précises pour lesquelles on se fait du souci à son sujet. Il faut évidemment trouver les moments propices pour que la discussion s'effectue dans le calme, sans chercher à le culpabiliser et en évitant les leçons de morale. Au lieu de le soumettre à un interrogatoire serré, il vaut mieux faire état des questions angoissantes que l'on se pose et nommer sans détour ce que l'on croit être la nature du problème, en osant parler de dépendance alcoolique, de besoin de rupture dont on ne comprend pas la cause, etc. Même s'il le nie, l'ado sera sensible au fait que l'on cherche à distinguer avec lui plaisir et contrainte, et que l'on interprète ses débordements comme des signes de mal-être plutôt que comme de simples déviances. Cela l'aidera à mettre des mots sur ce qu'il ressent et à voir qu'il a besoin d'aide.

Après avoir admis que les injonctions à cesser de boire, assorties ou non de menaces et de promesses, ne peuvent pas être des réponses suffisantes et adaptées, il faut cependant indiquer qu'un certain nombre de choses doivent être revues et corrigées, et que la situation impose des décisions à prendre pour sortir de l'impasse. Il est important d'introduire l'obligation d'établir ou de rétablir des règles claires stipulant ce qui est permis et ce qui ne l'est pas à la maison – comme, par exemple, l'interdiction formelle de consommer de l'alcool dans sa chambre, avec ou sans ses amis. Il faut aussi redéfinir une charte de conduite portant sur les modalités et les horaires des sorties festives, limiter les sorties nocturnes et la fréquentation des bars en semaine et hors vacances scolaires. Plus que la portée réelle de telle ou telle décision, ce qui apaise l'ado c'est que ses parents cherchent à reconfigurer son espace d'évolution, non pour l'empêcher de bouger et d'expérimenter, mais pour éviter qu'il ne se mette en difficulté, voire en danger.

Lorsque toute négociation apparaît vaine ou que le problème semble trop grave, il faut faire appel à un tiers – le médecin de famille ou un psy – en sachant que l'accord de l'ado est un préalable indispensable. Ce dernier en acceptera l'offre s'il sent ses parents et le thérapeute consulté décidés à l'aider sans le juger.

Nacéra

La mauvaise nouvelle

Elle le précise d'emblée : elle ne veut pas que l'on écrive Nassera. Son prénom est le féminin de Nacer et il porte un accent aigu. Elle y tient. C'est son signe distinctif, le cadeau de naissance de son père. Il voulait franciser ce prénom arabe pour dire sa fierté – celle d'être un musulman français sachant lire et écrire. Nacéra admire sincèrement cet homme de 73 ans qui semble résister au temps comme aux injustices. « Il a fière allure, dit-elle. Il est grand, il se tient droit et il est encore brun à son âge. Il n'a que la moustache qui grisonne. »

Nacéra a 42 ans et elle est née à Marseille. Ses parents l'ont eue trois ans après leur arrivée à bord du *Tassili*, venant d'Alger. Le *Tassili*, elle en a souvent entendu parler. Et elle sait que le nom du bateau désigne un massif montagneux d'Algérie. Un pays qu'elle ne connaît pas et qui fait encore pleurer en famille. Elle ne mettra jamais les pieds « là-bas ». Elle en veut à ces gens qui ont fait fuir son père d'abord, puis tous les siens. « La valise ou le cercueil », tel était le choix imposé aux harkis[1] au moment de l'indépendance. Son père insulté, qualifié de « traître » et interdit de séjour ! Le temps a passé, les choses se sont apaisées depuis ce qu'il appelle la « révolution », mais la blessure dans son cœur est restée ouverte. Il faut dire qu'il a payé son attache à la France coloniale. Depuis les événements de 1962, il n'est retourné en Algérie qu'une seule fois, en 1994, pour enterrer sa mère... Et les villageois en ont profité pour le séquestrer pendant quatre jours ! Un cousin a dû faire intervenir les forces de l'ordre. Nacéra montre une vieille photo représentant son père aux champs devant un petit village de l'Oranais aux maisons blanches. « C'est sa terre autant que la leur, ajoute-t-elle. Il a été ouvrier agricole puis responsable d'une équipe de ramasseurs de coton. »

Nacéra se sent très proche de son père. Elle est le « numéro quatre » d'une fratrie de sept enfants et prétend être la seule à lui ressembler. Comme lui, elle est mince et présente ce visage allongé très typé, la même peau mate et pas un cheveu blanc. Elle dit qu'ils ont tous les deux le « teint de la terre ». Son frère Karim se moque d'elle en parlant, lui, de sa « face de poulet rôti ». A-t-elle quelque chose de sa mère ? Elle réfléchit. Longuement. Un peu trop peut-être. Elle aurait envie de dire le courage, mais ce serait vaniteux. Non, au contraire de sa sœur Yasmina, elle ne ressemble ni physiquement ni moralement à sa mère. Celle-ci se prénomme Fatima. Elle avait 16 ans quand on l'a conduite vers son futur époux –

1. Algériens supplétifs engagés dans l'armée française d'Afrique du Nord.

un Mohammed, comme tous les aînés. Ce n'est pas lui qui l'a choisie. « Il a toujours dit qu'il ne la connaissait pas avant qu'elle arrive un beau jour devant lui sur un âne, tout de blanc vêtue. Dieu merci, poursuit Nacéra, ils se sont super bien entendus. Leurs familles avaient décidé pour eux, mais voilà un mariage arrangé réussi. »

Elle décrit une mère de petite taille, un peu forte, les cheveux teints au henné, habillée à l'européenne. C'est une femme qui a toujours su assumer le travail et sa famille, sans jamais se plaindre. Depuis son arrivée en France, elle n'a eu qu'un employeur, un vieux notaire célibataire un peu original chez qui elle a assuré l'entretien de l'étude et parfois quelques nécessités ménagères. Elle est restée assez disponible, malgré tout, pour élever ses sept enfants et s'occuper d'un mari qui, lorsqu'il s'est retrouvé au chômage, a traversé une longue dépression. Lui a longtemps travaillé dans un petit garage de quartier qui a fini par fermer. « Mon père aurait pu tomber dans l'alcool, dit Nacéra. À un moment, tout l'anéantissait, le chagrin du déracinement, le sentiment d'être inutile, les soucis des uns et des autres. C'est sa Fatima qui l'a sorti de ce mauvais pas. »

D'après Nacéra, sa mère a néanmoins un défaut, et non des moindres : elle est extrêmement possessive. On ne peut rien faire contre son avis. Elle se mêle de tout et ne supporte pas qu'on la laisse sans nouvelles, ne serait-ce que deux jours. Depuis qu'elle a découvert le portable, Fatima appelle ses filles constamment. Nacéra regrette également que sa mère, ayant appris à lire sur le tas, continue à parler un français approximatif. Elle confond encore certains mots ; par exemple, à quelqu'un qui la remercie pour un service rendu, elle peut répondre machinalement : « Derrière » au lieu de dire : « De rien. »

Nacéra a vécu chez ses parents jusqu'à l'âge de 19 ans. Dès l'adolescence, elle a régulièrement vu des hommes se présenter au domicile pour la demander en mariage avec l'accord paternel, selon la tradition. Celui-ci refusait poliment, disant à chacun de ces visiteurs : « Je te comprends, Nacéra est très jolie, mais elle doit aller à l'école pour ne pas devenir un âne comme nous. » Nacéra a ainsi échappé à tout « arrangement » et en reste profondément reconnaissante à l'égard de son père, car c'était loin d'être évident pour lui de décliner de telles propositions. Il devait ensuite supporter de se faire traiter de « mauviette » ou d'« impuissant » par les ultras de la communauté maghrébine. Sa mère, elle, aurait accepté. Elle tenait à ce que ses filles se marient avec des Arabes, une position de principe à laquelle elle ne pouvait pas renoncer. En effet, un autre défaut de Fatima, selon Nacéra, est celui d'avoir l'esprit borné jusqu'à la rupture. La mère et la fille en feront suffisamment les frais...

Son BEP d'agent administratif en poche, Nacéra trouve du travail dans une entreprise de transport. Elle y connaît Franck – un jeune chauffeur routier d'origine belge. Ils se rencontrent en novembre et s'installent ensemble en mai. Du jamais-vu dans la famille. La tradition vole en éclats. « J'en avais assez de tous ces gens qui voulaient contrôler ma vie, dit-elle. Et ce Maghreb où je n'avais jamais été, je n'en voulais plus. Franck était mon premier amoureux. Il allait me permettre d'en sortir. » Avec lui, elle pense changer de monde. C'est un grand blond aux yeux bleus, un peu raciste d'ailleurs, ce qui n'est pas pour déplaire à Nacéra dans le contexte de l'époque. Quelqu'un qui va l'aider, se dit-elle, à quitter sa condition d'Arabe. Ensemble, ils vont pouvoir rire, s'amuser et s'aimer sans avoir de comptes à rendre à personne. Fumer des cigarettes, boire de l'alcool à table et, comble d'impiété, manger quand ils veulent du *rhalouf* – du porc, la viande interdite aux musulmans.

Le père de Nacéra accepte cet état de fait. Franck n'est pas fainéant et sa fille a l'air épanouie. Il ne veut que son bonheur. Les temps changent, il faut s'adapter. En revanche, la mère se braque, soutenue en cela par Karim, le « numéro deux ». Non seulement Nacéra ose se mettre en ménage avec un homme sans être mariée, mais elle le fait avec quelqu'un qui n'est ni arabe ni croyant ! La coupe est pleine pour Fatima, qui déclare sa fille « honte de la famille » et la prévient : « Si tu tombes enceinte, ne viens surtout pas me voir... » Quant à Franck, pas question de le rencontrer, encore moins de le recevoir. Le veto maternel est total. La mère et la fille sont fâchées. Pendant deux ans, elles ne se voient plus, ne se parlent plus. Dans l'intervalle, Nacéra et Franck se marient civilement en tout petit comité. Aucun Belge n'est invité au mariage et Yasmina sera la seule à représenter la famille de Nacéra, et pour cause : elle est le témoin de sa sœur.

Nacéra aime Franck, sans aucun doute ; elle ne connaît cependant avec lui ni le désir ni le plaisir. Ils passent de bons moments ensemble, rient et s'amusent, mais l'intimité de la vie de couple reste entre eux un endroit de gêne. Incapables l'un et l'autre d'en parler, ils font comme si leur maigre sexualité relevait de la simple banalité.

Probablement comme chez tant d'autres, son mari se montre « expéditif » et elle accomplit son devoir conjugal... Nacéra est ennuyée d'aborder le sujet. Par pudeur, et aussi parce qu'elle a le sentiment de trahir Franck. Pour elle, on ne parle pas de ces choses-là, encore moins en l'absence du conjoint. D'ailleurs, ne serait-elle pas la principale responsable de cette situation ? Dans ces premières années de vie conjugale, peut-être est-elle trop inexpérimentée pour savoir enrichir leur amour... Ou bien se croit-elle plus amoureuse qu'elle ne l'est vraiment... « Attachée, oui je l'étais ; amoureuse, c'est moins sûr, avoue-t-elle aujourd'hui. Et je m'accrochais à mon couple pour tenir tête à ma mère. Pas question de lui donner raison une fois de plus. »

Nacéra ne renoue avec sa mère qu'en mettant au monde Antonin. Longtemps brouillées, les deux femmes n'ont eu que des relations diplomatiques ; le service minimal, à la demande de l'entourage. Elles se saluent et échangent quelques mots lorsqu'elles se croisent dans les réunions familiales, c'est tout. De temps en temps, Fatima lâche un conseil en direction de sa fille mais elle continue d'ignorer Franck, de même qu'elle feint d'être indifférente à la grossesse de Nacéra. « J'ai l'air forte, comme ça, reconnaît celle-ci, mais son rejet me touchait énormément. J'en étais malade que ma mère ignore mon état à ce point. Elle a une grande influence sur moi. C'est une maîtresse femme, en réalité je plie devant elle. Quand elle m'appelle, j'accours ; quand elle m'ordonne, j'obéis. » Quelques jours avant l'accouchement, Fatima change pourtant d'attitude. Elle se rapproche de sa fille, se montre prévenante, compréhensive.

Mais elle lui interdit de recourir à la péridurale, « parce qu'il faut enfanter dans la douleur ». Nacéra s'exécute. Puis Fatima vient la visiter – elle et son enfant – à la maternité, et Nacéra sait que cette visite vaut acceptation et reconnaissance du bébé. Il ne sera pas rejeté par sa grand-mère, elle est rassurée. Plus tard, en les recevant chez elle, Fatima officialise l'entrée de ce bébé dans la famille et permet à Nacéra de voir les grosses mains de son père envelopper Antonin avec une infinie tendresse. Des moments magnifiques qui resteront à jamais gravés dans sa mémoire...

La porte des parents reste en revanche fermée à Franck. Est-ce aussi à cause de cela qu'elle commence à délaisser son mari à mesure qu'elle investit Antonin ? « En y réfléchissant maintenant, admet-elle, je pense que ma relation avec Franck n'était pas viable à cause de ma mère. Elle le refusait, il n'avait donc aucune chance. » Nacéra fait alors l'association avec un rêve qui l'a marquée. Les « hommes de sa vie » défilaient un par un devant elle. Son père, son mari et son fils, dans cet ordre. Chacun se plantait devant elle et lui demandait sévèrement : « Qu'est-ce que tu me veux ? » Elle ne se souvient pas de ses réponses. Elle se rappelle uniquement qu'elle devait parler à voix basse et sans trop remuer les lèvres car sa mère l'observait de loin, derrière une fenêtre.

Cette évocation laisse Nacéra songeuse. Elle sait qu'elle a toujours eu des rapports compliqués avec chacun de ces personnages. Elle finit par lâcher : « Vous voyez, chez les Arabes aussi, l'Œdipe peut prendre la tête ! » Elle ajoute que, dans le casting familial, Franck est forcément le maillon faible depuis le départ. Elle a bien sûr eu de vrais sentiments pour lui, mais que valent-ils comparés à ceux – excessifs – qu'elle ressent à l'égard de ses parents et de son fils adoré ? Elle vénère son père, déteste sa trop grande soumission à sa mère, et éprouve une véritable passion pour son fils. Ce fils qu'elle a choisi, de son propre chef, d'appeler Antonin parce qu'elle voulait lui donner un prénom français qui « fasse riche » ; pas de Rachid, de Moussa, ni même de Mohammed ; pas de Patrick ou de Gérard non plus.

Pour Nacéra, la naissance d'Antonin a signé le début et la fin d'une histoire : le début d'un amour dévorant pour son fils et la fin de son couple. « L'un a remplacé l'autre, dit-elle. C'est terrible à dire mais c'est ainsi. » Elle s'absorbe tout entière dans cette relation qu'elle qualifie elle-même de « fusionnelle », néglige son mari, l'incite à faire des heures supplémentaires. Franck est déjà très absent du fait de son travail habituel. En semaine, il est souvent sur la route, même s'il ne fait pas de transport international. Il rentre tard et fatigué, et – dans un premier temps – semble accepter la situation avec beaucoup de patience. Comme s'il s'attendait à un tel désinvestissement durant les premiers mois de maternage. Sans doute est-il aussi rassuré de voir une mère témoigner autant d'amour pour son fils, lui qui s'est toujours senti rejeté par la sienne et par toute sa famille d'ailleurs, au point de quitter la Belgique à l'âge de 16 ans.

Franck cherche donc à s'occuper ; il bricole, pose une moquette dans la chambre du petit. Il essaye aussi de s'intéresser à Antonin, mais il se montre maladroit et souvent inadapté dans les activités qu'il lui propose. Il ne semble ni comprendre ni anticiper les besoins d'un bébé. Nacéra le remet souvent à sa place. Elle reconnaît qu'elle se montre injuste avec lui. Elle le traite d'incapable et réfute la moindre de ses initiatives. Il encaisse et finit par se tenir à l'écart du duo en s'enfermant dans une routine abrutissante. Il se met à consommer avidement les séries télé, les bières et le whisky, paraît absent, sans envie, mal dans sa peau. Puis l'ennui le débordant, il commence à sortir le week-end pour retrouver ses copains. « Leur grand truc, c'est le bowling, dit-elle. Aller faire valser des quilles, voilà leur programme ! » Et de fil en aiguille Franck parle d'anniversaires, de pots de départ qui finissent de plus en plus tard. À la maison, il devient irritable, s'emporte souvent. Il peut rentrer saoul ou ne pas rentrer du tout pendant ses jours de congé. Il a choisi de fuir et nie, contre l'évidence, au moins deux ou trois preuves irréfutables d'infidélité. « Je n'avais pas conscience que je faisais tout pour qu'il me quitte, admet Nacéra. J'étais, moi aussi, dans une impasse. D'un côté sa présence me dérangeait, et de l'autre je me sentais abandonnée, délaissée, dès qu'il sortait. »

Le couple va longtemps battre de l'aile, sans parvenir à envisager la séparation. À vrai dire, tout le monde est hostile à cette idée : les parents de Nacéra, évidemment, pour qui le divorce serait une honte de plus ; Nacéra elle-même, prise entre sa désaffection conjugale et sa hantise de rester seule ; Franck, enfin, qui la quitte deux fois – quinze jours puis un mois – et qui réintègre chaque fois le foyer en se disant désespéré, « incapable de vivre sans eux ». Des années durant, ils passent de la réconciliation à la rupture, noyant les crises dans de longues périodes de trêve résignée. Une sorte d'équilibre dans le déséquilibre s'instaure. Ils vivent ensemble, « plus ou moins séparément ». L'une « en couple » avec son fils, l'autre « en retrait » comme un adolescent accaparé, même en famille, par les plans de sortie avec ses copains. Antonin grandit dans cette ambiance et ne semble pas souffrir de la situation. « Il en profite plutôt, admet Nacéra. Dès tout petit, il prend l'habitude de ne jamais rien demander à son père. Tout passe par moi, les besoins comme les caprices. »

Ils occupent un T4, au deuxième étage d'un immeuble de résidence. Bâtiment 2, escalier 7. Une double précision à n'omettre sous aucun prétexte dans l'adresse de cette cité de banlieue, typique des années soixante. Sous peine de ne pas recevoir le courrier. Comme s'il fallait lever tout malentendu en ramenant le joli nom fleuri de la résidence à la dure réalité de ce qu'elle est vraiment : un grand ensemble de blocs de béton plutôt repoussants, dressés sur la colline au-dessus de la ville comme pour boucher l'horizon. Les parents de Nacéra habitent de l'autre côté des lignes à haute tension, dans une petite tour HLM. Un paysage décoloré, une grisaille triste et laide qui donne l'impression que rien n'est fait pour qu'on ait envie de s'y poser. Nacéra en est convaincue : on ne peut vivre ici que contraint et forcé.

Depuis quelque temps, cette banlieue fait parler d'elle. Il y a du survoltage dans l'air. « Les câbles et les plombs pètent, affirme Nacéra. Il va falloir s'en occuper sérieusement. » Elle refuse la caricature, mais elle a beaucoup à dire à ce sujet. Même si les gens des cités savent aussi s'adapter ou en sortir, à l'image de son frère Karim, « enfant de la zone », devenu patron d'une PME d'informatique. « On entend que tout s'est dégradé avec le chômage et l'afflux d'immigrés, dit-elle, mais je ne suis pas d'accord. Tout est faussé depuis le départ. On ne me fera pas croire que ceux qui ont décidé de construire ces cages à lapins pour nous loger, nous, les rapatriés, l'ont fait en dehors de la ville parce qu'il fallait trouver de la place à de grands projets. Ils voulaient faire du béton et du fric, et surtout laisser tranquilles les gens du centre-ville. »

Le ton de Nacéra change, elle s'engage alors dans un discours exalté pour la cause des banlieues. Politiciens et bétonneurs en prennent pour leur grade. Puis c'est au tour des urbanistes qu'elle imagine avoir été, à l'époque, de grands naïfs bercés d'illusions, dessinant des complexes d'immeubles bordés d'espaces verts et fleuris, dotés de vastes parkings et d'escaliers raccordant terrasses et esplanades. « Tout un gentil programme transformé en eau de boudin ! » assène Nacéra, assumant à l'évidence cette provocation surprenante dans la bouche d'une Maghrébine. « Les seules choses qui ont fleuri ici, ce sont les antennes paraboliques sur les balcons, poursuit-elle. Tout est miteux et pelé, le béton est rongé par la lèpre, et en guise de bouquets il n'y a que des cailloux, des tags et des détritus. »

Nacéra s'interrompt. Dans son emportement, elle a oublié de parler de Romain, son second fils, conçu « par accident » et dont la venue au monde ne va rien arranger. Franck et elle font chambre à part depuis des années. Ils vivent sous le même toit comme des colocataires, « parce que deux salaires, c'est mieux qu'un seul ». À l'occasion d'une énième éclaircie après une dispute, « ils dérapent et couchent ensemble ». Elle ne prend plus la pilule et se retrouve enceinte. Franck est incapable de se positionner clairement. Elle doit décider seule de ce qu'il y a lieu de faire... Avorter ? Pas question ! Sa mère la renierait pour toujours. Et bizarrement, Nacéra se sent prête à redevenir maman sans avoir à se justifier auprès de quiconque. Sa vie personnelle ne ressemble plus à rien, Antonin s'éloigne d'elle chaque jour davantage et elle commence même à se faire du souci tant il lui tient tête. Du haut de ses 8 ans, Antonin joue au garçon autonome et affranchi. Il ne tient aucun compte de ce que dit son père et il l'affronte, elle, en la fixant jusqu'à ce qu'elle baisse les yeux. Il veut avoir le dernier mot sur tout et balaye d'un revers de main les demandes d'explication qui le dérangent. Elle pense aujourd'hui qu'elle n'aurait jamais dû lui laisser autant le champ libre ni s'amuser de son arrogance.

À l'époque, Antonin ne craint qu'une personne : son oncle Karim. Elle doit parfois brandir la menace de son intervention pour que le gamin cède. Karim, quant à lui, ne cesse de la mettre en garde, répétant que son fils est une « mauvaise graine qui va mal tourner ». Nacéra s'inquiète pour son avenir, mais pas au point de l'imaginer délinquant. À l'école, Antonin se comporte comme beaucoup de ses camarades garçons : il se bagarre souvent, prétend que les cours ne sont pas intéressants et fait le minimum. Mais il se plie aux punitions et les autres reproches qu'on lui adresse sont liés à des effronteries de son âge. Il ne vole pas, n'injurie pas les adultes et ses résultats scolaires ne sont pas catastrophiques. Mais elle se dit que lui donner un frère ou une sœur peut l'amener à se montrer moins « macho » à la maison et plus raisonnable à l'école. Et c'est justement pour l'impliquer et le responsabiliser qu'elle lui demande – dès qu'elle se sait enceinte d'un deuxième garçon – de choisir lui-même le prénom de son futur petit frère. Pourquoi Romain ? « Parce que ça rime avec moi et que ça fait empereur », dit alors Antonin pour expliquer son choix. Deux arguments convaincants avec lesquels Nacéra ne peut qu'être d'accord.

Franck et elle font tout ce qu'ils peuvent pour reformer un vrai couple à l'arrivée de Romain. Ils dorment à nouveau ensemble, essayent d'avoir des projets, mais en vain, les bonnes intentions ne suffisent pas. Ils n'ont plus grand-chose à se dire ; Nacéra est accaparée par son bébé, elle ne laisse aucun espace à son conjoint. Et Antonin n'a qu'une idée : occuper la place de son père, dans la présence comme dans la fuite. Quand il n'est pas à l'école ou en vadrouille et qu'elle donne le sein à Romain, il vient souvent se blottir contre elle et couver du regard son petit frère. Le reste du temps, il rentre et sort à sa guise, à l'image de ce que fait son père. Se prend-il inconsciemment pour lui ? Sans doute, mais le sujet n'est jamais abordé. Comment réagirait-il à cette observation, lui qui prétend ignorer Franck et qui ne supporte pas la moindre critique ?

Les années passent et chacun continue à jouer son rôle sans crise majeure. Nacéra et son mari travaillent toujours dans la même entreprise, « comme si de rien n'était ». Ils n'ont pas d'efforts à faire pour s'éviter ; l'un est chauffeur, l'autre est secrétaire, ils se croisent et communiquent surtout par carnets de route interposés, comme les autres. À la maison, la question du divorce n'est même plus soulevée depuis que Fatima a dit à sa fille : « Tu l'as voulu, tu le gardes ! » Franck est un colocataire plutôt conciliant. Il est souvent absent mais ne fait aucune difficulté pour participer au budget familial. Le sujet de l'argent n'est pas, entre eux, une cause de dispute.

Ça ne l'est pas non plus avec Antonin qui demande rarement de l'argent à ses parents. Il dit qu'il se débrouille très bien tout seul. Nacéra est sûre qu'il trafique un peu avec ses copains, mais elle veut se convaincre qu'il ne s'agit pas réellement de délinquance. Il y a bien eu cette descente de police et la découverte d'une cache de drogue en bas de leur immeuble, mais où n'en trouve-t-on pas aujourd'hui ? Pour elle, c'est un vrai problème de société. La drogue et la misère vont trop souvent ensemble parce que le trafic est un espoir de gain à la portée des plus démunis. « Du shit et de la cocaïne planqués dans un trou sous notre escalier, reconnaît-elle. Les policiers de la Brigade anti-criminalité ont interrogé quelques jeunes qui ont eu droit à la garde à vue, mais Antonin n'a pas fait partie du lot. » Nacéra aurait sûrement dû en parler à Franck et à Karim. Elle ne l'a pas fait. « Impossible pour moi d'être une balance, dit-elle, et de risquer d'attirer encore un peu plus l'attention sur nous. En tant qu'Arabes, le délit de sale gueule, on ne connaît que trop bien ! Et les reportages à la télé sur la drogue dans les cités laissent croire qu'on est tous des dealers ! »

Elle s'emporte puis se détend. En parler à son mari et à son frère, c'était aussi la menace d'un constat d'échec. Et si par malheur il avait fallu qu'elle voie son fils entre deux gendarmes, cela aurait été au-dessus de ses forces.

Ce fils qui est si beau, devenu un grand jeune homme à la peau claire et aux cheveux châtains. Solidement charpenté, il adore toiser sa mère de haut et la réduire du regard. Comment lui résister quand il déclare que l'école ne sert à rien pour ce qu'il voudrait faire, à savoir du théâtre ? Nacéra pense même qu'il n'a pas complètement tort. « Les jeunes d'ici ont du mal à trouver du travail, dit-elle, avec ou sans le bac. L'école ne les prépare qu'à avoir ce permis, pas à entrer dans la vie. Les filières semblent d'avance bouchées, l'avenir ressemble à une impasse. Ça ne les aide pas à y croire. » Antonin a hérité de son caractère, pas de son physique. Il n'a d'elle que les yeux et les grands cils noirs. Elle aurait tant aimé qu'il ressemble à son grand-père, mais c'est de Franck qu'il tient. Encore un élément de confusion père-fils...

Romain est, lui, l'héritier de la « face de poulet rôti ». Plus il grandit, plus c'est le portrait de sa mère. Il est beaucoup plus calme que son frère et travaille très bien à l'école. « À croire que, venu au monde par accident, dit Nacéra, il a pris le pli de s'accrocher à tout. » Elle le reconnaît : Antonin n'est pas le préféré, mais c'est l'élu ; Romain reste un « gros bébé » qui a aujourd'hui 9 ans et qui semble se satisfaire de ce statut. Son frère ne l'aurait pas toléré à une autre place et Nacéra a bien conscience que cette situation n'a été profitable ni à l'un ni à l'autre.

Jusqu'à l'adolescence, Antonin refusait d'être arabe. Il aurait voulu que Nacéra soit blanche et qu'elle puisse renvoyer les voisins – des Maghrébins comme eux – à leur sale condition d'immigrés plutôt que d'entendre sa mère se faire injurier parce qu'elle a un mari belge et deux enfants aux prénoms français. Cela n'arrive pas tous les jours et n'est que rarement exprimé de face, mais Antonin n'en supporte pas l'idée. Pour afficher sa distance, il n'adresse pas la parole aux gens de l'immeuble et a donc mauvaise réputation. Avec ses grands-parents, il se montre poli mais très fuyant. A-t-il honte d'eux ? Il évite leur compagnie alors que Fatima le gâte chaque fois qu'elle le voit et que son grand-père cherche à l'intéresser à divers bricolages.

« Les choses changent radicalement à partir de 12-13 ans, constate Nacéra. En grandissant, Antonin s'est arabisé. Il est devenu solidaire des autres jeunes de la cité. Il commence à parler de ramadan et il cherche à se rapprocher de son grand-père pour apprendre des trucs sur l'Algérie. Mais Fatima aussi a changé de position. Maintenant, elle se méfie de lui à cause de ce qu'en dit Karim. Elle se met en tête que son petit-fils est un bon à rien qui risque de se faire endoctriner par les islamistes. » Antonin vit très mal l'attitude de Fatima à son égard. Il n'est plus le bienvenu chez ses grands-parents. Il en veut à Nacéra de ne pas intervenir et de se laisser « gouverner » par sa propre mère. « Je commence à me dire de plus en plus souvent : "Ma pauvre fille, tout ce que tu fais ne va jamais", récapitule-t-elle. J'avais l'impression de ne convenir à personne. Les racistes me rejetaient en tant que "bronzée". Mes voisins – des compatriotes – me considéraient comme une traîtresse parce que je vivais à la française, comme mon père finalement. Mon fils me reprochait d'être soumise à ma mère et, après m'avoir jugée trop arabe, le voilà qui trouvait à présent que je ne l'étais pas assez. »

Nacéra se souvient avec amertume de ces mauvaises relations de palier attisées par la promiscuité. Elle n'en veut pas à ses voisins de l'époque remplacés depuis par d'autres représentants des « minorités visibles » – en l'occurrence des gens d'origine africaine. Elle s'agite sur son fauteuil. « On ne peut plus dire "Arabe" ou "Noir", relève-t-elle. Il faut parler la langue de bois du politiquement correct. Pour moi, voilà une preuve de vrai racisme. On prétend respecter les différences alors qu'on fait ça pour les ignorer. On préfère dire que la cité est "multiethnique" plutôt que de reconnaître qu'elle est devenue un vrai ghetto. » Nacéra a vu peu à peu se dégrader leurs conditions de vie dans la cité. Pour elle, l'origine du problème tient en deux mots : laideur et abandon. Un endroit laid suscite le rejet, argumente-t-elle, voire la violence, surtout si on constate que, rapidement, on abandonne son entretien, faute de moyens prévus à cet effet. Ceux qui ont pu fuir ces lieux déshérités l'ont fait ; ceux qui sont restés, ou ceux qui sont arrivés depuis, sont aussi déshérités que les cités qu'ils habitent. Et leurs enfants sont forcément déboussolés. « Il y a longtemps qu'ils font des bêtises pour s'occuper, constate Nacéra. Personne ne les prend en charge ; en dehors de l'école, ils sont livrés à eux-mêmes. »

Bien avant les émeutes de 2005, elle a connu la vie quotidienne des « quartiers » marquée par le désœuvrement, les mini-sabotages et les nuisances sonores. Des jeunes, de plus en plus nombreux, « tiennent les murs » devant l'entrée de leur immeuble et négocient on ne sait quoi. Les départs d'incendie dans les caves et les poubelles, faisant souvent venir les pompiers. Les blocages d'ascenseur, les dévissages de plaques métalliques et les bris d'ampoules et de vitres dans les couloirs, auxquels tout le monde finit par s'habituer. Les rassemblements nocturnes, les hurlements et les pétarades des deux-roues... « Tout cela comme un bain de friture qui a brusquement pris feu, dit Nacéra. L'explosion du ras-le-bol. Chez tous ces jeunes, l'envie de brûler les voitures et de caillasser les bus et les uniformes pour hurler : "Laissez-nous crever tranquilles dans notre coin." Antonin n'y a pas vraiment participé, ou alors de très loin, mais ça l'enchantait, il était content que ça brûle. »

Nacéra n'excuse rien, mais elle comprend. Et elle n'accepte pas que l'on traite de « racaille » les gosses des cités qui, pour la plupart, ne sont pas délinquants. Ce sont des jeunes en échec scolaire, pas des voyous. Des jeunes désœuvrés à cause du chômage, comme Antonin, âgé maintenant de 17 ans depuis trois mois et qui ne trouve ni stage ni travail. « Certains trafiquent, du shit ou des scooters, affirme-t-elle, mais pas des armes comme on le dit dans les journaux. » Elle admet que ce n'est pas bien, tout en se refusant à les juger. Pour elle, les responsables sont ailleurs, dealers et politiciens, tellement semblables finalement derrière les vitres fumées de leurs voitures.

Le père de Nacéra voit les choses autrement. C'est un point de désaccord majeur avec lui. C'est aussi devenu un sujet d'emportement en famille, lorsqu'elle entend Karim, Antonin et le vieux Mohammed s'envoyer des vérités à la figure. Ce dernier va encore plus loin que Karim. Les émeutes des banlieues lui rappellent la guerre, et il réclame la prison pour ceux qui ont mis le feu ou jeté des pierres. « Il défend l'ordre public – celui de la France qui s'est pourtant montrée si ingrate avec lui et avec nous », ajoute Nacéra. Fatima, elle, ne se prononce pas sur le sujet mais elle aussi est du côté de l'ordre, tout comme Yasmina...

Nacéra s'assombrit à l'idée d'évoquer maintenant ce terrible enchaînement de circonstances qu'elle attribue, sans y croire totalement, au « mauvais œil ». L'accident de Franck, d'abord, survenu le premier mardi de décembre. Heureusement sans blessures graves ni pour lui ni pour les passagers du véhicule que son camion a heurté. Mais cet événement est à l'origine d'ennuis que Franck n'a pas fini de régler avec l'entreprise et les assurances, puisqu'il était en tort et que l'alcootest s'est révélé positif.

Une semaine plus tard seulement, Nacéra rentre chez elle après avoir fait des courses en prévision de Noël. Elle a pris une journée de RTT. Elle a aussi laissé son portable à la maison pour le recharger. En arrivant, elle voit de loin un petit attroupement devant l'entrée de l'immeuble. Près de là, deux voitures de police sont garées sur la dalle, gyrophares éteints. Elle s'approche. Elle sent la révolte l'envahir à l'idée que des jeunes vont encore faire les frais d'un contrôle d'identité, voire d'une garde à vue. Lorsqu'elle s'avance, le groupe s'écarte pour la laisser passer ; un des policiers vient à sa rencontre. C'est plus fort qu'elle, Nacéra ne lui laisse pas le temps d'ouvrir la bouche et lui lance : « Vous n'en avez pas marre de nous chercher des noises et de nous harceler ? » Elle n'a pas fini sa phrase qu'elle réalise quelque chose d'insolite : il n'y a pas que le policier qui a l'air ennuyé ; le groupe, autour, reste étrangement calme et silencieux. Il n'y a aucune hostilité. Et puis, sous la forme d'un cauchemar raconté à plusieurs voix, la nouvelle s'abat d'un seul coup. Les policiers ne sont pas là pour arrêter quelqu'un. Ils ont essayé de joindre Nacéra depuis le matin, sans succès. Il s'agit d'Antonin. Il est à l'hôpital, dans le coma. C'est un accident. Selon un témoin, il a été renversé en ville par un taxi.

Trois jours de coma. Pour Nacéra, trois jours à craindre le pire en s'en remettant au Dieu de ses parents. Elle prie – elle, l'incroyante invétérée ! À ses côtés, présent comme jamais, Franck l'assiste dans l'épreuve au chevet d'Antonin, aux heures autorisées. Le père de Nacéra est là lui aussi, assis droit comme un « i » sur son siège, dans un recoin de la salle d'attente, digne et silencieux comme à son habitude. Fatima reste en retrait vis-à-vis du personnel soignant, étonnamment méfiante et réservée, ne discutant en arabe qu'avec un brancardier maghrébin qui lui a adressé la parole le premier. Elle ignore évidemment Franck, qui le lui rend bien. La nouveauté, c'est qu'elle ne peut pas faire comme chez elle à l'hôpital et que Franck tient sa place de père et d'époux, sans fuir et sans plier.

Le couple a confié Romain aux grands-parents et, pour la première fois depuis bien longtemps, ils ont pu se retrouver vraiment ensemble, solidaires. « On a discuté tous les deux pendant des heures, se souvient Nacéra avec émotion. On parlait, on parlait, des enfants et de nous, comme si l'accident nous avait débouché la tête. Les yeux dans les yeux, jusqu'au bout de la nuit. » Pourquoi ne l'ont-ils pas fait plus tôt? C'était trop difficile. Admettre qu'il fallait que les choses changent, dans un sens ou dans un autre, accepter de tourner la page de leur histoire plutôt que de dépérir à petit feu.

Le « réveil » d'Antonin les a définitivement soulagés. Leur fils est sorti du coma sans séquelles, avec l'aide de Dieu ! Il parle, il marche, tout fonctionne normalement. Mais le plus incroyable, c'est que dès son retour à la maison, Antonin montre que cet accident l'a changé. Lui aussi vient d'avoir le déclic. Est-ce le coma ou le choc d'avoir failli mourir ? Peu importe. Dans les semaines qui suivent, il prend ses distances avec ses fréquentations habituelles et se met sérieusement à réfléchir à son avenir. On ne saura jamais ce qui s'est passé le jour où il s'est fait renverser par une voiture. La seule certitude, c'est que ni l'alcool ni le cannabis n'expliquent pourquoi il a traversé la rue sans regarder, les examens à l'hôpital se révélant strictement négatifs.

Alors, accident de la voie publique dû à l'inattention ou règlement de comptes lié à un trafic ? Mystère. Quoi qu'il en soit, Antonin prend une décision : il va préparer le concours d'entrée dans l'armée de terre. Surprenant engagement qui ne laisse pas insensible son harki de grand-père ! Il a six mois devant lui pour le préparer, et l'argent plus la bénédiction de Fatima pour se payer la remise à niveau nécessaire. Un ami de Karim se propose de le remettre à flot sur le plan sportif. Bref, même si tout reste encore à faire, les perspectives semblent favorables.

Six mois plus tard, Nacéra et Franck parviennent à divorcer « proprement », c'est-à-dire sans se faire la guerre. Licencié de l'entreprise pour faute professionnelle lourde, Franck connaît le chômage et les difficultés qui s'y rapportent. Il se fait aider par un psychologue et évite la descente aux enfers. Il finit par trouver un emploi de cariste dans une grande surface et s'installe avec sa nouvelle compagne. Romain va souvent chez son père, avec plaisir apparemment. Il n'en parle pas beaucoup et Nacéra respecte sa pudeur. Elle ne sera pas comme sa mère. Elle aussi va se faire aider. Elle espère que sa vie va changer dans le bon sens et pleure de joie lorsqu'elle apprend qu'Antonin est pris dans l'armée. Mais il va falloir qu'elle soit forte : il la quitte dans trois semaines.

Le point de vue du psy

Dès le départ, en veillant à ce que l'on orthographie correctement son prénom, Nacéra donne le ton : les confusions la menacent tout autant que ses proches, et il est évident qu'on aurait pu sous-titrer le récit de son histoire « Questions d'identité ». Fatima, sa mère, est la seule à rester en continuité avec ses origines, fidèle à des principes d'un autre âge et d'une autre culture. Elle incarne une sorte de résistante qui garde ses distances (y compris dans la langue, ne parlant pas couramment français) et qui s'accroche à la tradition avec un entêtement farouche. Ses armes semblent cependant bien dérisoires. Et son acharnement à ce que les siens respectent la ligne toute tracée qu'elle-même a dû suivre exprime à la fois sa force et sa fragilité identitaire : elle dispose de racines solides mais elle ne réussit pas à s'intégrer. Repliée sur sa famille qu'elle s'emploie à tenir, elle ne peut accepter de voir l'une de ses filles (Nacéra est-elle sa préférée ?) s'affranchir d'elle et de la coutume. Comme toute mère possessive, rien ne doit lui échapper sous peine de délitement de sa propre substance. Mohammed, le père de Nacéra, est, lui, un blessé de l'identité qui aura longtemps cherché à s'adapter mais qui apparaît victime de compromis perdants, ne parvenant à sauver que sa dignité. Sa fille le veut admirable ; il l'est assurément à travers sa droiture et l'amour qu'il voue à ses proches, mais sa déprime chronique semble toujours interroger en secret ses « mauvais choix » de père – ceux l'ayant conduit à accepter de devenir par-devers lui apatride puis chômeur et, par voie de conséquence, un chef de famille sans projet ni pouvoir.

Tels sont les parents que nous présente Nacéra, une femme hypersensible aux yeux de son entourage. Tout semble chez elle affaire de fierté ou de honte, et elle oscille de l'une à l'autre au gré des circonstances. Prête à défendre bec et ongles son honneur et celui des banlieues déshéritées, elle se révèle, en privé, une figure tragique dont certains accents rappellent, toutes proportions gardées, Antigone et Jocaste – les deux héroïnes du mythe d'Œdipe auquel Nacéra fait spontanément allusion : de la première, elle a le dévouement absolu pour un père meurtri que jamais elle ne renie ; de la seconde, elle a l'amour exclusif pour un fils qui heurte l'interdit fondamental de l'inceste. Avec de telles références mythologiques en tête, comment ne pas voir les accidents de la circulation dont sont tour à tour victimes Franck et Antonin comme les terribles ressorts d'un drame œdipien ? Gardons-nous, bien sûr, d'en rester à une lecture symbolique aussi expéditive, mais Nacéra elle-même nous entraîne sur le chemin des interprétations. Le rêve qu'elle rapporte est en effet de fort calibre. Il projette sur les hommes de sa famille l'ombre d'une Fatima castratrice, capable de les écarter et, pour tout dire, de les éliminer. « Qu'est-ce que tu me veux ? » demandent-ils chacun à Nacéra, redoutant sans doute d'entendre : « Te tuer » plutôt que : « T'aimer », tant ils savent combien elle est sous l'emprise d'une mère toute-puissante.

De son côté, que veut Nacéra ? Elle prétend chercher à se libérer de l'image d'un père humilié et de la tutelle de cette mère omnipotente. Cette émancipation, elle l'espère dans la rupture avec sa condition, sans réaliser à quel point celle-ci est inévitablement inscrite en elle et que son éviction la précipitera dans un véritable flou identitaire, voire une confusion totale. Elle croit s'en sortir à travers un mariage mixte et le refus de l'islamité, mais elle ne réalise pas que ces « arrangements » ne règlent en rien son problème : plus que jamais dépendante de la volonté de sa mère, elle devra lui « offrir » Antonin – un fils « sans père » (dans l'esprit de Fatima) – pour pouvoir se réconcilier avec elle. Commence alors pour ce petit garçon un parcours balisé par deux femmes possessives, alors que Franck, son père, réduit à l'état de figurant, prend la posture d'un éternel rejeté, d'un incapable, d'un faible finalement assez proche de ce que donne à voir Mohammed. L'homme fort de la famille, c'est Karim, autre figure œdipienne régnante, fils et père à la fois, tranchant dans ses avis comme dans ses positions. Face à lui, Franck semble ne pas faire le poids. Lui ne tranche pas, il s'écarte, il fuit, connaît quelques aventures sans lendemain, ne sait que faire valser les quilles au bowling avec ses amis.

Personne n'est à sa place, la confusion s'amplifie : les frères et les fils se substituent aux pères, et vice versa. L'autorité paternelle s'en trouve dénaturée et amoindrie, et le pouvoir matriarcal devient encore plus criant. Tandis que Franck et Nacéra établissent des relations fraternelles, Antonin prend la place de son père, allant jusqu'à jouer son rôle dans la présence complice et l'absence coupable. Il compose avec sa mère un tableau de vieux couple qui rappelle l'évolution de celui de ses parents. L'arrivée imprévue de Romain ajoute au trouble et résonne comme un « accident de parcours » annonçant ceux, bien réels, à venir. Cet enfant n'est pas seulement non désiré ; il occupe la terrible place symbolique d'enfant de l'inceste, Antonin ayant été mêlé à sa venue au monde au point de lui avoir choisi son prénom. Pour exister entre sa mère et son frère, Romain devra rester un « gros bébé », position dont on pressent qu'elle va devenir intenable au moment de la puberté.

Antonin grandit. Sa famille ne le contient pas et sa situation œdipienne l'oblige encore davantage à prendre ses distances. Où peut-il trouver une famille de remplacement, sinon dans la cité où il est en lien avec des pairs en crise d'identité comme lui et des figures paternelles de substitution parmi les « grands frères », comme on appelle en banlieue les jeunes hommes qui encadrent les plus petits ? Tous ne sont probablement pas des modèles identificatoires recommandables, mais l'adolescent cherche auprès d'eux un ancrage parce qu'il est en dérive, livré à lui-même, contraint de « se débrouiller » pour évoluer. On imagine qu'il expérimente à leur contact des postures, des conduites et différents modes de relation afin de se faire reconnaître et de se sentir exister. Nul doute qu'il s'expose ainsi à des risques inconsidérés, comme tant d'autres jeunes en instabilité identitaire qui, pour « s'éprouver », ont besoin des sensations fortes et des frissons de la transgression.

Le choc de l'accident met un terme à ce parcours chaotique en servant de révélateur : Antonin semble soudain découvrir combien sa route est périlleuse sans repères stables pour la tracer, ce qui le conduit vers le cadre rassurant de l'armée ; et ses parents réalisent que leur propre équilibre est davantage à chercher du côté de positions conjugales et parentales claires que dans les étayages de fortune, même si elles doivent mener à de douloureuses séparations.

Le contexte est celui d'une communauté elle-même en crise, la population des banlieues pauvres. Nacéra dénonce avec vigueur l'histoire et l'évolution de ces cités-dortoirs hâtivement construites à partir des années soixante dans la périphérie des grandes villes pour y héberger la main-d'œuvre que celles-ci ne logeaient pas. Dès l'origine, rappelle-t-elle, on pouvait craindre le pire d'un bétonnage sans limite de terrains lotis à la va-vite.

Ici et là, l'urbanisme galopant s'est révélé inadapté à la densité de la population, tandis que la promiscuité dans les grands ensembles ou encore leur situation par trop excentrée ont rapidement fait fuir ceux qui en avaient les moyens, concentrant sur place une population de plus en plus démunie, en majorité issue de l'immigration. Le chômage, les emplois précaires, les discriminations diverses ont contribué à ghettoïser ces « zones urbaines sensibles » (ZUS), aggravant l'isolement de leurs habitants et leur donnant le sentiment d'être exclus. Tous n'ont pas ce vécu, heureusement, et les initiatives se multiplient aujourd'hui pour désenclaver les banlieues, mais il est vrai que le malaise est profond et la situation préoccupante. L'école, dont tout le monde s'accorde à dire qu'elle devrait être un lieu d'intégration et d'ouverture au monde, y est elle-même en grande difficulté. Plus qu'ailleurs, l'avenir auquel elle prépare apparaît peu adapté à l'évolution de la société ; l'autorité de ses maîtres et les méthodes pédagogiques qu'ils emploient sont de ce fait contestées. Et ses missions deviennent opaques lorsqu'on lui demande de devenir un « centre éducatif » capable de gérer tout à la fois l'enseignement, le mal-être, la violence et la détresse sociale ambiante. Même si tout n'est pas critique, aux dires de beaucoup, la démotivation guette les professeurs comme les élèves.

Les familles plus marquées que les autres par le déracinement culturel et les ruptures de tous ordres voient leurs enfants chercher ailleurs les repères et les identifications qui leur manquent. Ni la vie familiale ni le milieu scolaire ne semblent en mesure de leur fournir un cadre d'évolution satisfaisant. Et l'on a trop souvent l'habitude en pareils cas de dénoncer les seules insuffisances éducatives de la famille et de l'école, en exonérant l'ensemble de la communauté des adultes de toute responsabilité. L'éducation des jeunes devrait être l'affaire de tous, le corps social ayant à tenir un rôle de soutien, d'étayage des institutions en charge des enfants et des adolescents. À la différence du pouvoir qui se prend, l'autorité ne se décrète pas, elle s'incarne – à condition d'être légitime et soutenue par le groupe.

Dans notre société, on sait que la notion même d'autorité ne fait pas l'unanimité. On la confond avec l'édiction de règles strictes imposant l'obéissance et le respect de l'ordre, sous peine de sanctions exemplaires. Faire preuve d'autorité est au contraire l'ensemble des manières de s'imposer auprès des autres comme incontestable, juste, adapté, mesuré, dans l'application de règles utiles au plus grand nombre, en misant sur une confiance partagée. L'autorité doit forcer le respect. Ce mot est la première revendication des ados, car ils n'ont pas seulement besoin d'être aimés : ils veulent être respectés, c'est-à-dire reconnus, considérés comme des interlocuteurs à part entière. Le mépris, la condescendance, le devoir d'obéissance, l'intolérance, l'injustice, la discrimination..., leur « manquent de respect » et font naître en eux la haine. Au contraire, les adultes qui ont des égards, de la considération pour les ados se montrent ainsi respectueux et respectables.

Une telle attitude est avant tout exigeante pour celui qui incarne l'autorité, puisqu'elle demande de la constance, de la justesse et de la fermeté. Mais pour exercer de l'ascendant sur quelqu'un, encore faut-il être en position de pouvoir le faire, ce qui suppose d'avoir une identité affirmée, d'être reconnu dans sa fonction et de l'assumer avec dignité. Or la place des enseignants n'est plus aussi indiscutable qu'autrefois et l'affaiblissement de la fonction paternelle est un aspect bien connu de la dégradation de l'autorité parentale. Les imams sont souvent les seuls à pouvoir exercer une influence morale non contestée – autorité qui se renforce d'ailleurs dans les quartiers les plus démunis.

Ces aspects méritent une réflexion élargie, car un glissement du crédit dévalué du chef de famille à celui rehaussé du chef religieux semble s'opérer. Le phénomène ne concerne pas exclusivement les banlieues défavorisées, mais le fait que la « loi du père » soit amoindrie prend une importance particulière dans les cités où la population est surtout originaire d'Afrique du Nord et d'Afrique noire. Avec la crise économique, quantité de pères immigrés – déjà coupés de leurs racines et de leurs traditions – perdent leur position de chef de famille en se retrouvant sans emploi. En privé, les règles qu'ils posent et les lois qu'ils incarnent deviennent elles aussi discutables, voire sont tout simplement ignorées. Et même lorsque ce n'est pas le cas, il arrive que ces pères fassent figure de perdants aux yeux de leurs enfants, comparés à ceux dont la réussite matérielle ne semble pas s'embarrasser de considérations morales.

Quant à l'autorité des mères, elle est tout aussi contestée partout où le sexisme fait rage. Certains de leurs proches – jeunes ou adultes – vont jusqu'à les traiter de femmes trop serviles lorsqu'elles acceptent sans ciller les emplois de service les moins gratifiants. La plupart de celles qui résident en ZUS estiment que leur vie quotidienne n'est pas facile. Selon une enquête récente[1], elles ont non seulement plus de mal que l'ensemble de la population à trouver un travail stable et à temps plein, mais elles sont plus souvent en situation monoparentale, 42 % d'entre elles ayant le sentiment d'être dépassées dans les relations avec leurs enfants.

Les jeunes des banlieues sont, eux aussi, plus fréquemment en difficulté que les autres pour poursuivre leurs études ou trouver un emploi. Sans vouloir stigmatiser leurs problèmes par rapport à ceux des jeunes en général, force est de constater que nombre d'entre eux sont plus en crise que la moyenne. Ceux-là sont très « sensibles » au regard porté sur eux, en raison de leurs blessures identitaires et du « délit de faciès » dont ils font régulièrement les frais. « Il, elle m'a mal regardé(e) » est une expression courante pour justifier, entre pairs, une violence physique ou verbale, ou pour dénoncer l'attitude méprisante des adultes. En quête de reconnaissance, ces adolescents cherchent à afficher leur aisance à travers le look (les fameuses « marques ») et la communication (téléphonie mobile) ; pour combler leurs manques, ils consomment sans retenue de la nourriture (surpoids et obésité frappent plus durement les ZUS), des images, des objets de haute technologie, etc. La faiblesse des ressources s'accorde mal avec de telles exigences, et la déscolarisation précoce alliée au désœu-

1. Enquête téléphonique CSA du mouvement *Ni putes ni soumises*, avril 2008.

vrement contribue à favoriser les trafics en tous genres. La délinquance qui en résulte – loin d'être « gratuite » – vient au contraire servir cette cause de l'offre et de la demande.

D'une sensibilité à fleur de peau, ceux qui vont le plus mal craignent en toutes circonstances d'être « (mal)traités » et leur priorité est de se faire respecter par tous les moyens. Les bandes qu'ils forment s'expliquent à la fois par la nécessité de faire corps avec les semblables pour se sentir plus forts, et par le besoin d'appartenance à une identité groupale dotée d'un territoire défini. On mesure leur extrême sensibilité à toute forme d'irrespect, même la plus anodine, à la violence disproportionnée de certaines de leurs réactions face aux agressions et aux incursions. Un événement en apparence mineur peut provoquer un incident grave. Lorsque l'atteinte à l'intégrité territoriale est jugée intolérable ou que la communauté est convaincue d'une injustice flagrante – a fortiori si elles provoquent un drame impliquant des forces de l'ordre –, la situation peut dégénérer.

En témoignent les émeutes d'octobre-novembre 2005 qui ont éclaté à Clichy-sous-Bois puis se sont répandues dans un grand nombre de banlieues françaises pauvres, obligeant les pouvoirs publics à décréter l'état d'urgence pendant trois semaines. À l'origine de cette réaction en chaîne, la mort par électrocution de deux adolescents ayant cherché à se cacher dans un poste transformateur alors qu'ils étaient poursuivis par la police. Il n'est pas exagéré de dire, en l'occurrence, que ce drame a mis le feu aux poudres, en regard de la nature des manifestations produites (notamment incendies de voitures, jets de pierres et tirs contre policiers et pompiers) et de leur mode de propagation. Si certaines banlieues sont aussi inflammables que des poudrières, c'est donc bien que la situation « ordinaire » y est extrêmement tendue et qu'il est impératif de chercher à désamorcer les tensions en favorisant les liens et de meilleures conditions de vie.

D'autre part, la « diffusion » des violences à de multiples foyers répartis sur l'ensemble du territoire national a été incontestablement favorisée par l'importance de la couverture médiatique des événements (les jeunes attendaient parfois les journaux télévisés de 20 heures pour brûler les véhicules) et par les moyens de communication efficaces dont disposaient les jeunes émeutiers (mobiles, Internet). Mais cette explication « technique » ne suffit pas. La rapidité avec laquelle le phénomène a pris une telle ampleur révèle aussi combien les jeunes concernés partagent un même besoin de reconnaissance – fût-elle explosive – et un même désir de changement. Certains émeutiers sont apparus plus « remontés » que d'autres ; briller devant les caméras a pu être le but principal de ceux qui voulaient se distinguer ; beaucoup ont suivi le mouvement, de près ou de loin. Mais la plupart ont eu en commun, à l'instar d'Antonin, d'exprimer leur révolte contre tous les ordres : l'ordre établi d'une société qui ne les accueille pas (policiers et pompiers en ont fait les frais), l'ordre sinistré de banlieues souvent privées des rêves de la réussite, et l'ordre dévalué de leurs proches qui paraissent avoir perdu dignité et traditions.

Il ne faudrait cependant pas déduire de tout cela que la question de l'autorité ne se pose aujourd'hui que dans les banlieues avec pour seule modalité d'expression l'insurrection manifeste. Là-bas ou ailleurs, des incivilités, des manquements aux règles établies et des exactions en tous genres sont aussi commises par des jeunes en mal de repères qui contestent sans le savoir un ordre familial devenu flou sur fond de conflit actif des parents, d'isolement éducatif monoparental ou de recomposition familiale animée. Des limites inexistantes ou sans cesse changeantes amènent l'ado à dépasser les bornes jusqu'à ce que ses parents se mobilisent pour définir un cadre d'évolution acceptable. Les adultes en charge de ces ados sont loin d'être tous « démissionnaires ». Ils se sentent plutôt dépassés, hésitent entre laxisme et autoritarisme, et s'interrogent souvent sur la manière la plus efficace et adaptée d'exercer leur autorité de parents.

Parmi les questions qu'ils soulèvent, en voici une qui revient régulièrement : « Qu'est-ce qui n'est pas négociable avec notre ado ? » Avant de répondre, empressons-nous de souligner que la notion même de négociation pourrait laisser entendre que les parties en présence sont sur un pied d'égalité, ce qui ne doit surtout pas être le cas dans la relation parent-enfant. Le noyau familial ne forme pas un simple ensemble d'individus qui auraient tous les mêmes accès, et la place des enfants n'est pas interchangeable avec celle des parents. Même lorsqu'ils se montrent capables de se débrouiller seuls dans diverses activités de la vie quotidienne, ce sont les enfants qui sont sous l'autorité et la responsabilité des parents, et non le contraire. Cette place de référents et de garants du cadre familial ne se discute pas, sauf dans le contexte d'une procédure juridique. Ajoutons qu'en cas de recomposition familiale, l'enfant n'a pas à « choisir » ses beaux-parents et qu'il leur doit le respect, même s'il a du mal à les accepter.

Certains lecteurs seront peut-être surpris que l'on insiste autant sur des principes paraissant évidents et de bon sens, mais notre expérience indique qu'un nombre croissant de parents ne savent plus ce qu'il faut permettre ou interdire, leur ado finissant toujours par avoir le dernier mot en prenant pour exemple telle ou telle famille réputée très souple. Parmi les positions de base qui ne se négocient pas, rappelons que c'est aux adultes en charge de l'enfant de subvenir à ses besoins évolutifs, et à eux qu'il revient de poser des limites à ses satisfactions immédiates, sans devoir se justifier autrement que par leur statut de référents. Lorsque les parents disent fermement non à quelque chose, il ne faut pas qu'ils reviennent sur leur décision sans raison, voire qu'ils « oublient » la sanction prévue en cas de non-observance. Punir un ado n'a rien d'inconcevable, à condition de se montrer cohérent, juste et mesuré en regard de son âge et de la faute commise, sans chercher à l'humilier ou à le réduire, mais plutôt en lui permettant de réparer autant que possible le dommage commis. Contenir l'ado, c'est évidemment aussi refuser fermement de transiger avec ce qui relève du respect de la loi et de la responsabilité parentale, à la maison, à l'école et en ville.

La cohésion éducative est, en l'occurrence, une nécessité absolue car beaucoup d'ados en dérive cherchent à leur insu à réunir autour d'eux leurs parents désunis ou « désaccordés » à l'aide de toutes les provocations possibles. Cette indispensable cohésion implique que la décision d'un parent ne soit pas annulée par l'autre sans une concertation préalable. Et si une telle harmonisation est impossible ou qu'un parent semble incapable d'assurer sa fonction, un arbitrage s'impose avant d'en venir à la remise en cause de l'autorité parentale, qui relève d'une décision de justice. Quant à la délégation de l'autorité domestique à la fratrie, elle présente incontestablement un risque de confusion et d'agitation. Sauf s'ils y sont occasionnellement contraints, les parents doivent éviter de demander aux aînés d'être responsables de leurs frères et sœurs plus jeunes.

Les aspects éducatifs sont souvent parasités par des tentations ou des exigences affectives qui desservent l'autorité au lieu de la renforcer. La peur de ne plus être aimé par l'ado conduit tel parent à se montrer exagérément permissif, tandis que tel autre croit pouvoir se confier intimement à un enfant devenu selon lui assez grand pour entendre ses problèmes de cœur. D'autres parents usent et abusent du chantage affectif pour se faire obéir, mélangeant sentiments, récompenses et sanctions pour obtenir gain de cause. En situation de solitude parentale extrême, le risque de tomber dans ces travers est important parce que la présence de l'enfant est perçue comme la seule ressource que possède le parent esseulé ou démuni.

Ni ami ni confident, encore moins compagnon d'infortune, l'ado doit pouvoir rester à sa place d'enfant vivant avec un parent adulte. Ce dernier aura à incarner certaines valeurs de respectabilité morale, en cherchant à asseoir son autorité sur le respect et la confiance, non sur la satisfaction personnelle de ses propres désirs. Il devra également prendre conscience qu'un parent célibataire ne peut durablement incarner le rôle confondu de père et de mère sans risquer de flouter son image, et qu'il serait utile de pouvoir s'appuyer si possible sur une figure complémentaire ayant une position de référent éducatif.

Élisabeth

La rizière ou la vie

Élisabeth est une femme un peu ronde de 58 ans, mais son sourire et son regard bleu pétillant lui en donneraient facilement dix de moins. Elle est institutrice, vit seule, et revendique un célibat choisi. Impossible de deviner, au premier abord, que son allure constitue pour elle une manière de faire avec sa souffrance et son désarroi et que cette dignité l'enveloppe d'une pudeur et d'une politesse destinées avant tout à ne pas inquiéter son interlocuteur.

Des soucis, elle en a pourtant. Hier, elle a vu sa fille Tania, 13 ans et demi, lors d'une rencontre programmée à l'initiative et en présence de l'éducatrice du foyer où l'adolescente est placée depuis un an. On appelle cela une « médiation ». Exhibant ses avant-bras scarifiés, Tania s'est montrée désagréable et acerbe tout au long de l'entretien, indiquant clairement qu'elle n'avait aucune envie de parler à sa mère, qu'elle lui en voulait, « point barre », sans avoir conscience de passer ainsi d'une coupure à l'autre – des mutilations corporelles à la rupture du lien familial. Et pour conclure, elle assène au détour d'une réplique cette phrase définitive : « Maman, tu m'as élevée comme une élève ! » Le reproche fait évidemment mouche. Pas d'atomes crochus, rien de plus normal entre une adolescente et sa mère, on sait à quoi s'attendre ; mais pas d'ADN commun non plus, et pour cause : elle n'a jamais porté Tania dans son ventre, elle en est la mère adoptive.

Le père ? Il n'y en a pas. Il n'y en aura jamais. Élisabeth ne veut plus imaginer partager un jour sa vie, ou ce qu'il en reste, avec un homme. Elle a bien « quelqu'un » en ce moment, mais chacun vit de son côté. Christian et elle se retrouvent une partie du week-end et un ou deux soirs par semaine. C'est un compagnon de route, rien de plus, rien de moins. Quelqu'un sur qui elle sait pouvoir compter dans la limite de ce qu'un homme peut comprendre d'une femme qui ne croit plus au grand amour. Et qui s'est juré de rester célibataire à jamais.

Élisabeth a pourtant connu la passion amoureuse avec au moins trois hommes. « Toujours des hommes mariés ou des étrangers, parfois les deux », précise-t-elle avec un geste d'excuse. Elle est même tombée enceinte de Richard, l'ex-homme de sa vie, dont elle a été la maîtresse pendant six ans. Elle avait alors 32 ans et pensait avoir trouvé son prince charmant. Certes, il était marié et avait deux grands enfants ; certes encore, il avait quinze ans de plus qu'elle. Mais elle croyait à l'époque que l'amour pouvait avoir des raisons que la raison ignore.

Un soir, à la sortie d'un spectacle, elle se souvient d'avoir « senti » qu'elle était enceinte de lui. Main dans la main, alors qu'ils profitaient de la fraîcheur de cette nuit de printemps, elle a eu soudain la sensation d'être « complète ». Une sensation extraordinaire. Quelque chose de charnel et d'affectif à la fois qui lui donnait une impression d'unité. D'ailleurs, le mercredi de la semaine suivante, le test se révélait positif. C'est vrai, elle n'avait pas dit à Richard qu'elle ne prenait plus la pilule. Elle était seule responsable de cette décision. Mais elle n'aurait jamais imaginé qu'il réagirait comme il l'a fait.

Dès l'annonce du résultat, Richard exige qu'elle se fasse avorter, reniant ce qu'il n'a cessé de lui promettre : « Oui, nous allons faire un enfant, mon divorce est une question de semaines, et je veux un enfant de toi », a-t-il répété maintes et maintes fois. Un divorce qui n'est jamais venu. Une double vie qui continuerait peut-être encore aujourd'hui si Élisabeth n'avait pas décidé de mettre un terme à leur relation. Ce Richard « Cœur de Hyène » lui est ainsi apparu dans toute sa lâcheté le jour où il lui a déclaré : « C'est impossible, je veux que tu avortes... C'est l'enfant ou moi... » Elle dit avoir pleuré, beaucoup, douloureusement. Elle qui pensait faire sa vie avec lui, fonder une famille, le voilà subitement transformé en escroc.

Il l'a laissée seule dans l'épreuve. La première dans une longue série d'obstacles qui enrayeront son désir de maternité. Élisabeth se souvient du rendez-vous chez le gynéco, de l'hostilité à peine déguisée de ce médecin qui manifestait ouvertement sa désapprobation. Il ne lui a pas adressé la parole. Il a bien prononcé quelques mots, mais uniquement ceux du questionnaire qu'il remplissait, cochant chaque item d'un geste vif et froid, dénué de toute humanité. Ce Dr F. procédera à l'opération quelques jours plus tard, avec la même économie, sans chercher à la revoir ni avant ni après l'intervention. Une IVG « par aspiration », disait la feuille de route. Quelle poésie ! Élisabeth a vécu cet avortement comme un viol. Elle se rappelle s'être réveillée en sanglotant, seule dans une grande chambre austère avec, au-dessus de la tête, un crucifix semblant l'accuser d'avoir commis l'irréparable. Coupable d'être victime, en somme. Ambiance délétère confirmée par un proche venu la visiter : il se fait sermonner par les infirmières qui l'ont pris pour le « criminel ». Un mot terrible qu'elle ne pourra oublier et qui lui reviendra plus tard en pleine figure... Richard, lui, restera absent.

Une amie viendra la chercher à la clinique et Élisabeth passera une semaine chez elle pour oublier son ventre et panser sa blessure. De celles dont on garde pour toujours une cicatrice douloureuse... Aurait-elle dû garder cet enfant ? Elle n'y a pas songé sérieusement. Même si c'est elle qui en a précipité la venue en arrêtant la pilule, ce devait être « leur » enfant, non le sien pour elle seule. Et renonçant à le garder contre l'avis de Richard, elle croyait encore préserver leur relation. Quelle idiote !

Richard a d'abord imposé un silence radio total de deux à trois semaines, puis il est réapparu. Mais échaudé par l'aventure, Cœur de Hyène a d'abord gardé ses distances, jouant surtout du téléphone. C'est l'« appel du ventre » qui l'a ramené chez sa maîtresse. Pas moins souvent, mais moins longtemps. En faisant l'amour avec lui, elle se revoyait parfois sur la table d'IVG et, peu à peu, les sentiments se sont évaporés. Élisabeth ne voyait plus que la bassesse d'un homme venant seulement se soulager. La relation est devenue exécrable. Et les explications interminables et fatigantes. Élisabeth a fini par quitter Cœur de Hyène, en se disant que jamais plus elle ne resterait l'otage d'une relation. Même aujourd'hui, il lui arrive encore de sangloter après l'amour.

Pourquoi Élisabeth n'a-t-elle toujours vibré que pour « des hommes mariés ou des étrangers » ? La question la fait sourire. Elle s'y attendait. Mais elle s'empresse d'ajouter que sa réponse comporte des zones d'ombre qu'elle-même n'a pu éclaircir. Ses parents se sont connus dans un camp de STO[1] – en l'occurrence une usine d'armement de la Ruhr. Son père est français, de la classe 22 ; sa mère est allemande. L'idylle entre le travailleur forcé et la blanchisseuse, un classique du genre, constitue la petite histoire dans la grande telle qu'elle lui sera toujours racontée. Avec cependant ce qu'il faut de fausses notes pour en altérer ouvertement l'harmonie. La ligne principale est la suivante : après la guerre, Hilda quitte Karlsruhe où réside sa famille pour rejoindre son futur mari en France. « Elle se déracine », dit Élisabeth, qui sera la fille unique du couple. Est-ce l'Allemagne ou les siens qu'elle fuit ? Et pour quelles raisons le fait-elle ? Pourquoi en rendra-t-elle son mari responsable avec une animosité qui croîtra avec l'âge ?

1. Service du travail obligatoire dans l'Allemagne nazie destiné à compenser le manque de main-d'œuvre dû à l'envoi des soldats au front.

Élisabeth verra souvent sa mère s'emporter contre lui, et même parfois l'accabler d'insultes en allemand. Lui semble alors ployer sous la grêle et se rétrécir ; il attend que le plus gros de l'orage passe, puis son corps ou son regard trouve à s'échapper sans qu'il ait ouvert la bouche. Un père étrange qui s'appliquait à incarner à la maison le fonctionnaire soumis qu'il devait être au travail, et qui restera pour sa fille à la fois un étranger et un lâche. « Jusqu'à la fin de sa vie, il aura toujours tout esquivé, dit Élisabeth. Mes parents faisaient chambre à part et il dormait dans la pièce qui lui servait de bureau. Une nuit, il a dû faire une crise cardiaque dans son sommeil, car ma mère l'a trouvé mort le matin. C'est comme ça qu'il nous a quittés. »

La mère d'Élisabeth, elle, est toujours de ce monde. Mais il est strictement impossible de lui faire dire si elle a choisi de quitter l'Allemagne ou si elle y a été contrainte. Ce mystère « blindé » résiste à toutes les tentatives d'effraction. Tout comme la question de savoir si Élisabeth a été ou non désirée. « Ma mère aussi, finalement, est une adepte de l'esquive. On croit avoir une ouverture, mais c'est un leurre. Dès qu'on approche, elle tire le rideau de fer. » Elle peut discuter de beaucoup de choses, sauf de son histoire. Pourquoi est-elle toujours dans la rupture ? L'énigme reste entière. Élisabeth ne dispose d'aucune clé. Son père et sa mère auront chacun, à leur manière, toujours procédé par évitement, fuite, pour des raisons qu'elle ignore. Elle le déplore et continue à en souffrir. Elle en veut beaucoup à sa mère d'être ainsi, en même temps qu'elle l'en excuse – ambivalence qu'elle attribue spontanément à leur « lien ombilical ».

Elle reconnaît que ce lien l'étouffe mais elle a toujours peur de le rompre ou de le voir céder. « Ce que j'ai vécu enfant avec ma mère et ses secrets, dit-elle, je l'ai ensuite revécu avec ma fille adoptive. L'angoisse, la peur phobique, pour moi, d'être un jour laissée, d'être abandonnée. »

Hilda élève Élisabeth dans une méfiance étonnante à l'égard de la gent masculine. « L'homme est un grand méchant loup qui fait pleurer les mamans », répète-t-elle. Elle refuse également d'apprendre à sa fille la langue allemande. Elle affirme vouloir tirer un trait sur le passé, effacer sa culture. Mais contrairement à ce qu'elle prétend, elle maintient un lien, épistolaire, avec sa propre mère, correspondance cachée qu'Élisabeth découvre à l'âge de 17 ans.

Ne fréquenter que des hommes mariés, a fortiori souvent étrangers, représente pour Élisabeth une forme de loyauté envers sa mère, « l'impossibilité d'un aboutissement », une manière de ne jamais la quitter. Jusqu'à Richard qui aurait pu la délivrer de cette attache mais qui n'aura fait que la confirmer. Après Cœur de Hyène, Élisabeth résiste à tout investissement sentimental. La quarantaine la fait s'ouvrir à quelques aventures, très éloignées toutefois de ce qu'évoque cette fameuse crise des « quadras ». Et puis l'« appel du ventre » se fait à nouveau sentir – celui qui réveille les fibres maternelles mal cicatrisées. Élisabeth peut concevoir une vie sans homme, mais pas sans enfant. Secrètement, elle mûrit sa décision et, à 43 ans, elle décide enfin de se lancer dans l'adoption.

Comme souvent, la procédure administrative est longue et fastidieuse. Deux ans à réunir toutes les pièces du dossier, à offrir aux enquêteurs de la DDASS le visage convenable d'une célibataire trop âgée pour envisager d'avoir un enfant biologique. Pouvoir aimer un enfant qui a été privé de soins et d'attention, voilà un principe qu'Élisabeth « adopte » sans avoir à tricher. Elle doit en revanche dissimuler ses intentions véritables quant à son choix d'élever un enfant sans père. Elle évoque une rupture sentimentale l'ayant laissée sur le carreau jusqu'à ce qu'elle trouve la force de faire face. Maintenant durablement ressaisie, elle se sent prête à s'engager dans un vrai rôle de parent, prétendant ne pas exclure de rencontrer un jour quelqu'un qui partagera sa vie et celle de son enfant. Elle sait qu'on cherche à s'assurer qu'elle a la tête sur les épaules et qu'elle pourra assumer la situation sans tomber dans les travers d'une relation trop fusionnelle. Institutrice modèle, ouverte et équilibrée, en excellents termes avec sa propre mère, n'a-t-elle pas toutes les qualités requises ?

Une fois toutes les autorisations rassemblées, épaulée par une association, elle arrive au Vietnam. Le parcours est fléché dès l'aéroport ; intermédiaires et accompagnateurs locaux se bousculent dans un jeu de piste qui semble représenter pour eux un business très lucratif. Hôtels, transports, papiers, tout a l'air parfaitement rodé et chacun s'emploie à la rassurer. Quand va-t-elle pouvoir serrer dans ses bras cet adorable petit garçon dont elle a vu et revu les photos ? Après-demain, quelqu'un doit l'emmener en taxi à l'orphelinat de H. Tout le monde sourit tout le temps. Elle s'en exaspère. Elle est fatiguée.

Pourtant, tout cela n'est rien comparé à ce qui l'attend deux jours plus tard.

Elle est reçue par la directrice de l'orphelinat flanquée d'une interprète. Accueil embarrassé. Très vite, le problème est exposé : il y a du nouveau, « son » petit garçon vient de tomber malade, la mère biologique le réclame, il n'est plus adoptable dans ces conditions. Le piège se referme. Elle veut voir l'enfant. Refus poli. Il a été transféré à l'hôpital, lui assure-t-on. Et sa mère est à son chevet. L'émotion et d'évidentes difficultés de traduction compliquent les échanges. Elle ne saura jamais ce qui s'est exactement passé, mais elle vit cette soustraction – emballée dans ce qu'elle prend pour un tissu de mensonges – comme un avortement qui ne dirait pas son nom. Un désir pulvérisé, un arrachement presque aussi douloureux que celui qu'elle a connu quelques années plus tôt. Qu'a-t-elle fait pour mériter cela ?

De retour en ville, dans le hall de l'hôtel, elle rencontre le délégué de l'association et l'organisateur local. Élisabeth est effondrée, elle ne veut pas rentrer en France sans un enfant. Subitement, elle réalise ce qui vient de traverser son esprit. Comme si elle refusait de rentrer bredouille ! Faut-il qu'elle soit déboussolée pour avoir si peu de distance ! Est-elle donc en chasse, tellement absorbée dans sa quête qu'elle n'en voit plus la véritable nature ? Une « chasse à l'enfant »... Quelle horreur ! On la rassure, elle n'est pas la seule dans ce cas. On lui dit surtout que tout n'est pas perdu. Il faut qu'elle patiente quelques jours. Il y a d'autres enfants adoptables qui sont « en souffrance ». Mais au lieu de la calmer, l'expression lui explose à la figure : ces enfants ne sont pas seulement malheureux, ils sont déposés, consignés, telles des marchandises encombrantes, dans un orphelinat et attendent que quelqu'un vienne les y réclamer. De la chasse à la vente par correspondance, quelles terribles images ! Jusqu'à ces faits divers montrant qu'une femme en mal d'enfant peut en venir au rapt. Des représentations récemment ravivées par cette histoire d'association humanitaire accusée d'avoir dérobé à leurs familles des enfants africains pour les « offrir » à des adoptants convaincus qu'il s'agissait d'orphelins. Des candidats peut-être aussi innocents qu'elle, à ses yeux, à la fois otages de leur désir d'enfant et proies faciles du système.

Comment aurait-elle réagi à leur place ? Elle ne sait pas. Elle est seulement sûre d'une chose : elle ne sera jamais une prédatrice ou une trafiquante, encore moins une désespérée, même si la douleur a été vive. À aucun moment, elle n'a été prête à tout pour avoir un enfant. Cela étant, Élisabeth estime que les parents « naturels » ont pour eux de n'avoir jamais eu à se trouver dans ce genre de situation. Elle est consciente de ce que les détails sordides auxquels elle est à l'époque confrontée peuvent enlaidir son projet de devenir mère. Et que ces mêmes détails favorisent la raideur et l'agrippement plutôt qu'une adaptation souple et tempérée. « En souffrance », le futur adoptant l'est aussi, tout au long de ces procédures qui s'éternisent au point qu'on pourrait les croire destinées à faciliter le renoncement.

Les jours passent. Élisabeth supporte mieux la chaleur moite et s'offre même quelques balades dépaysantes.

Un message à son hôtel l'attend. On lui propose un rendez-vous dans une pouponnière. Enfin ! À peine arrivée là-bas, une sœur lui met dans les bras une petite fille : Tania, alors âgée de 6 mois. On ne sait presque rien d'elle. Sa mère, trop jeune pour l'élever, l'a abandonnée. Elle est en bonne santé. D'habitude, on préfère confier ces tout-petits à un couple, mais on sait qu'Élisabeth n'a pas eu de chance avec le garçon qu'elle devait adopter, alors... Les religieuses expriment une compassion non feinte à son égard et elle se sent profondément réconfortée.

Le problème est maintenant ailleurs : d'emblée, ça se passe mal avec Tania, qui refuse de boire son biberon. « J'ai senti tout de suite que le problème était entre nous, raconte Élisabeth. Les jours suivants, même constat. Elle refuse de manger, il faut que j'insiste, que je me fâche un peu. » Il y a de l'agacement entre elles. Tania pleure souvent, ce qui agresse et désarme Élisabeth. Mais elle s'accroche. L'adoption est un apprivoisement mutuel, et il faut donner du temps au temps. La congrégation facilite ce travail d'approche partagé. On loge Tania et sa future mère sur place. La chambre est simple mais spacieuse. Une chambre aux murs d'un blanc immaculé sur laquelle veille une Vierge dorée. On est loin du crucifix accusateur qui hante Élisabeth depuis son IVG. Un détail semble pourtant indiquer que rien n'est gagné, elle s'en souvient très bien : sous le lavabo, les cafards vont et viennent avec insistance comme s'ils annonçaient les zones d'ombre à venir.

Pendant près d'une semaine, Élisabeth dort avec Tania pour apaiser ses pleurs nocturnes. Mais elle fait elle-même des cauchemars qui la réveillent en nage. Elle voit en rêve le visage de sa fille lui montrant les dents. Ce rêve la perturbe énormément. Pourquoi y a-t-il tant d'opposition farouche chez cette petite ? Que lui est-il arrivé ? Élisabeth a si peu d'informations. Et elle sait que les dossiers d'adoption se révèlent souvent des faux grossiers. Au siège de l'association à Paris, elle a bien rencontré deux couples de parents adoptifs s'étonnant d'avoir strictement les mêmes données administratives pour leurs filles venues de Chine, avec cette mention générique : « Enfant trouvé(e) dans une rizière et déposé(e) au poste de police de N. »

Dix jours plus tard, Élisabeth est de retour en France avec Tania. À l'époque, elle n'a personne dans sa vie et consacre tout son temps à son bébé. Elle prend une disponibilité d'un an. Le temps file à toute allure. Il faut veiller à tout et les contraintes l'emportent souvent sur la joie d'être mère. Surtout que Tania ne pousse pas du tout comme un champignon, contrairement aux enfants adoptés dont les parents s'émerveillent jour après jour des progrès qu'ils font. « Ils ont bien de la chance », pense Élisabeth. Dès l'âge de 9 mois, Tania a des convulsions... Une ou deux crises mensuelles, en moyenne. Elle peut n'en avoir aucune pendant tout un trimestre, puis faire un « état de mal » qui dure deux jours. Des moments terrifiants. Les images de « possession diabolique » ne sont pas loin et, à défaut d'exorciste, le Samu vient souvent à la maison. Le traitement médicamenteux quotidien n'empêche pas la survenue des crises même s'il en réduit l'intensité et peut-être la fréquence. Élisabeth se demande de quels démons Tania est la proie. A-t-elle hérité de l'épilepsie ? Ou manqué d'oxygène à la naissance ? A-t-elle été battue ? Ou est-ce tout à la fois ?

Les convulsions se raréfient étrangement vers l'âge de 7-8 ans et finissent par disparaître. Mais elles ne vont pas tarder à être remplacées par d'autres crises, comportementales celles-là, et que les psychiatres nomment pudiquement « conduites d'agir ». Élisabeth a la sensation d'assister à l'étrange passage de l'orage nerveux à une véritable tempête psychologique, qu'elle considère avant tout comme l'expression d'un rejet fondamental. Depuis le début, Tania semble lui dire : « Tu m'insupportes, je ne t'ai pas demandé de venir me chercher, encore moins de m'adopter, alors ne m'approche pas, lâche-moi. » En même temps, Élisabeth ne peut s'empêcher de penser que Tania a toujours tout fait, justement, pour qu'elle ne la lâche pas d'une semelle. Enfant, dès qu'elle apercevait une étendue d'eau, elle y courait ventre à terre. Il fallait l'attacher dans sa poussette. On sentait qu'elle aurait pu sauter à pieds joints dans le bassin, l'étang ou la rivière. Elle pouvait aussi brusquement entreprendre de traverser la route de son propre chef ou faire l'équilibriste au bord d'un lieu élevé, sans se soucier du danger. Ses élans étaient tels que sa mère a dû se résoudre à acheter une laisse. « Je me faisais insulter par les passants, se rappelle-t-elle. Certains me disaient : "C'est inadmissible, on n'attache pas les enfants." » Plus tard, Élisabeth découvrira dans ses lectures spécialisées les fameuses théories sur l'« attachement ». Et ces correspondances du sens propre au sens figuré conduiront Élisabeth à entreprendre une psychanalyse.

Le domaine d'affrontement majeur entre la mère et la fille est évidemment l'école. Dès le CP, Tania se rebiffe. « Nous avons eu toutes les deux des moments de grand bonheur, mais beaucoup de tensions liées à ses difficultés scolaires, avoue Élisabeth. Elle refusait à la fois l'école et ma double position de maman et d'institutrice. Quand j'insistais, elle envoyait tout valser. J'ai mis du temps à comprendre qu'elle vivait mon insistance comme un moule dans lequel elle ne voulait pas entrer. Mais elle ne m'a jamais frappée. Tania retournait l'agressivité contre elle en se cognant la tête contre les murs. Quand elle faisait ça, j'étais terrorisée à l'idée qu'elle ait une crise d'épilepsie. »

Dès qu'un apprentissage, quel qu'il soit, se profile et peut avoir un rapport avec la scolarité, Tania le rejette. Elle prétend qu'elle sait déjà tout ou affirme qu'elle n'en a pas besoin. « Quand je serai grande, j'effacerai tout ce que tu m'as appris dans ma tête », dit-elle un jour. Avec un entêtement incroyable, Tania refuse les conseils, refuse de se soumettre. Elle se cabre. L'école signale à plusieurs reprises qu'elle est incapable d'obéir à une règle, et surtout d'obéir à une femme. On note qu'elle ne reconnaît que l'autorité masculine.

En grandissant, Tania accentue son opposition et substitue son « ordre » à celui de sa mère. Un ordre despotique alimenté par un tempérament de feu. « Entre nous, dit Élisabeth, le registre devient passionnel, conflictuel et fusionnel. J'en demande sans doute trop, Tania ne m'en donne pas assez, et il nous est impossible d'en rester toutes les deux à une tonalité équilibrée. Lorsque je fais mine d'ignorer ses provocations, elle se rappelle immédiatement à mon bon souvenir et m'oblige à réagir. Si je crie, elle crie plus fort. Et si je demande un câlin, elle se braque et me repousse. » Avec de plus en plus d'assurance et d'aplomb, Tania prétend commander sa mère. Elle se veut adulte avant l'heure. Elle exige ses droits. Elle pose énormément de questions sur ses origines. Elle qui déteste la géographie veut connaître en détail le mode de vie des Vietnamiens.

Sa mère doit répondre à tout, sinon Tania refuse de manger. C'est le chantage à l'assiette qui annonce le temps, proche, des bouderies, des absences et des fugues liées aux sorties contrariées et aux mises en garde scolaires. Tania chipote, critique, conteste, cherche continuellement le point de rupture. À 10 ans, elle a déjà les postures d'une adolescente rebelle. Et tandis qu'un parent naturel pourrait sourire d'entendre sa fille lui affirmer sa conviction d'avoir été « trouvée dans une poubelle », Élisabeth se crispe chaque fois que Tania lui décoche : « Tu aurais mieux fait de me laisser là où j'étais. » Elle avoue saisir alors « à quoi peut servir un père »... Certaines attaques font encore plus mal lorsqu'elles semblent venir de l'extérieur et qu'elles contestent sa légitimité. Est-ce vraiment Tania qui a trouvé toute seule cette phrase assassine : « T'es qu'une mère d'occasion, gavée, cabossée » ? Et cette autre : « Une mère de papier, ça craint » ?

Croyant bien faire, Élisabeth finit un jour par raconter son IVG à sa fille. Celle-ci entre dans une fureur terrible et la traite de « criminelle hystérique ». Encore ce mot qui tue... Élisabeth ne sait plus quoi faire pour pacifier leur relation. Ce qu'elle fait ne va jamais : lorsqu'elle se tait à propos du passé, Tania la bombarde de questions, et lorsqu'elle se décide à parler, Tania l'assaisonne copieusement ! Elle a conscience que sa fille est tiraillée par des forces contraires et que ses réactions sont celles d'une « écorchée vive ». Et ce mot n'arrive pas par hasard puisqu'elle vient de découvrir que Tania se coupe et se brûle volontairement.

Elle a commencé par se scarifier les bras avec un cutter. Des coupures au niveau des poignets qu'elle s'inflige en secret puis qu'elle dissimule sous ses manches. Élisabeth met un certain temps avant de comprendre pourquoi sa fille reste étrangement trop couverte ou arbore des manchons et des mitaines de laine même en plein été. La mode et la pudeur adolescentes lui servent d'alibis. À plusieurs reprises, Élisabeth trouve cependant des traces de sang sur ses vêtements et sur ses draps qui ne peuvent pas être celles des règles. « Avec mon imagination, j'ai d'abord cru que Tania soignait un animal blessé en cachette, reconnaît-elle. J'ai aussi pensé qu'elle s'était bricolé des pansements de fortune au retour d'une expédition dans un endroit interdit où elle avait dû franchir des barbelés. Jusqu'à ce que je découvre, bien planqué dans sa chambre, un cutter souillé de sang. »

Le courage lui manque pour oser en parler à sa fille. Comment réagirait-elle ? Elle veut se convaincre qu'il ne s'agit que d'écarts sans conséquence... Mais sa fouille a, elle aussi, laissé des traces, et son silence, au lieu d'apaiser Tania l'irrite au plus haut point. Un soir, en plein repas, et pour une raison vraiment insignifiante, sa fille quitte brusquement la table, se dresse devant elle et hurle : « Je te hais et je me hais, tiens, regarde ! » Elle remonte alors ses manches et relève son T-shirt jusqu'à la poitrine. Le spectacle est consternant : « Elle semble scarifiée de partout. »

Deux heures plus tard, après un tendre câlin de réconciliation, l'examen détaillé des plaies relèvera que ses poignets sont striés de coupures parallèles comme des codes-barres monstrueux tracés dans la chair. Sur l'avant-bras gauche, Tania s'est abrasé la peau, réalisant une croix grossière de dix centimètres de long. Un crucifix, encore ! Autour du nombril, d'autres coupures en étoile forment un « soleil » et des lettres bâtons gravées dans la peau composent le mot « DEATH ».

« Elle a le diable au corps pour s'automutiler de manière aussi horrible, se dit Élisabeth. Pour se faire mal à ce point, elle a dû être torturée d'une manière ou d'une autre. » En plus de ce mystère qui leste les conditions de sa naissance, pourquoi ne serait-elle pas en prime rescapée d'une tentative d'avortement ? Peut-être même a-t-elle échappé, une fois née, à un infanticide ! Saura-t-on jamais, en psychologie, l'impact réel de tels traumatismes dont aucun bébé ne peut se souvenir mais dont il garde probablement la trace ? Élisabeth se persuade que Tania est l'objet de sentiments tellement opposés que cela provoque en elle des orages nerveux cataclysmiques. Un besoin d'amour et de reconnaissance éperdu mêlé à la peur d'être à nouveau rejetée et abandonnée. D'où ces va-et-vient incessants qui disent une chose et son contraire : « Je t'aime et je te hais », « Laisse-moi et garde-moi », etc.

Élisabeth en prend la mesure à son corps défendant lorsqu'elle déclare un diabète à 56 ans. Dès qu'elle l'apprend, Tania « pète littéralement les plombs ». La tempête de nerfs l'agite en tous sens. Elle en veut à sa mère d'être malade, parce qu'elle craint de la perdre. En plus des automutilations, elle commence à faire n'importe quoi, se brûle le cou avec un aérosol, finit au goulot les bouteilles d'apéritif, se lève la nuit pour « aller faire des tours », avale à deux reprises une poignée de somnifères... Elle part en vrille. Un soir, après que sa mère a été la récupérer au commissariat au terme d'une fugue de trois jours, Tania ouvre la portière et veut se jeter de la voiture en marche... Les limites sont dépassées. Élisabeth doit se résoudre à demander l'aide du juge des enfants. Il faut placer Tania en milieu protégé.

À l'évocation de cet épisode, une larme glisse sur la joue d'Élisabeth. Son sourire s'est effacé et son regard se vide... « Je crois que j'ai maintenant compris le dilemme de Tania, assure-t-elle. Elle est en lutte à l'intérieur d'elle-même. Et tout ressort. Une partie d'elle hurle son besoin d'attention, de tendresse, de reconnaissance. Nos câlins ont été les plus beaux du monde. Une autre partie d'elle ne cesse de montrer que faute d'avoir été voulue, elle refuse la vie et moi avec. Depuis le début, on en est là. Elle a toujours refusé que je la nourrisse. Puis elle a convulsé. Et la voilà qui se raye, qui se rature, de toutes les manières possibles, jusqu'à faire une croix sur elle. Comment ne pas se sentir une mauvaise mère quand l'enfant repousse tout ce qui vient de vous et ne pense qu'à se faire du mal ? Exit le biberon, l'amour, l'éducation et le reste... Bienvenue à la plaie ambulante, à la possédée invoquant la mort au point de se le graver sur le ventre ! »

Élisabeth poursuit son monologue. Elle sait que certains affirment qu'on reproduit toujours ce qu'on a subi. Et la « galère » qu'elle traverse semble leur donner raison. Enfant abandonnée, Tania n'aurait ainsi d'autre logique que de rejeter sa mère adoptive et de s'autodétruire. Élisabeth déteste cette idée. Elle ne comprend pas non plus pourquoi l'éducatrice insiste autant pour que Tania reprenne contact avec le Vietnam, qu'elle « renoue enfin avec ses origines ». Quelles origines? Celles qui ont bien failli lui coûter la vie? Est-ce qu'on essaierait de lui faire perdre sa place de mère? « Je suis comme ma fille, j'ai aussi des pulsions violentes, prévient Élisabeth. Et je veux croire à autre chose : Tania témoigne de son écorchure de naissance et elle attend qu'on l'aide à en cicatriser. En lui donnant le temps et la distance qu'il lui faut pour ne plus être à vif. La patience paiera, j'en suis certaine ! »

Élisabeth a avancé. Mais elle avoue qu'elle a longtemps éprouvé de l'amertume, un sentiment d'échec. Elle aurait tant voulu parvenir à délivrer Tania de ses vieux démons. Et lui transmettre ce en quoi elle croit. Malheureusement, il y a eu un rideau de fer entre elles. Comme avec sa mère. Elle ne peut s'expliquer pourquoi mais c'est à cet endroit-là qu'elle a beaucoup souffert.

La situation va évoluer favorablement. Elle en est convaincue. L'année dernière encore, il arrivait que Tania se réveille en pleine nuit et pleure en appelant sa mère. Élisabeth se levait et la prenait dans ses bras. Et Tania se calmait petit à petit, en gémissant : « Maman, maman. » De l'amour et de la reconnaissance sont passés entre elles, c'est évident. Cette fameuse transmission longtemps bloquée n'était qu'une impossibilité à dire, non à ressentir. Une pudeur de l'âme adolescente qui s'effacera un jour. Élisabeth va continuer à investir chaque médiation mensuelle, même si la tempête y fait rage. D'ailleurs, Tania ne vient pas seulement de lui reprocher de l'avoir « élevée comme une élève », elle a aussi dit qu'elle voulait revenir à la maison... Le placement au foyer est provisoire et des permissions sont prévues. Si tout se passe bien, le juge pourra lever cette décision de justice. Élisabeth lui fait entièrement confiance.

Le point de vue du psy

De façon manifeste ou entre les lignes, cette histoire est marquée par la répétition et lestée du poids des secrets. Pourquoi Élisabeth n'a-t-elle toujours fréquenté que « des hommes mariés ou des étrangers, parfois les deux » ? Lorsqu'on le lui demande, elle fait le lien avec le couple de ses parents sans vraiment répondre à la question ; et l'on se focalise avec elle sur le passé mystérieux de sa mère, nous interrogeant à propos des raisons « intenables » qui l'ont poussée à quitter sa famille et son pays pour s'établir en France avec un mari qu'elle n'aimait sans doute pas (ou pas assez). Que fuit alors Hilda et pourquoi accuse-t-elle plus tard le père d'Élisabeth (dont on ne connaît même pas le prénom) d'en être responsable ? Que lui a-t-il fait ou, plus vraisemblablement, qu'a-t-il cherché à lui faire oublier ? On se perd en conjectures, sans pouvoir s'empêcher de penser à l'avortement (spontané ou provoqué) puisque cette femme traite les hommes de « grands méchants loups qui font pleurer les mamans ». On pense également, sinon au viol, du moins à une relation « forcée » par de tragiques circonstances dans le contexte de l'époque. En tout cas, on ne sait pas ce qui scelle le couple parental ni sur quoi il repose, et Élisabeth ignore si elle a été ou non désirée.

Très dépendante de sa mère comme celle-ci l'a été de la sienne (jusqu'à entretenir une correspondance cachée), Élisabeth partage une même défiance à l'égard des hommes. Profiteurs et lâches, toutes deux les considèrent comme des géniteurs ou de simples compagnons de route, pas de véritables conjoints. Le père d'Élisabeth est décrit comme un fonctionnaire effacé et soumis, un adepte de l'esquive jusque dans sa manière de quitter le monde. Quant à Richard Cœur de Hyène, son surnom se passe de commentaires. En refusant à Élisabeth l'enfant à naître qu'elle désire, cet homme de quinze ans son aîné endosse le statut d'abuseur, la conduisant à endurer la déchirure de l'IVG. Meurtrie de l'intérieur, Élisabeth incarne alors une mère victime d'un prédateur qui passe du rang de « hyène » à celui de « méchant loup ». Elle le quitte et se persuade qu'elle est (comme sa propre mère ?) une femme vouée à rester célibataire dans l'âme. Elle reconnaît d'ailleurs que ses rares élans sentimentaux ne doivent à aucun moment menacer l'amour maternel, seul digne de confiance. Il n'y a pas d'engagement affectif plus fort que cet amour absolu. Et si aucun homme ne mérite d'avoir une place entière dans sa vie, comment Élisabeth peut-elle exister hors de cette attache exclusive autrement qu'en devenant mère à son tour ? C'est l'équation qu'elle prétend résoudre : avoir un enfant sans le père correspondant et espérer que ce nouveau lien fusionnel remplacera le précédent. Une double opération qu'elle réalise à travers l'adoption de Tania. Dans cette histoire, le modèle du vrai couple reste celui – exclusif – de la dyade mère-fille.

Élisabeth traduit parfaitement le cheminement douloureux de l'adoption dite « plénière » – celle qui crée une nouvelle filiation se substituant à celle du sang. Un parcours semé d'embûches qui débute bien avant les procédures administratives. Du côté des futurs parents, rappelons qu'un désir d'enfant biologique qui ne peut être satisfait suscite beaucoup d'espoir puis d'attente déçue et de souffrance. Neuf procédures d'adoption sur dix sont faites par des couples, stériles[1] pour la plupart ; une sur dix par un célibataire – généralement une femme seule, plus âgée que les adoptantes vivant en couple, et dont l'histoire est souvent émaillée de drames personnels (enfance en détresse, décès précoce du conjoint, etc.).

Élisabeth est, elle aussi, porteuse d'une grande souffrance. Elle cherche à donner le change, mais son célibat est moins un choix qu'une solitude forcée, résultant de plusieurs traumatismes : un passé à énigmes, un

1. Institut national d'études démographiques (INED), *Population*, n° 2, 2007 : C. Villeneuve-Gokalp, *Du désir d'adoption à l'accueil d'un enfant.*

enfermement dans l'exclusivité affective, un vécu d'abandon avec l'ex-homme de sa vie, une IVG mutilant son désir. Et comme tous les autres, Élisabeth connaît les épreuves qui encombrent ensuite le parcours de l'adoptant. En France, sur environ dix mille demandes annuelles (chiffre qui a doublé en quinze ans), huit mille nouveaux agréments sont délivrés mais seulement cinq mille enfants sont adoptés. La lenteur des démarches (en moyenne trois ans) et les complications administratives ont raison de la motivation d'un candidat sur sept. Même s'ils en comprennent l'intérêt, tous gardent en tête la désagréable impression d'être jaugés, évalués avec suspicion dans leur capacité à devenir parents, alors que personne ne met en doute le projet de ceux qui décident de faire banalement un enfant. La procédure d'adoption comporte une autre sélection qui n'a rien de naturel : malgré leur fréquente proximité géographique, seulement le tiers des enfants pupilles de l'État[1] sont adoptés, à cause de leur âge, de leur handicap, de leur appartenance à une fratrie, voire parce qu'ils sont bien insérés dans leur famille d'accueil. L'adoption internationale est plus facile, ce qui explique que quatre mille[2] des cinq mille enfants adoptés chaque année viennent de l'étran-

1. Enfants juridiquement adoptables, nés et placés en France (métropole et DOM-TOM).

2. En 2007, ce chiffre a baissé d'environ 20 %, malgré une forte demande. Cette diminution de l'adoption internationale tient à trois raisons principales : la fin des procédures d'adoptions individuelles au Vietnam (pays passé du premier au cinquième rang), le renforcement des contrôles en Haïti (deuxième rang) et l'allongement des délais d'instruction des dossiers en Chine. Source : ministère des Affaires étrangères et européennes, *Statistiques du secrétariat général de l'autorité centrale pour l'adoption internationale*, année 2007.

ger, situant la France au deuxième rang mondial, très loin derrière les États-Unis.

En la matière, l'assistance d'un organisme agréé pour l'adoption (OAA) est nettement préférable à la démarche individuelle, compte tenu des dérives mafieuses qui poussent, dans certains pays, aux trafics d'enfants volés ou conçus pour être adoptés. Les situations non éthiques où les enfants sont « négociés » comme des marchandises font peser sur les parents adoptifs une culpabilité qui se révélera particulièrement délétère et corrosive à moyen terme. Quant aux futurs parents ayant recours à distance à des intermédiaires douteux, combien avancent de l'argent pour se retrouver grugés comme de vulgaires clients trop naïfs, avec l'amertume d'avoir été les victimes consentantes d'un marché de dupes !

On le voit, les sources de souffrance potentielle sont multiples chez les parents adoptifs avant la première rencontre avec l'enfant et l'amorce d'un nouveau lien. Dans le cas d'Élisabeth, à la déchirure initiale d'une grossesse interrompue s'ajoute, à ce moment crucial de l'adoption, un autre arrachement : la soustraction de dernière minute du petit garçon tant attendu qu'elle est venue chercher au Vietnam. Cette fausse joie confinant au dépit résonne comme une « fausse couche » de son désir, exaspérant sa hâte d'avoir un enfant à adopter pour ne pas rentrer seule en France. Élisabeth apparaît consciente de la forme d'abus que représente une telle quête, lorsque le besoin se transforme en avidité et l'enfant en « objet à saisir ». Elle se défend de vouloir satisfaire son urgence à tout prix, mais comment encaisse-t-elle une déception aussi grande ? Et quelle influence a cette dernière sur les premiers contacts avec Tania, l'enfant de la deuxième chance ? Élisabeth est-elle alors suffisamment disponible et capable de contenir les angoisses d'une petite fille âgée de 6 mois elle-même arrachée à son passé ?

Cette femme probablement maladroite à force d'impatience et mal préparée aux gestes maternels exprime très bien son désarroi face à une enfant qui semble la « refuser » ; elle révèle là encore des préoccupations que seuls les parents adoptifs connaissent avec acuité, à savoir la crainte de ne pas être « adoptés » par l'enfant, celle de se montrer une nouvelle fois insuffisants, de faillir à leur engagement – inquiétudes qui s'apaisent généralement dans l'enfance pour se raviver au temps de l'adolescence. Dès la première rencontre, on pressent qu'Élisabeth n'a pas fini d'être accaparée par le souci de bien faire et de donner le maximum à sa fille, fût-ce avec un excès de sollicitude anxieuse.

Que sait-on de Tania ? Elle aurait été abandonnée par une mère trop jeune. Élisabeth s'interroge. Le front du refus que lui oppose la petite fille lui fait certainement penser au pire : la maltraitance de la mère suivie de celle de Tania, la misère en toile de fond et l'abandon comme seul espoir de délivrance mutuelle... On parle peu de ces souffrances qui persécutent l'imagination des parents adoptifs, sans que ces derniers ne sachent jamais si elles étaient ou non fondées. Et du côté de l'enfant, les mêmes questions s'imposent en grandissant, venant en surimpression se mêler aux traces traumatiques d'un vécu bien réel.

En l'occurrence, de quel héritage ou de quel passé témoignent les convulsions de Tania ? Et pourquoi a-t-elle tant besoin que sa mère veille sur elle, tout en affirmant le contraire ? Enfant, Tania ne cesse de dire sur tous les tons à Élisabeth : « Lâche-moi, mais surtout ne me laisse pas. » Elle se met en danger mais le fait sous les yeux de sa mère, comme si elle testait ses bons soins pour débusquer d'éventuelles négligences. « Tiens-tu vraiment à moi ? » semble-t-elle demander avec insistance. Elle « cherche » constamment sa mère en même temps qu'elle s'oppose à elle. Cet agrippement paradoxal est caractéristique des troubles de l'attachement.

Nul ne peut préciser jusqu'où les liens de sang et les échanges in utero participent à la relation mère-enfant, mais on sait que la continuité et la constance des soins primaires sont des facteurs essentiels d'équilibre. Le nouveau-né ne peut pas passer indifféremment de mains en mains. Les interactions qui s'effectuent dès la naissance et au cours des deux premières années de vie avec les mêmes figures de référence jouent un rôle fondamental dans la stabilité des échanges. Le bébé n'est pas seulement dépendant de son environnement, il cherche le contact avec ces personnes de manière de plus en plus délibérée. L'attachement représente l'ensemble des étapes et processus par lesquels l'enfant se tourne vers sa mère, puis vers son père et son entourage, en quête de proximité et d'attention pour apaiser ses attentes, le protéger et le réconforter. Du côté des parents, la théorie de l'attachement trouve son expression complémentaire dans le fait de prendre soin de son enfant perçu comme vulnérable, de repérer facilement ses besoins et de s'efforcer d'y répondre de manière adaptée en lui apportant protection et sécurité.

Ces aspects réduisent la notion d'instinct sans pour autant restituer toute la complexité de la relation parents-enfant qui s'étaye évidemment sur la vie pulsionnelle et fantasmatique, ainsi que sur la transmission intergénérationnelle ; mais ils rendent compte des difficultés parsemant le chemin de l'adoption. Lorsque les parents adoptifs sont les figures précoces d'attachement (c'est-à-dire avant l'âge de 7 mois), la rupture d'avec les parents de naissance semble moins problématique. Par contre, plus l'adoption est tardive et les figures d'attachement changeantes, plus la nouvelle filiation est fragilisée et source de tensions ultérieures. Dans tous les cas, la discontinuité relationnelle est un facteur d'insécurité, et les conditions de l'attachement premier – celui qui concerne les parents biologiques – interviennent grandement dans la constitution du lien d'adoption.

Il n'est pas surprenant que les pertes et abandons de toute nature y inscrivent des blessures prêtes à se rouvrir, mais les situations de rejet, de violence ou de carence primaire marquent encore plus gravement l'attachement adoptif ; il n'est d'ailleurs pas rare que celui-ci fasse les frais d'un processus initial vécu « en négatif » : le bébé s'est attaché à une personne qui le maltraitait, puis, devenu enfant adopté, il cherche à s'exposer aux mauvais traitements ou aux dangers pour retrouver un sentiment de réassurance paradoxale.

Tania semble en quête de cela, avant de s'interroger très tôt à propos de ses origines et de bousculer sa mère dans ses retranchements. Que lui reproche-t-elle ? D'avoir éliminé un enfant à naître puis d'avoir acquis sur le tard son statut maternel par l'adoption et non la filiation naturelle, d'être en quelque sorte une mère d'emprunt, une « seconde main » plus âgée que les autres – comme l'évoque ce terrible trait : « Tu n'es qu'une mère d'occasion gavée cabossée. » Une mère qu'elle accuse cruellement de n'être que « de papier » et sans doute aussi de ne pas lui avoir donné de père, rendant sa dépendance à un parent isolé encore plus insupportable. Tania conteste Élisabeth dont la double figure de mère et de maîtresse d'école renvoie trop de charge nourricière et d'omnipotence. Elle s'acharne à dénigrer ses apports et tente de prendre les commandes de leur relation exclusive pour se sentir forte, évacuer l'idée de n'être que le « jouet des circonstances » plutôt qu'un sujet en phase avec son histoire. Ne nous y trompons pas : Tania fait payer à Élisabeth le mystère de ses origines, mue par un ressentiment aussi haineux qu'injuste, bien connu des parents adoptifs – nombreux à l'essuyer en attendant des jours meilleurs.

Il est vrai que l'entrée en adolescence des enfants adoptés est plus tumultueuse que la moyenne, sans forcément verser dans le registre pathologique. N'oublions pas que le mythe d'Œdipe a pour cadre l'histoire d'un abandon mortifère puis d'une adoption dont l'ignorance confinant au déni conduit aux drames du meurtre et de l'inceste. « Attention, un lien peut en cacher un autre, dit en substance le mythe, et gare à ceux qui en mélangent les genres. » À l'adolescence, s'interroger sur ses origines permet à tout sujet de vérifier ses assises avant de prendre ses distances par rapport à ses parents pour que les liens de sang n'empêchent pas la constitution de nouveaux liens – ceux-là d'amour sexué, choisis hors de la famille. La situation d'enfant adopté complique singulièrement cette nécessaire mise au point. Non seulement elle rend coupable l'illusion ordinaire qu'entretient par moments tout ado de croire qu'il ne doit rien à ses parents (jusqu'à contester effrontément d'où il vient), mais elle rend confus le tabou de l'inceste, puisqu'ici l'interdit prohibant toute relation sexuelle avec ceux dont on est issu ne s'applique pas stricto sensu.

Peu importe que les familles adoptives n'aient pas consciemment ces idées en tête. Celles-ci mobilisent des mécanismes de défense qui brouillent les relations, alternant d'intolérables rapprochements et de douloureuses distanciations, dont l'exagération inspire l'abandon. Plus l'enfant adopté « se cherche », plus ces mécanismes sont à l'œuvre, à l'insu des personnes concernées. On estime que 30 % des familles adoptives connaissent de graves difficultés liées aux troubles du comportement d'adolescents en crise identitaire, écartelés entre filiation de naissance et filiation acquise, au moment où la puberté sexualise tous les liens.

Comme on l'observe plus souvent dans les cas d'adoption internationale, Tania commence dès l'enfance son entrée en dissidence pour « se trouver » ; très vite chauffée à blanc, elle est taraudée par le dilemme suivant : elle ne veut rien apprendre (de sa mère), mais elle veut tout savoir (de ses origines). Et plus elle s'emploie à interroger Élisabeth en tant qu'« unique témoin » et à s'écarter de son giron, plus cette mère dépossédée s'évertue à retendre leur lien jusqu'à l'intolérable, ce qui envenime leur relation et accentue les passages à l'acte.

Après la grève de la faim, l'attitude du contre-pied systématique et la rupture par la fugue, Tania s'automutile, inscrivant dans sa chair d'autres ruptures. De qui et de quoi cherche-t-elle à se couper ? De l'absence d'un père ? D'une dépendance excessive à sa mère adoptive ? Des mystères de son histoire ? D'une souffrance sans nom en guise de portrait de famille ? Sans doute de tout cela, avec probablement d'autres enjeux que nous avons développés ailleurs[1] : à l'instar d'autres jeunes écorchés vifs, Tania s'acharne littéralement aussi à matérialiser ses angoisses en surface pour se soulager et, ce faisant, faire affleurer la lutte qu'elle livre en profondeur contre d'obscures forces intérieures. Un combat mené tout à la fois contre elle-même pour se punir d'avoir des « mauvaises pensées », contre un passé qui lui colle à la peau et dont elle voudrait enfin se défaire, contre des liens qui l'étouffent et l'empêchent de se sentir exister.

Scarifications, abrasions, brûlures impriment évidemment sur elle beaucoup plus que de simples traces de lutte ; elles représentent des sévices auto-infligés qui restituent de visu les tortures d'un vécu traumatique. Terribles transpositions cutanées dont les passages du sens figuré au sens propre échappent en grande partie à la jeune fille, mais qui révèlent ses blessures secrètes et s'avivent brutalement dès que l'ombre angoissante de la maladie – en l'occurrence le diabète – vient mena-

1. X. Pommereau, M. Brun et J.-Ph. Moutte, *L'Adolescence scarifiée*, L'Harmattan, 2009.

cer la santé de sa mère. Se précipite alors une descente aux enfers qui indique à quel point leur lien de filiation est fort, l'une réagissant aux vibrations de l'autre. Lorsque Tania grave sur son ventre le mot « DEATH », sait-elle d'ailleurs qu'elle livre un double témoignage ? Celui d'une histoire pour deux où il est question de rapports forcés et de grossesses barrées ; celui de l'existence d'idées noires et de pensées suicidaires qui l'envahissent. Il est évident que Tania est une adolescente en danger et qu'elle cumule les signes de gravité[1] : pluralité des conduites de rupture, précocité de leur apparition, automutilations de sièges et de formes multiples, répétition des conduites d'agir, intensité croissante des passages à l'acte.

Comme il le faut en pareilles circonstances, l'apaisement de la mère et de la fille nécessite l'intervention d'un tiers, la séparation des deux protagonistes et le placement provisoire de Tania dans un foyer, assorti d'une prise en charge médico-psychologique. Mais il est non moins important que tous les intervenants assurent le maintien du lien mère-fille, en évitant de pousser l'adolescente – lorsqu'elle n'en manifeste pas encore le désir – à « renouer » avec sa famille de naissance, si tant est qu'une telle perspective soit possible. Une situation identitaire aussi brûlante mérite en effet que l'on veille à ne pas jeter de l'huile sur le feu, et que l'on laisse du temps au temps.

---

1. X. Pommereau, *Ado à fleur de peau. Ce que révèle son apparence*, Albin Michel, 2007.

Est-ce à dire que tous les futurs adoptants doivent s'attendre à vivre un jour de telles difficultés ? Heureusement, non. Dans de nombreux cas, les épreuves les plus dures que les « parents de cœur » ont à connaître précèdent l'arrivée de l'enfant plutôt qu'elles ne lui succèdent. Il leur faut assumer l'empêchement biologique d'enfanter, tolérer le parcours long et tortueux des voies de l'adoption, et accepter chemin faisant d'être interrogés – parfois sans beaucoup de tact – à la fois sur leur désir d'enfant et leurs capacités psychologiques et matérielles à devenir parents. Pour rendre ce douloureux cheminement profitable, il est important que les futurs parents ne le vivent pas seulement comme un examen de passage imposé par le corps social, mais qu'ils utilisent cette période d'investigation comme un véritable temps de réflexion personnelle afin de clarifier leur motivation. Que doivent-ils essayer de savoir ? Non pas *pourquoi* ils veulent avoir un enfant (ce désir humain est indiscutable), mais *comment* ce projet s'inscrit dans leur vie et quelle place ils lui réservent, sachant qu'aucune adoption ne pourra jamais faire oublier l'abandon, la perte ou l'absence d'un être aimé disparu.

C'est à cela que les candidats à l'adoption doivent réfléchir, bien davantage que de s'interroger en boucle sur leurs aptitudes supposées à la parentalité que seule l'expérience de la réalité leur permettra de développer. En laissant de côté la question des compétences, ils ont surtout à se demander intimement si leur objectif est bien de fonder ou d'agrandir une famille, ou s'ils veulent avant tout obtenir réparation de ce dont la vie a pu jusque-là les priver. Voilà l'« examen de conscience » que tout futur parent, naturel ou adoptif, devrait accepter de faire en couple avant de réaliser son projet. En effet, pour légitime qu'il soit, le désir d'enfant ne doit pas être un besoin égoïste à satisfaire à tout prix, dans n'importe quelle condition, fût-ce sous couvert d'une opération de sauvetage humanitaire.

Il est capital que les candidats à l'adoption se sentent prêts à devenir parents pour donner de l'amour à un enfant sujet, non à un enfant objet, en l'investissant avec son passé propre et en s'engageant comme coauteurs de l'histoire à venir. C'est en cela qu'une « conception » opère, hors de toute transmission génétique (forme d'héritage subi), à travers la création d'un nouveau lien dans lequel chacun apporte un passé qui n'est pas uniquement fait de souffrances ; il est aussi source de potentialités, à condition que l'on veuille bien l'envisager comme un réel apport comportant des aspects positifs qui enrichiront la relation parents-enfant. À condition encore que les adoptants assument à jamais leur décision, quelles que soient les difficultés rencontrées, sans toujours vouloir rapporter celles-ci au seul passé douloureux de l'enfant. L'adoption est bien plus qu'un choix, c'est un engagement de vie dont la dynamique appartiendra à tous ses acteurs.

Une fois qu'ils ont adopté l'enfant, les parents doivent savoir qu'ils n'ont plus rien à prouver ni de modèle à suivre aveuglément. À eux de se vivre et d'évoluer en parents à part entière, avec leurs qualités et leurs défauts, sans avoir l'obsession d'être parfaits en toutes circonstances, et sans non plus s'efforcer de combler l'enfant de toutes les manières possibles pour lui faire oublier son histoire antérieure. Comme tout antécédent familial, cette histoire demande au contraire à se découvrir au fur et à mesure que l'enfant interroge la vérité de ses origines, sans précipitation ni volonté parentale d'en atténuer ou d'en exagérer les contours et les mystères. La vie de famille se construit à partir des échanges, des partages et des découvertes que chacun découvre dans la relation. Une attitude souple est requise, car les mouvements affectifs ne sont jamais transparents et encore moins simples et programmables ; ils sont faits d'épanchements et de retenues, d'allers et de retours créant les conditions mêmes d'une distance relationnelle qu'il ne faut pas s'employer à réduire.

L'un des principaux écueils à éviter est de vouloir neutraliser en permanence les tensions et les crispations que toute famille est normalement amenée à connaître, par peur de voir se rouvrir les cicatrices du greffage adoptif. C'est cette peur qui explique sans doute la tentation si fréquente de surinvestir la sphère intellectuelle et éducative au détriment de la circulation des émotions et des sentiments jugée imprévisible et dangereuse. Au moment de l'adolescence, les parents adoptifs doivent tolérer que l'enfant conteste son appartenance, sans croire qu'il s'agit d'une remise en cause radicale de leur légitimité.

Dans la plupart des cas, l'enfant a momentanément besoin, comme tout ado, de se dégager de ses liens de dépendance en prenant ses distances, n'hésitant pas à brandir ses origines biologiques pour mieux revendiquer sa différence et son aspiration à l'autonomie. Et ses écarts lui permettent de mettre à l'épreuve la solidité et la permanence des liens tissés dans l'adoption. D'éventuelles menaces de rupture, quelle qu'en soit la forme, peuvent même s'exprimer, posant avec insistance la question suivante : « Eux [les parents] qui m'ont accueilli, vont-ils avoir envie de m'abandonner maintenant que je deviens adolescent et jusqu'où sont-ils prêts à me garder ? » Bien entendu, l'enfant espère secrètement que ceux qui l'ont élevé tiennent bon et le disent, confirmant ainsi qu'ils sont bien ses « vrais » parents. Et lorsqu'il déclare vouloir partir à la recherche de ses géniteurs, il faut l'aider sans trop en faire pour l'obliger à s'impliquer activement dans la démarche. Celle-ci est en effet complexe et intime, ne visant pas seulement à déterminer ses origines. Elle interroge encore le mot « abandon » qui est l'exact contraire du mot « adoption » : « Eux [les géniteurs] m'ont-ils ou non désiré, et qu'est-ce qui les a amenés à m'abandonner ? »

Barbara

Une tête en mille morceaux

Barbara aime se définir comme quelqu'un qui « trace ». Son âge est son pire ennemi et elle déteste qu'on la considère comme une « jeune quinqua dynamique ». Elle a d'ailleurs refusé qu'on fête ses 50 ans. « Souffler les bougies, c'est un geste de mort et d'oubli, pas de vie ni d'envie, dit-elle. Depuis quand éteindre une flamme pourrait aller dans le bon sens ? Et qui peut se réjouir de voir le temps lui faner la peau et le moral ? » Elle affirme que ce genre de célébration est surtout destinée aux autres, qui se rassurent ainsi de ne pas être les seuls à vieillir. D'une façon générale, Barbara se méfie des règles et des pratiques instituées. Mais pour elle, celles qui ont perdu leur sens véritable pour devenir purement machinales ne sont pas les pires ; d'autres cachent, sous couvert de tradition et de culture, un pouvoir visant en réalité à maintenir l'ordre et à réduire les libertés.

Barbara parle beaucoup, avec un débit en rafales. C'est une femme pressée, inquiète de perdre son temps.

« Et pourtant prête à le gâcher pour des choses futiles », aurait perfidement ajouté sa fille Coralie. Barbara reconnaît que cette angoisse la pousse à être continuellement en mouvement : elle marche vite, mange ses mots, pense à toute allure, perdant parfois le fil de son discours avant de se rattraper. Elle est sous pression, sans être pour autant agitée. C'est une hyperactive, pas un tourbillon.

En ce début d'échange, on s'attendrait à ce que les thèmes de la famille, du travail et des passions soient abordés avant les problèmes et les tracas, mais Barbara, elle, annonce d'emblée : « Mon principal souci est d'être une mère juive. » Une révélation surprenante pour quelqu'un qui dit se tenir à distance des rituels et des traditions, surtout lorsqu'on connaît leur importance dans le judaïsme. Pourquoi cette précision, alors que rien dans sa présentation ne rappelle ces portraits de femmes expansives dont s'amusent les caricaturistes ? Barbara est certes une personne animée, mais elle est loin d'incarner le stéréotype de la mère exubérante auquel elle fait allusion. Peut-être fait-elle alors référence à cette tendance à aduler et étouffer ses enfants qui accompagne le cliché ? Barbara reconnaît qu'elle a trop compacté son propos pour être compréhensible. Elle voulait gagner du temps en mentionnant tout à la fois ses origines et ses problèmes. Elle sait bien qu'elle ne ressemble pas à la comédienne Marthe Villalonga, au contraire de sa mère qui en est le portrait craché. « Elle doit toujours être la reine de la scène, dit-elle. Quitte à faire un scandale. Une cheville foulée et elle se présente aux urgences de l'hôpital en demandant le grand patron. Partout où elle passe, elle est capable de déclencher une mini-émeute. Comment fait mon père pour la supporter reste pour moi un mystère. Lui est un homme tranquille et doux, une sorte de Philippe Noiret dont le regard est plein de compassion pour la misère humaine. »

Barbara ne revendique rien. Elle ne tire ni honte ni fierté à se définir comme une « mère juive », mais elle le souligne parce que cette définition lui paraît résumer ses difficultés d'hier et d'aujourd'hui : d'une part, elle a toujours eu du mal à faire avec sa judaïté et sa famille ; d'autre part, elle est en conflit ouvert avec Coralie à ce sujet – l'adolescente se réclamant, elle, d'un courant sioniste. Un conflit qui, actualité oblige, est en train de prendre des proportions considérables. Sa fille cadette multiplie en effet les emportements et les actes de violence, lui reprochant – du haut de ses 18 ans – de ne pas prendre suffisamment fait et cause pour Israël. Et de n'être attirée, en dehors de la musique, que par les plaisirs futiles et les préoccupations bassement matérielles. Coralie la traite de « femme aux bijoux » sur un ton particulièrement mauvais, conteste la moindre de ses fantaisies, attaque son goût pour le maquillage et les parures. Elle se montre de plus en plus intolérante jusqu'à en inquiéter sa sœur aînée qui n'a pourtant plus à la supporter au quotidien...

Barbara admet qu'elle aime la mode et qu'elle collectionne les boucles d'oreilles et les broches. Elle pare toujours son cou et ses poignets, sauf lorsqu'elle joue, évidemment. Car elle est pianiste, une activité artistique que Coralie juge également mineure et facultative. Elle considère d'ailleurs sa mère comme une « espèce de bourge saoulante ». Bourgeoise, peut-être. Saoulante, Barbara ne croit pas l'être. Quand on lui demande ce que son mari dirait d'elle, Barbara répond : « J'aimerais que Julien continue à me trouver étonnante et pleine de vie. Bavarde, certes, mais ne parlant pas pour ne rien dire. Et coquette, mais sans ostentation. »

Pourquoi tient-elle tant à être étonnante ? Parce qu'elle a peur de se laisser enfermer dans la routine. Et qu'elle ne veut pas gaspiller son temps. Barbara aime surprendre les siens, en actes, en paroles et, bien sûr, en musique. Le piano lui permet de traduire ses émotions, c'est l'instrument de sa vie. « Je ne parle pas d'un simple clavier comme l'imaginent tous ces gens prêts à s'équiper avec une table à repasser électronique », précise-t-elle. Elle veut parler du véritable meuble-instrument – le sien étant en l'occurrence un demi-queue de bonne facture, une petite merveille constituée de cinq mille pièces. « De chair et d'os », complète-t-elle. Un instrument avec lequel l'interprète doit faire corps. Elle poursuit : « Jouer est à la fois très intime et terriblement exhibitionniste. On doit s'abandonner dans l'interprétation. Les mots que l'on utilise expriment la sensualité de ce corps à corps que l'on donne à voir et surtout à entendre au public : le toucher, les vibrations, le jaillissement des notes... » Médaillée d'un grand conservatoire, on la sent intarissable sur le sujet. Mais, insiste-t-elle, ce n'est pas une star, simplement une musicienne dans l'âme. Elle donne des cours et se produit en « concert de week-end » dans les salons de gens fortunés – les « bourges » que détestent tant Coralie. Elle n'a pas besoin de multiplier les prestations. Julien, son mari, est avocat d'affaires et gagne très bien sa vie. Elle organise également une manifestation musicale annuelle qui lui prend beaucoup de temps. Mais ce qu'elle aime par-dessus tout, c'est faire vibrer son auditoire. « Se répandre, briller, faire le spectacle », dirait Coralie qui pourrait même ajouter : « Bref, dépenser son temps pour pas grand-chose. »

Cette jeune fille énervée a, elle, toujours refusé le piano. Depuis qu'elle est toute petite, Coralie est un véritable garçon manqué en quête de limites. Elle a toujours grimpé aux arbres, multiplié les dérapages et les glissades, au ski ou en scooter, même si elle a aussi collectionné les mésaventures : un poignet cassé, un genou démis et une commotion cérébrale. « Elle vit à fond, déclare Barbara. Et son petit copain Samuel a sa façon bien à lui de la calmer. La défonce, voilà plutôt ce qu'il lui a apporté ! Fumer du shit, avaler d'autres drogues... Je ne serais pas surprise d'apprendre qu'il leur arrive de consommer de la cocaïne. Quand j'en parle à ma fille, elle me regarde comme si j'étais une extraterrestre. Enfin, je ferais mieux de dire ça à l'imparfait. Aujourd'hui, je ne peux même plus aborder le sujet avec elle. Mais n'allez pas les imaginer en babas cool avachis sur un canapé, occupant leur temps à écouter de la musique planante ! Ce n'est pas le genre de Coralie et de Samuel. Eux, il faut qu'ils bougent. Ils aiment la violence, le *hard metal*, le *speed*, comme ils disent. Ce ne sont pas des contemplatifs. Seules les sensations fortes les intéressent. »

Barbara en convient, Coralie et elle représentent deux conceptions opposées du mouvement. L'une est dans la précipitation nerveuse, voire explosive, l'autre dans l'envol acrobatique mais maîtrisé. Paradoxalement, elles restent très proches même si en ce moment leur incompréhension mutuelle tient de la rupture diplomatique. Depuis peu, Coralie se comporte comme une étrangère et porte sur sa mère un regard hostile et méprisant, lui reprochant bien plus que sa soi-disant frivolité et son manque de soutien à Israël. Depuis peu aussi, elle se montre d'une méfiance maladive, suspectant sans cesse que l'on ait touché à ses affaires en son absence. Son regard est parfois tellement lourd que Barbara en vient à baisser les yeux et, du coup, à avoir l'air coupable alors qu'elle ne l'est pas. Il s'ensuit de véritables interrogatoires qui seraient risibles si Coralie se prenait moins au sérieux et qui débouchent inévitablement sur un clash.

Mais aussi bizarre que cela puisse paraître, ce que Barbara supporte le moins, c'est que sa fille l'agresse au sujet du piano, attaquant méchamment son besoin légitime d'approfondir technique et répertoire. Barbara s'exerce quotidiennement, et l'adolescente le tolère de moins en moins, réclamant parfois le silence en claquant les portes et en hurlant : « Tu nous saoules avec ta musique ! » Une réaction d'autant plus étonnante que, chez la plupart des gens, ce sont les parents qui font ce genre de remarque.

Barbara est la seconde d'une fratrie de trois filles issues d'une famille juive séfarade très pratiquante venue de Tunisie. « Dans la famille, il y a deux rabbins et un saint », dit-elle pour souligner l'importance du clan.

Le saint juif, c'est un responsable de lignée, quelqu'un à l'origine de textes hébraïques. Elle rappelle que l'identité juive se transmet par la mère et qu'elle-même n'est pas au clair avec la transmission de la culture et des valeurs judaïques. Elle a bien conscience du paradoxe : d'un côté, elle assume parfaitement son appartenance et, de l'autre, elle refuse de s'y laisser enfermer. Ni reniement ni aveuglement. Elle fuit la tradition, et c'est ainsi qu'elle a épousé Julien – un goy, c'est-à-dire un non-Juif ayant exclu, qui plus est, de se convertir. On imagine sans mal le scandale familial.

Ses parents ne sont pas venus au mariage. Ils admettaient que l'amour soit une force irrésistible, mais ils espéraient de leur gendre un ralliement dans l'alliance qui ne s'est jamais produit. Barbara a essuyé des mots terribles de sa mère, comme « trahison » ou « ingratitude », et le reproche de délaisser les valeurs juives, au contraire de ses sœurs. Elle a été accusée de préférer ignorer que c'est à la défense de ces mêmes valeurs que le peuple hébreu, longtemps privé de terre, devait son salut. Ces arguments sans appel ont toujours culpabilisé Barbara, lui donnant le sentiment d'être une mauvaise fille. Et c'est au tour de Coralie aujourd'hui de l'enfoncer un peu plus, alors qu'à la réflexion on pourrait aussi reprocher à ses parents certains manquements à la cause juive.

En effet, Barbara a un an lorsque ses parents quittent la Tunisie pour se retrouver à Marseille. Son père doit alors y faire le « choix de sa vie » : soit rejoindre Israël comme tous les autres membres de la famille, soit s'établir en France. Bijoutier, son père décide d'aller s'installer à L., une grande ville où il pourra sans doute plus facilement exercer ce métier. Une ville où la communauté juive est déjà bien implantée, ce qui permet à la mère de Barbara de donner rapidement des cours d'hébreu à la synagogue. Ce choix s'est donc finalement révélé plutôt bon, mais la décision paternelle a néanmoins généré une rupture avec le reste de la famille et contredit l'ardeur de l'engagement en faveur de la Terre promise. Barbara ne s'explique d'ailleurs pas pourquoi ses parents sont tellement en froid avec les oncles et tantes de Tel-Aviv.

Barbara et Julien ont eu deux filles. L'aînée, Chloé a 22 ans et vit avec Stéphane, son copain. Ils font la même école de commerce et ont l'air de s'aimer vraiment. Ils récusent cependant toute idée de mariage et se disent prêts à partir chacun de leur côté, si le marché du travail les y oblige. Barbara ne comprend pas comment ils fonctionnent et pourtant ils semblent s'être trouvés ! Ils se ressemblent physiquement et, surtout, partagent la même carapace affective : toute émotion semble leur glisser dessus comme sans les atteindre. Ils sont nets et sans bavure, bosseurs, serviables, gentils, et même plutôt gais, mais ils sont épouvantablement ennuyeux. « Des vieux avant l'heure ! C'est triste à dire quand on parle de ses enfants, reconnaît Barbara. Surtout quand ils réussissent ! Depuis qu'elle est toute petite, Chloé se montre hyperconforme. Elle a toujours été dans le rang, bien sage, bien appliquée, passant les classes sans problème. Discrètement efficace et d'une fiabilité à toute épreuve. Je suis évidemment fière d'elle. Et je l'aime de tout mon cœur. Mais pour dire la vérité, j'avoue que nous n'avons jamais été très proches. Je sais que ce n'est pas très maternel de dire ça. Le fait est que Chloé et moi sommes vraiment étrangères. Avec Coralie, c'est autre chose. Elle a beaucoup changé, mais même fâchées nous gardons de la connivence. »

Chloé et Coralie, deux filles aussi différentes l'une de l'autre que Barbara l'est de ses sœurs. Ce même contraste qui distingue celles qui suivent le troupeau et celles qui – à l'image de Barbara et de Coralie – font figure de « moutons noirs ». Même si la nature de leur engagement les distingue totalement, toutes les deux ont en commun d'être de vraies passionnées. Une certaine transmission continue à opérer.

Barbara réalise soudainement qu'elle n'est pas mécontente que Samuel soit juif et sa famille très pratiquante. En outre, bien que s'opposant à la tradition, Barbara n'a pas renoncé, de son côté, à suivre une étrange règle familiale qui n'a pourtant rien de rabbinique : pour le choix des prénoms, chaque nouvelle génération suit l'ordre alphabétique. Les concernant, il fallait que le prénom de leurs enfants commence par un « C ». Pourquoi y avoir souscrit ? « Parce que, quoi qu'on en pense, dit Barbara, le fait d'être juif est une marque. Et je ne voulais pas rompre notre fil rouge. C'est là que j'aurais trahi les miens. Peut-être même porté malheur à tous. » Julien était d'accord, il a choisi le prénom de Chloé ; elle celui de Coralie, « parce que ça rit avec la vie et que les Coralie que je connaissais avaient du soleil dans les yeux ».

Sans l'avouer immédiatement, Barbara admet qu'elle ressent aujourd'hui un sentiment d'ingratitude. Elle pense que les mères peuvent en éprouver lorsque les choix de leurs enfants contrarient les leurs. C'est le cas de sa propre mère, et sans doute le sien. En y réfléchissant, il lui semble que le mot « désillusion » traduirait mieux ce qu'elle ressent.

Elle aime son mari et a sincèrement désiré ses enfants auxquels elle s'est montrée très dévouée, mais il lui semble aujourd'hui que ses filles s'éloignent d'elle, de ses vues et de ses valeurs. La première est une future combattante des marchés qui n'écoute que de la variété internationale ; la seconde cherche la rupture par tous les moyens jusqu'à vouloir aller en Israël pour devenir une combattante de Tsahal – l'armée israélienne. Non seulement l'une et l'autre ne se font pas prier pour quitter la maison, mais leurs projets paraissent en complète contradiction avec l'univers de Barbara. Au moins, Chloé ne risque pas sa peau. Coralie, elle, s'est radicalisée à outrance. Drogue, défis dangereux, discours extrémiste, elle durcit son comportement. Samuel s'en est même inquiété depuis qu'un soir où sa petite amie avait sûrement trop fumé, elle l'avait accusé de comploter avec le Hamas, le Mouvement de la résistance islamique !

Barbara se demande dans quelle mesure son mari et elle ont favorisé de telles évolutions. Pour Chloé, les choses paraissent assez logiques. Plus proche de son père, elle a suivi la trajectoire paternelle. Ils ont un peu le même caractère, les mêmes affinités. « Ce sont des calmes, dit-elle, parfois un peu trop d'ailleurs, on aurait envie de les secouer pour qu'ils s'expriment ! » Chloé n'a tout de même pas été jusqu'à faire droit comme Julien, mais elle se prépare à un secteur d'activité voisin du sien. Sa discrétion et son sérieux feront merveille dans le monde feutré des affaires. Tant pis si elle manque un peu de fantaisie... Pour Coralie, les explications sont moins simples. D'où lui vient cette passion juive ? Pourquoi est-elle attirée par le danger ? Elle rejette en bloc le mode de vie de ses parents et a sur eux un regard qui est passé de l'indifférence au mépris et qui, dernièrement, a viré à la suspicion la moins compréhensible. Non seulement elle traite sa mère de « bourge qui perd son temps » et son père de « besogneux qui ne produit rien », mais elle accuse l'un et l'autre d'avoir des amis « pas nets » qu'elle suspecte d'être « ennemis d'Israël ».

Julien subit aussi des interrogatoires quasi policiers lorsque Coralie est convaincue qu'il est entré dans sa chambre en son absence ou qu'il fréquente des Palestiniens à son insu. Il répond toujours calmement et sérieusement à ces accusations farfelues, et Barbara se demande comment il fait pour avoir un tel sang-froid. Elle ne cherche pas à se disculper, mais elle pense que Julien n'a pas été un modèle d'identification pour cette fille attirée très tôt par les sports violents et les jeux de garçon. Julien est trop doux, trop réservé. Il parle peu, ne s'énerve jamais. « Il est toujours posé, réfléchi, dans la retenue, précise-t-elle. Un proverbe japonais lui va bien : "Les mots qu'on ne dit pas sont les fleurs du silence." Julien est à l'opposé de ma famille. Il est en rupture avec le monde oriental où on exprime ses émotions de manière exagérée et théâtrale. C'est sûrement pour ça qu'il m'a tant aimantée, les contraires s'attirent. »

Barbara songe à présent au jour où Julien est venu la chercher chez ses parents, contre leur avis. Sa mère a réagi alors de façon hystérique. Elle hurlait, allait et venait en tous sens. Au moment où on s'y attendait le moins, Julien s'est dressé devant elle et lui a assené le plus tranquillement du monde : « Madame, votre dérèglement mental ne me concerne pas. » Elle s'en souvient encore, ça l'a calmée mieux qu'un coup de poing !

Barbara a rencontré Julien à 20 ans, alors qu'ils étaient tous deux au conservatoire, également passionnés de piano. Aujourd'hui, Julien ne joue plus. Sans une pratique régulière, ce perfectionniste ne supporterait pas de mal jouer et Barbara le comprend. Elle qui consacre trois heures par jour à ses gammes ajoute même qu'on abîme l'instrument en jouant mal. Mais elle n'est pas dupe, et admet tristement ne pas lui avoir vraiment laissé le choix en s'imposant comme elle l'a fait. Elle n'aurait probablement pas accepté qu'il lui conteste la première place dans ce domaine. Quoi qu'il en soit, le piano n'est plus aujourd'hui leur point commun car Julien a « quitté » le piano – la formule dit bien cette passion, qui consiste à vivre l'instrument de l'intérieur, à l'habiter. Ils n'en parlent pas, mais Barbara est convaincue qu'il s'agit d'un renoncement douloureux. Un renoncement qui n'est pas seulement un refus d'entrer en compétition avec elle, mais aussi une barrière de plus dans l'expression de ses émotions. Julien préfère prendre le large et s'organise des week-ends de voile. Mais Barbara a la certitude que cette pudeur cache une violence interne contenue. Lui qui sait si bien affronter les situations de crise sans exploser ni jurer, que s'emploie-t-il à taire en son for intérieur ? Elle ne le sait toujours pas...

« Habiter l'instrument, voilà une formule que j'ai appliquée au pied de la lettre, c'est le cas de le dire ! »

s'exclame-t-elle. Son premier rapport au piano s'établit en effet lorsqu'elle commence à jouer dessous. Elle en fait sa cabane, l'endroit où, avec ses poupées, elle tente d'échapper à sa mère et aux leçons de solfège qu'elle lui imposait. À l'âge de 6 ans, la lutte est inégale et, au début, Barbara y vient à reculons. Apprendre le piano n'est nullement son choix. Pas plus que celui de ses sœurs qui y ont également droit. « Le plus fort, dit Barbara, c'est que notre mère n'a commencé à en faire qu'à 17 ans. Et elle ne voulait pas que ses filles aient un jour ce regret-là. » Vers 10-12 ans, tout change. Tandis que la puberté commence à l'agiter, faire corps avec l'instrument offre à Barbara un cadre rassurant qui la tient. Elle se met à l'aimer, joue et travaille tous les jours avec passion car l'instrument lui permet d'exprimer ce qu'elle ne peut pas dire ou faire dans la « vraie vie ». L'idée de devenir pianiste commence à l'effleurer au contact d'un de ses professeurs du conservatoire. Celle-ci lui fait découvrir le métier de musicien : le goût de l'exigence, le plaisir de la concentration, l'évasion lyrique, et, surtout, l'incroyable harmonie à laquelle la musique peut conduire.

Barbara réalise qu'elle s'égare. Sa passion lui sert d'échappatoire et elle diffère le moment de parler de ses difficultés. En réalité, depuis quelques semaines, son inquiétude au sujet de Coralie ne cesse de croître. Le climat s'est dégradé avec la multiplication des soupçons conduisant à des éclats de plus en plus violents. Comment la situation a-t-elle vraiment dégénéré ? Plusieurs événements se sont succédé. « Le dernier en date est une sorte de point d'orgue, dit-elle. Sans chercher à faire de jeu de mots. Vous allez voir que je n'exagère pas ! » Barbara doit se concentrer pour retrouver la bonne chronologie.

Il y a déjà cette façon dont Coralie s'est « débarrassée » de Samuel – le mot n'est pas trop fort. Un samedi après-midi, elle a laissé le malheureux en rase campagne, le faisant débarquer de la voiture et l'abandonnant sur place à quinze ou vingt kilomètres de chez lui. Depuis, ils ne se voient plus. Barbara a voulu rencontrer Samuel pour en parler, mais il a refusé, se bornant à dire au téléphone que « Coralie était complètement à côté de la plaque et qu'elle l'avait traité avec une brutalité inouïe ».

Il y a eu aussi cette altercation au cours de laquelle Barbara a vraiment cru que sa fille allait la frapper. À propos de l'application du shabbat, le jour de repos assigné au septième jour de la semaine juive qui commence le dimanche : « Six jours tu travailleras et le septième tu chômeras. » Un principe intangible que Barbara a suffisamment subi avec ses parents et ses sœurs. Depuis qu'elle vit avec Julien, elle ne confond plus le droit au repos réparateur et l'interdiction de travailler. Elle n'est évidemment pas contre le principe du jour chômé, mais elle se refuse à l'envisager comme une loi stricte qui l'empêcherait, en l'occurrence, de donner un petit concert un vendredi soir ou un samedi dans la journée. Coralie s'y est toujours opposée, mais ce jour-là, pour une raison inexpliquée, elle est entrée dans un état de fureur incroyable. Fixant sa mère d'un regard noir et lui enserrant les deux poignets jusqu'à les faire craquer,

Coralie lui a fait promettre à haute voix qu'elle renoncerait désormais à jouer du piano le temps du shabbat. Barbara a eu peur, sa fille était prête à lui broyer les mains et il y avait tellement de haine dans ses yeux ! Jusque-là, Coralie se contentait de la reprendre sur le thème des tâches permises ou interdites du vendredi avant le coucher du soleil au samedi après l'apparition des étoiles. Elle ergotait de manière fatigante sur les objets déclarés *mouktsé*, c'est-à-dire ne devant pas être déplacés dans l'intervalle, sauf exception confirmant la règle. « On peut faire ceci, pas cela, mais sachant que ceci peut dépendre de cela, ou l'inverse, que faire dans tel ou tel cas ? »

Barbara se demande s'il est correct, de la part d'une juive, de présenter les choses ainsi. Elle ne veut pas avoir l'air irrespectueuse et polémique à l'égard de la Torah. Elle n'est pas pratiquante, c'est un fait. Elle refuse de souscrire à des interdictions et obligations qui lui paraissent excessives, mais en aucun cas elle ne souhaite critiquer ceux qui les respectent, précise-t-elle. Chacun a le droit de choisir sa voie. Barbara veut seulement souligner le caractère extrémiste de Coralie, cette attention presque maladive qu'elle porte aux moindres détails et l'intolérance qu'elle manifeste de plus en plus ouvertement. Une exagération qui s'est encore accentuée depuis qu'elle apprend l'hébreu. « Avec on ne sait qui, poursuit Barbara, c'est un vrai mystère, mais certainement pas auprès de sa grand-mère, qu'elle ignore. Elle lui reproche d'avoir trahi la cause en ne rejoignant pas la Terre promise. » Coralie prétend se comporter en *sabra* – c'est-à-dire en fille d'Israël. Et malheur à ceux qui font preuve de manquements répétés aux prescriptions des

Sages, elle ne cesse de le répéter. Elle l'a même écrit sur la porte de sa chambre. Barbara se sent tout spécialement visée depuis que Coralie la soumet à des interrogatoires serrés et à des contrôles réguliers concernant le respect des règles casher. « Ma fille est devenue une fanatique, déclare Barbara. Son adolescence n'explique pas tout ; elle fréquente forcément à notre insu des gens ayant sur elle une très mauvaise influence. Ces histoires d'aliments prohibés ont pris des proportions incroyables, vous allez pouvoir en juger... »

À partir de la puberté (Barbara insiste sur le lien avec la survenue des règles), Coralie exige que sa mère n'achète que de la viande « pure » : celle-ci doit non seulement provenir d'un ruminant à sabots fendus ou fourchus (l'absence d'un seul de ces signes invalide l'animal, ce qui rend notamment impurs porcs et lapins), mais aussi être exsangue dans le respect des rites (à l'abattoir, la bête est tournée en direction de Jérusalem avant d'être saignée). Jusque-là, rien d'étonnant pour quelqu'un connaissant les prescriptions de la *halakha* – la Loi juive. Les exigences de Coralie sont conformes aux interdits alimentaires et Barbara ne s'y oppose pas. Mais elle estime par exemple ridicule que la religion interdise de manger une entrecôte sauce roquefort, la loi hébraïque prohibant formellement de « cuire le chevreau dans le lait de sa mère ».

Mais Coralie va beaucoup plus loin : pour être sûre de ne pas consommer du sang (interdit de la *halakha*), l'adolescente « re-cachérise » la viande pourtant homologuée que lui achète Barbara en la passant sous l'eau avant de la faire cuire et recuire elle-même. À sa demande, il a fallu lui réserver un compartiment du frigo « pour préserver sa nourriture de celle des autres », et tandis que Barbara, Chloé et Julien gardent leurs habitudes des grillades standard, la jeune fille ne se nourrit plus qu'avec sa propre viande et avec ses propres légumes qui doivent obligatoirement porter le label « bio » – ce qui n'a rien de casher. Tout le monde se montre compréhensif et jamais aucun reproche ne lui est adressé.

Coralie devient cependant une véritable inspectrice des services vétérinaires, une exagération de sa part qui a pris une tournure obsessionnelle : elle craint la contamination, la souillure de ses aliments, même à travers le plastique des bacs du réfrigérateur, et elle les enveloppe avec du papier sulfurisé ; elle vérifie souvent la propreté de son compartiment et réclame avec une insistance de plus en plus pointilleuse le nettoyage des autres bacs, ce qui ne manque pas de provoquer des tensions avec Barbara.

Celle-ci répète que, bien qu'elle ne renie en rien la *halakha*, l'intransigeance de Coralie la replonge douloureusement dans ce qu'elle a vécu enfant et même jeune fille. Elle estime avoir suffisamment subi la vision étroite de sa mère pour vouloir s'en affranchir à l'âge adulte. Pas de place au plaisir et la frustration comme seule ligne de conduite, même lors des rares sorties en famille. Elle l'entend encore proposer d'aller déjeuner, tel jour férié non juif, au restaurant casher : « Toujours le même plan, se souvient-elle. Et surtout pas un dimanche comme n'importe quelle autre famille ! Un repas vite expédié, une balade pour s'aérer et un retour à la maison en fin d'après-midi. » De surcroît, on aurait dit que ses parents choisissaient toujours l'établissement le moins décoré, celui qui ressemblait le plus à une cantine. Et dans cette ambiance tristounette, le déjeuner se concluait inévitablement par l'emportement de sa mère ; celle-ci trouvait tout ou « trop cher » ou « trop cuit », de toute façon « jamais aussi bien qu'à la maison ».

« Personne n'en parle, affirme Barbara. Je tiens à ce que mon témoignage fasse état de ces contraintes qui ont en grande partie géré ma vie. » Elle reste songeuse quelques instants puis ajoute que l'évocation qu'elle vient de livrer secoue ses souvenirs. Elle doit reconnaître qu'elle a longtemps respecté la tradition. Chez ses parents, elle n'avait pas le choix. Mais même lorsqu'elle a commencé à prendre son indépendance, elle a continué à s'y soumettre. Elle l'admet : « Il m'aura fallu du temps pour que j'arrive à couper le cordon sans le confondre avec ce fameux fil rouge, celui qui a guidé le choix du prénom de mes filles. » Au demeurant, elle n'est pas vraiment sûre d'y être parvenue, l'un semblant aller difficilement sans l'autre. De manière évasive, elle avoue qu'au début de sa relation avec Julien, elle ne mangeait encore quasiment que des omelettes en sa présence, pour éviter les problèmes. Comment lui faire comprendre ces histoires d'alimentation interdite alors même qu'à l'époque – il y a trente ans – l'ambiance générale était plutôt à l'interdiction d'interdire ? Mais Julien avait compris de lui-même.

Un soir Coralie, qui n'accepte désormais de se nourrir que de viande conforme et produits bio et qui veille scrupuleusement à ce que sa nourriture ne soit pas contaminée par celle des autres, entre sans frapper dans la chambre de ses parents, alors que ceux-ci sont au lit. Elle avance vers sa mère, l'air hébété et le visage congestionné. Elle tient des propos décousus. Barbara se redresse et voit que les yeux de sa fille sont rouges et exorbités. Julien veut intervenir mais Barbara l'arrête et prend Coralie dans ses bras. Elle est sûre que celle-ci a fumé trop de cannabis et qu'elle est sous l'emprise de la drogue. Depuis qu'elle s'est fâchée avec Samuel, l'adolescente semble avoir doublé sa consommation, passant à plusieurs joints par jour. Encore un sujet d'inquiétude que Barbara n'a pas partagé avec son mari.

Coralie sanglote en entraînant sa mère hors de la chambre pour la conduire en titubant vers la cuisine. Elle s'immobilise alors devant le frigo, se dégage de sa mère en tenant un discours confus à peu près en ces termes : « Maman, on cherche à m'empoisonner ! Ils sont venus trafiquer ma viande, et vous n'avez rien vu... Ils ont failli réussir leur coup, heureusement que j'avais mis des repères... Qui sont-ils ? Tu sais très bien qui sont les ennemis d'Israël ! J'ai vu que Samuel t'avait appelée. Je t'avais pourtant dit de te méfier de lui. J'ai compris qu'il faisait partie du complot, c'est un de leurs agents. Ils ont décidé de m'éliminer parce que j'en sais trop. Maman, tu les laisses essayer de me tuer ! »

Que répondre à une adolescente ivre de haschisch et devenue « parano » ? Barbara constate que Coralie n'entend rien. Et plus elle tente de la raisonner, plus sa fille lui affirme qu'elle est victime d'une machination. Il y a longtemps qu'elle se sait épiée, et même suivie dans la rue. Selon elle, tout concorde. Elle a compris que Samuel était en lien avec eux. Lorsque Coralie déambulait avec lui en amoureux, il leur adressait des petits signes de connivence, très discrets mais évidents pour quelqu'un qui se sait surveillé. Barbara ne peut pas rester plantée là à l'écouter débiter des inepties entre deux sanglots, tandis que Julien multiplie les gestes d'impuissance depuis l'encadrement de la porte. Elle doit parvenir à calmer Coralie et elle est la seule à pouvoir le faire. Elle entraîne sa fille vers le salon, l'allonge sur le canapé, et s'assoit sur l'accoudoir en lui prenant la tête sur les genoux. Si Coralie supportait le piano, elle aimerait lui jouer à cet instant une berceuse de Schumann. L'adolescente semble beaucoup mieux dans les bras de sa mère ; elle finit par s'apaiser et toutes les deux restent immobiles, dans une demi-obscurité.

Barbara réalise douloureusement que le cannabis n'a joué ici qu'un rôle de révélateur, exagérant, comme l'alcool, les postures et les propos, mais ne modifiant pas le fond de la personne qui en consomme. Sa fille semble réellement aveuglée par la passion au point de se croire surveillée en permanence. « La fantaisie du complot relève évidemment des effets de la drogue, déclare Barbara. Mais Coralie n'est pas seulement sous l'empire du cannabis, elle est saturée de haine – ce terrible sentiment qui traverse les peuples du Moyen-Orient et qui tue tous les jours. » Et Barbara souffre de voir sa fille devenue intolérante et jusqu'au-boutiste, arguant de la même mauvaise foi qui caractérise une partie de la famille vivant à Tel-Aviv. « Perdant-perdant, voilà ce que je pense, moi, du conflit israélo-palestinien », dit Barbara. Elle considère qu'il s'agit d'un déchirement quasi fraternel : deux peuples qui se disputent la même terre – la Palestine, le drame étant que les revendications identitaire et filiale des deux parties sont légitimes. Barbara ne voit pas comment ils peuvent sortir de cette impasse. « Il aurait fallu, avance-t-elle, que les Juifs et les Arabes partagent en paix la même terre. » Elle sait que le problème est précisément que ni les uns ni les autres ne peuvent se reconnaître frères – c'est-à-dire de même sang.

Elle n'a jamais dit à Coralie le fond de sa pensée au sujet de cette harmonie impossible. Pas à ses parents, non plus, et encore moins à sa famille de Tel-Aviv. Seul Julien connaît son point de vue. Au lendemain de l'abominable Shoah, Barbara pense qu'il était juste de donner un État au peuple hébreu en créant Israël. Mais tout aussi injuste pour ce faire d'en chasser les Palestiniens et, depuis soixante ans, ce sont eux qui vivent maintenant dans l'exil forcé ou sous l'occupation. Elle trouve qu'ils payent le prix d'un crime qu'ils n'ont pas commis. Et elle est convaincue que l'injustice faite aux Palestiniens mérite reconnaissance et réparation.

En Israël, elle n'y a été que deux fois. Quant à Coralie, elle n'y a jamais mis les pieds. Comme quoi, dit-elle, la défense d'une cause peut s'avérer purement idéologique... Tout débat politique mis à part, Barbara raconte qu'elle garde d'Israël l'image d'un pays cosmopolite et hétérogène. Sa première visite remonte à l'âge de 12 ans. Accompagnée de ses parents, ils ont effectué un douloureux voyage, comme pour tous ces « exclus à l'envers », ces Juifs restés en France qui n'ont pas rejoint Israël. Pourquoi ont-ils refusé d'aller y vivre, d'ailleurs ? Pour entrer en résistance avec la famille ? Eux si religieux, si pratiquants, pour quelle obscure raison n'ont-ils pas fait le grand saut, préférant assumer ici l'exil et un antisémitisme plus ou moins latent ? Ils ne se sont jamais expliqués là-dessus. Et la joaillerie de L. lui semble un bien maigre alibi.

En tout cas, cette première visite en terre d'Abraham est épouvantable. Les cousins et cousines jouent et rient ensemble, laissant Barbara de côté. Parfois, ils s'adressent à elle en hébreu ou en anglais et elle ne comprend rien. Elle se rappelle une impression de gêne – le sentiment de ne pas être à sa place. Il y a un piano mais personne ne lui demande d'en jouer. Ses parents eux-mêmes ont l'air embarrassés ; sa mère ne cesse de dire qu'elle veut rentrer. Dans ses souvenirs, la famille est disponible mais peu chaleureuse. Que pensent-ils vraiment ? C'est aujourd'hui que Barbara se pose la question. Envient-ils la vie en Europe ? Sont-ils fatigués d'afficher leur fierté en toute occasion ? Ou bien considèrent-ils au contraire cette branche familiale française comme un piètre soutien d'Israël ? À 12 ans, elle est loin de penser tout cela, mais elle retient ce profond sentiment de malaise...

Pour sa seconde visite, Barbara a 20 ans et sort avec Julien depuis deux mois. Elle se rend en Israël avec sa sœur aînée. Dans une famille juive séfarade, explique-t-elle, une jeune fille a en effet des possibilités de voyage très encadrées : soit elle part en vacances avec ses parents, soit elle effectue une visite familiale. Lors de ce séjour de quinze jours, Barbara et sa sœur choisissent de résider en cité U pour avoir un peu d'indépendance et ne pas rendre jaloux tel ou tel membre de la famille. D'autant que ladite famille est éclatée en plusieurs foyers de niveaux de vie très différents. Barbara, qui parlait d'hétérogénéité à propos de ce pays, se trouve très surprise par cette déclinaison familiale. Par exemple, l'oncle général vit dans une belle villa située dans le quartier chic, tandis que son propre frère habite en appartement dans un modeste immeuble de banlieue. Et le premier est un sioniste affirmé, alors que le second soutient des positions très ouvertes en faveur de la paix. Peut-être est-ce l'époque et le contexte qui l'expliquent, Barbara garde cependant le désagréable souvenir – chez les uns comme chez les autres – de remarques continuelles et de plaisanteries plutôt « lourdes » à l'encontre des Arabes. Cela la choque, dans la mesure où au même moment en France, dix ans après 1968, l'état d'esprit est évidemment fort différent : les parents de Barbara se comportent en Juifs tunisiens modérés et elle-même évolue parmi de jeunes bourgeois qui prônent plutôt le joyeux mélange des genres et des idées. Mais ce second voyage de Barbara en Israël n'a pas pour objectif la confrontation des modes de vie et des mentalités : dès son arrivée, elle achète quinze cartes postales, pour en envoyer une quotidiennement à ses parents, reste huit jours puis, conformément à ses plans et de connivence avec sa sœur, elle revient en France en douce pour retrouver Julien. La sœur continue à envoyer les cartes comme si de rien n'était... Israël est un petit pays où tout le monde se connaît et ce retour prématuré n'échappe pas à un cousin douanier à l'aéroport. Sans que Barbara s'en doute, ses parents sont mis au courant. Ils vont se taire, faire comme s'ils ne savaient rien. Puis un jour, longtemps après, la mère de Barbara avouera à sa fille qu'ils ont été « cassés par ce coup ».

Barbara réalise qu'au moment où elle revenait à l'histoire de sa fille, elle s'est mise à relater une anecdote qui parle justement de surveillance secrète – un thème récurrent chez Coralie qui prétend ne plus pouvoir aller en cours tant elle se sent épiée dans la rue : elle aurait repéré deux femmes et un enfant qui la suivraient en permanence. Elle en a fait une description détaillée à son père, réclamant qu'il s'en ouvre discrètement à Guillaume, leur ami de la préfecture, pour obtenir la protection de la police. Julien n'en a évidemment rien fait. Barbara et lui ont compris que ces histoires d'espionnage relèvent de l'addiction au cannabis. Leur fille fume trop et perd la tête...

Ils se sont bien sûr posé des questions, certains faits divers se révélant être des agressions antisémites caractérisées. Pourquoi Coralie n'en serait-elle pas la cible ? Après tout, le conflit israélo-palestinien peut déborder en Europe, même si les communautés juive et musulmane de France restent pour l'instant calmes et modérées. Mais jusqu'à présent, Coralie n'a été victime de rien et les craintes qu'elle manifeste l'amènent à avoir des soupçons sans fondement. Ses préoccupations apparaissent en effet de plus en plus bizarres et insistantes : se dire constamment suivie par deux femmes et un enfant, vérifier cent fois par jour le contenu du frigo, traiter Samuel en espion, parler toute seule dans le noir comme Julien l'a entendue faire, ou hurler et taper dans les murs jusqu'à ressembler à une pensionnaire d'asile de fous, tout cela renvoie davantage à des persécutions intérieures qu'à l'orchestration d'une cabale dirigée contre elle. Barbara ne sait plus que penser. Elle voudrait de l'aide pour éclaircir ses idées. Elle a encore essayé de joindre Samuel, sans succès. Elle aurait bien des questions à lui poser. Elle aimerait savoir pourquoi Coralie le traite en ennemi, ce qu'il s'est passé entre eux. Et pourquoi prétend-elle savoir quelque chose qu'elle n'aurait pas dû apprendre ? De quoi s'agit-il ?

Coralie n'a jamais été en Israël... sauf par Internet. Depuis au moins six mois, elle est en lien avec l'oncle général mais refuse de parler de leurs échanges. L'adolescente la repousse chaque fois qu'elle le lui demande. « Je ne trafique rien, rétorque-t-elle, je compte seulement me battre pour que *Eretz Israël* s'épanouisse sans partage sur les deux rives du Jourdain. » Une position sioniste tendance *hard* qui lui fait refuser le mot de « Palestinien » et qui l'amène aussi à vouloir « faire taire le Hamas dans la Bande de Gaza ». Elle promet qu'elle va aller y vivre dès l'année prochaine, et incorporer l'armée israélienne pour au moins trois ans. L'inquiétude au sujet de sa consommation de cannabis pèse finalement bien peu face à un tel projet. Barbara a-t-elle pour destin d'être la « mère Courage » d'une combattante *sabra* ?

« Mais voilà le plus grave, prévient-elle. Une terrible découverte que je viens de faire. » Elle explique que Coralie est sortie pour prendre l'air. Elle n'a pas quitté la maison depuis au moins trois semaines. Il est vaguement question qu'elle aille rejoindre son amie Flora pour aller au cinéma. Barbara est contente de voir que la « page

Samuel » semble se tourner, de même que l'histoire de la filature fantaisiste… Julien n'est pas là, lui non plus. Barbara est donc seule, et elle a du travail. Le festival qu'elle organise débute dans trois mois.

Elle ne saurait dire pourquoi elle entre alors dans le capharnaüm qui tient lieu de chambre à Coralie, alors qu'elle évite soigneusement d'y mettre les pieds en son absence habituellement. « Arrête de fouiller mes affaires ! » hurle sa fille dès que Barbara tente d'y mettre un peu d'ordre, ne serait-ce que pour y faire le ménage. Jusqu'au jour où elle a vu de quoi sa fille en furie était capable. Celle-ci s'est acharnée sur la tapisserie de sa chambre avec un cutter, avant de s'en prendre à ses classeurs et à son bureau, avec une rage insoupçonnée.

Donc, cet après-midi-là, Barbara a parfaitement conscience de pénétrer en « zone interdite ». Mais après tout ce qui s'est passé, elle ne peut pas résister au besoin de savoir ce que consomme exactement sa fille. Une exploration qui confirme d'emblée, s'il en était besoin, que Coralie se persécute elle-même. Partout, hâtivement griffonnées au feutre indélébile bleu, des étoiles de David à six branches rappellent brutalement non les revendications sionistes, mais plutôt les graffitis antisémites des débuts de l'Allemagne nazie… Une étrange et angoissante évocation qui fait frissonner Barbara. Le désordre régnant dans la chambre est difficile à décrire. Si l'on excepte les tags étoilés, quinze mètres carrés de bric-à-brac qui prouvent combien un adolescent et un SDF ont en commun le besoin d'ancrage, d'enracinement à l'aide de tous les objets possibles. L'entassement pour seule richesse et preuve qu'on dispose d'un territoire propre. Au milieu d'un fatras d'affaires, un matelas jeté à même le sol tient lieu de misérable couche. Une couette en boule et des vêtements en vrac sont amassés en différents endroits. Livres et feuillets jonchent la moquette, pelée et tachée. Le bureau est impraticable, couvert d'un amoncellement hétéroclite. Au mur, de vrais panneaux de signalisation (sans doute volés sur un chantier) et deux posters géants de *Kill Bill*[1] (où Uma Thurman brandit son sabre) informent l'intrus qu'il n'est pas le bienvenu.

En promenant son regard, Barbara voit quelque chose briller sous le bureau. Elle se penche et ramasse un objet qui a la taille et la forme d'un suppositoire métallique. Un petit obus de trois centimètres, de couleur or et cuivre rouge, lourd et froid comme du plomb. Une balle ! Elle vient de trouver une vraie balle, sûrement de gros calibre, dans la chambre de Coralie. Barbara panique. Elle soulève le matelas, déplace les tas... et découvre avec stupeur une boîte en carton qui contient plus d'une vingtaine de cartouches ! Aucune trace de pistolet : Coralie est-elle sortie armée et s'est-elle vraiment rendue chez Flora ?

Leur ami Guillaume est formel. Ce sont des balles d'un calibre conséquent : du neuf millimètres Parabellum à ogive blindée. Évidemment introuvables dans le commerce, sauf celui du grand banditisme ou du terrorisme. Barbara est consternée. En rentrant, sa fille n'a rien nié ; elle ne s'est même pas mise en colère au sujet de l'incursion territoriale de sa mère. Elle se sent très fatiguée et aimerait bien aller se reposer quelque part...

1. Série de films réalisée par Quentin Tarentino.

Quant à l'arme, elle « ne peut pas dire où elle est, par mesure de sécurité ».

Julien et Barbara ont passé la soirée à essayer de la convaincre de la rendre, sans résultat. Elle prétend qu'elle ne peut pas en dire plus. Elle les mettrait en danger. Ils ont bien sûr informé la police qui doit entendre leur fille. Sans doute vont-ils en apprendre davantage. Coralie est d'accord pour les rencontrer et leur parler, c'est déjà ça. « Il ne faut pas qu'ils me croient folle, surtout pas », répète en boucle l'adolescente. De toute façon, elle compte très bientôt s'installer en Israël et le nom de ses cartouches – Parabellum, indique clairement ses intentions : *Si vis pacem, para bellum* – « Si tu veux la paix, prépare la guerre ».

Le point de vue du psy

Une remarque liminaire s'impose : même si le mot « fanatique » suffit à traduire l'excès d'une personne animée d'un zèle aveugle envers une religion ou une doctrine, nous n'avons pas choisi ce cas dans le but de laisser entendre que l'on peut se permettre de confondre engagement politique et délire, surtout à un moment où les passions restent exacerbées, d'un côté comme de l'autre, dans la situation israélo-palestinienne. Le moins que l'on puisse dire, en revanche, c'est que les soucis des parents de cette adolescente ne sont pas ordinaires et qu'ils vont impliquer, selon toute vraisemblance, des décisions lourdes à prendre. Rien ne nous indique que le père se sente à ce niveau moins concerné que la mère. On peut même penser que les derniers développements justifiant l'entrée en scène de la police et de la justice vont l'amener à davantage d'implication familiale et lui redonner, sinon toute sa place, du moins celle de la figure paternelle capable d'incarner la loi. Mais avant d'imaginer la suite, observons ce dont nous disposons.

À l'évidence, si jusque-là Julien émet peu son opinion, Barbara et Coralie ne manquent pas, elles, de moyens d'expression pour faire connaître la leur. Le problème est qu'elles ne sont pas sur la même longueur d'onde. Pour la mère, « chacun a le droit de choisir sa voie », y compris lorsqu'il s'agit chez les Juifs d'appliquer ou non les principes de la Torah. Pour la fille au contraire, l'engagement doit être total et sans compromis, à l'image de son entier dévouement à la cause d'Israël. Toutes deux pensent être dans la bonne direction alors que chacune est en réalité victime de son propre égarement. Qu'en est-il tout d'abord de celui de Barbara ? Son interprétation du comportement de sa fille est bien sûr un fourvoiement « raisonné » que nous allons commenter, mais il ne doit pas occulter une première fausse piste expliquant sans doute l'ampleur de ses errements : Barbara est en quête d'une émancipation dont elle-même ne semble pas complètement comprendre le sens. Que prétend-elle chercher, au juste ? Elle veut prendre une certaine hauteur par rapport à sa famille et à la tradition juive car celles-ci lui pèsent comme tous les présupposés. Les envolées de pianiste qui la transportent ne suffisent pas à réduire cette pesanteur. Elle se voudrait une équilibriste des croyances et des idées, mais plus elle s'imagine faire un pas de côté, plus le suivant doit vite retrouver le fil rouge de ses origines pour éviter la chute. Et pour garder l'équilibre sur cette corde raide, Barbara ne dispose que de la fuite en avant comme seul balancier.

Pourquoi a-t-elle tant besoin d'évoluer hors du cercle familial et de ses contraintes rituelles? Qu'est-ce qui l'empêche, au fond, de glisser ses pas dans les traces des siens? On ne sait pas exactement. Force est seulement de constater que sa fragilité narcissique est aussi identitaire. Même si elle le tait par pudeur ou refuse de voir les choses en face, il est évident qu'elle mène un combat à la fois contre une dépendance excessive à la figure maternelle et contre sa propre ambivalence. Apprendre le piano n'est nullement son choix, avoue-t-elle, c'est celui que sa mère fait pour elle et ses sœurs, et Barbara tente au début de s'y soustraire ; mais le piano est justement le lieu refuge sous lequel elle s'abrite, avant d'apprendre à en jouer et d'en faire l'instrument de tous ses engagements.

On peut aussi se demander si la distance que Barbara tente de mettre vis-à-vis de sa famille et de la tradition n'est pas une façon de reproduire le « choix » que son propre père a fait pour eux en prenant autrefois le chemin de L. plutôt que celui d'Israël. Une certaine distance qui, dans les deux cas, n'équivaut jamais à un reniement : son père et elle refusent d'être des moutons de Panurge, Barbara s'imaginant d'ailleurs plutôt en mouton noir pour exprimer sa différence par rapport à ses sœurs. Après avoir longtemps suivi la piste balisée familiale, elle pratique l'écart en guise d'acte de liberté, non la rupture. Elle ne quitte pas les siens, et l'on verra que cette fidélité se retrouve poussée à l'extrême chez cet autre genre de mouton noir qu'est sa fille Coralie – elle qui n'a de cesse, même dans les pires moments d'agitation intérieure, d'affirmer son appartenance et de vouloir aller rejoindre la grande famille de la Terre promise.

Quoi qu'il en soit, le paradoxe de Barbara est de vouloir s'écarter de la ligne sans perdre ses repères, ce que restitue son récit fait de nombreuses digressions et de soudains retours au fil conducteur. Fragilisée dans son identité pour des raisons qui nous échappent, elle semble avoir besoin en permanence d'un soutien et d'un guide pour progresser dans tous les sens du terme. Le piano – l'« instrument de sa vie » – et le temps qu'elle lui consacre pour améliorer son jeu en sont les supports les plus investis, tandis que le « cadre d'évolution » que lui fournit Julien contribue, sans doute beaucoup plus qu'elle ne veut le reconnaître, à la soutenir. Quant au fil rouge familial, elle ne le lâche jamais : elle épouse un goy contre la volonté de ses parents, mais elle se plie à la règle des prénoms ; elle n'applique pas les préceptes hébraïques, mais elle est la première à se définir comme une « mère juive », pour le meilleur et pour le pire ; elle conteste la répétition à l'identique et les litanies rituelles, mais elle se montre assez satisfaite que Coralie fréquente un Juif dont la famille est très pratiquante, etc.

Barbara finit pourtant par se prendre les pieds dans le fil rouge lorsque – malgré la gravité croissante des signes émis par sa fille – elle persiste à rapporter sa violence et ses obsessions à la seule exagération de la cause juive : elle en fait d'abord un excès banalisé au nom du sionisme, introduit le cannabis comme simple fauteur de troubles, raisonne sérieusement sur la théorie du complot, avant de considérer que sa fille est sous l'influence d'extrémistes appartenant à la branche familiale de Tel-Aviv. Et plus le doute la taraude au sujet de l'état mental de Coralie, plus Barbara s'enferme dans ce cercle vicieux qui est aussi une ligne de fuite. Un aveuglement qui entérine la disqualification de son mari à la fois « non juif » et « trop doux », et qui constitue une forme d'égarement pour ne pas voir le déséquilibre de Coralie, par amour et sans doute avec le profond désir de faire bloc avec cette autre passionnée...

Barbara est avec elle d'une patience à toute épreuve, l'envers exact de l'intolérance dont témoigne Coralie qui est loin d'être seulement opposante et agressive. Présentée comme une enfant masculine et impulsive très précocement en quête de limites, au contraire de sa sœur aînée (sage comme une image, mais moins adulée), l'adolescente est décrite comme une jeune fille déterminée en recherche de sensations fortes.

Cependant, au fur et à mesure que sa mère en parle, son engagement fanatique apparaît étrange, monomaniaque, infiltré d'une méfiance tellement inappropriée et secoué d'accès d'une telle violence que l'on s'interroge de plus en plus expressément à propos de la nature de ses « convictions ». Barbara elle-même avance la notion de « persécutions intérieures ». Au lieu d'une militante sioniste sur le pied de guerre, Coralie ne serait-elle pas plutôt une adolescente dont l'état mental se détériore depuis l'entrée en puberté ? Sa mère relève que ses exigences de viande casher et, surtout, ses vérifications pointilleuses de conformité apparaissent dès ses premières menstrues, comme si Coralie devait conjurer l'idée d'impureté de la chair liée à l'émergence du corps génital pubertaire.

Aux dérangeantes règles de la menstruation, ainsi nommées du fait de la régularité de leur apparition, l'adolescente semble vouloir opposer une radicalisation des règles rituelles interdisant de se souiller par la consommation de sang. Le sexuel et le digestif convoquent le même tabou, ce que confirme par la suite son obsession grandissante : Coralie ne se contente pas de veiller à ce que la viande soit « propre » (entendons : exsangue), elle s'emploie à éviter tout « contact charnel » de ses aliments personnels avec ceux de sa famille, en conservant à part viande casher et légumes bio (autres emblèmes de pureté). Et si de telles précautions ont pour scène le frigo familial, on ne peut s'empêcher de penser que c'est à son insu pour « refroidir » les pulsions en jeu.

L'importance qu'elle accorde à la place de la nourriture dans les échanges pourrait n'être qu'une fantaisie adolescente passagère, à l'heure où la sexualisation des liens qu'entraîne la métamorphose pubertaire conduit nombre de jeunes gens à diverses formes d'évitement ou de mise à distance. Par ses implications orales et ses équivalences symboliques, le registre alimentaire est souvent au cœur des conflits, que ce soit à travers le refus de partager les repas en famille, la revendication provocante d'un végétarisme fluctuant selon les moments et les convives, ou encore l'improvisation d'un régime restrictif n'appartenant à aucune recommandation diététique connue. Plus rares mais beaucoup plus alarmantes, les privations anorexiques en quête d'épure constituent une lutte acharnée contre la faim et les formes féminines – lutte qui aboutit à un épuisant corps à corps familial autour de l'assiette désertée. Il existe aussi des jeûnes qui sont officiellement rattachés à une pratique religieuse (carême, ramadan), mais qui s'en écartent totalement par la variabilité de l'abstinence (« un jour avec, un jour sans »), sa brièveté, voire ses aménagements fantaisistes.

L'originalité de Coralie ne s'exprime pas en ces termes. L'adolescente prétend suivre à la lettre les préceptes hébraïques et oblige ses proches à en respecter les grandes lignes, jusqu'à exiger de sa mère par la force l'observance du shabbat. Une exigence assortie de menaces qui traduit une intransigeance absolue et dont la tonalité « meurtrière » n'échappe pas à Barbara lors de cette altercation où sa fille la fusille du regard en lui brutalisant ses poignets de pianiste. Le plus inquiétant, chez Coralie, réside en ce mélange d'exaltation passionnée et d'interprétations erronées qui lui font faire fausse route et aboutir à un véritable délire de persécution. Une autre forme d'égarement que restitue le verbe latin *delirare*, proprement « sortir du sillon », en l'occurrence un chemin « de travers » qu'elle suit aveuglément, avec pour balises d'inébranlables certitudes (à la mesure de ses questionnements intérieurs) et pour étayage le recours aux rites juifs réduits à l'état d'obsessions rigides.

Plus les doutes surgissent en chemin comme autant de brèches existentielles, plus elle se raidit sur des positions interprétatives qui la rendent exagérément méfiante et haineuse, capable de voir dans toute opposition ou embûche un complot dirigé contre elle. Ce fourvoiement semble l'amener devant une faille identitaire profonde entre les bords de laquelle le judaïsme et le conflit israélo-palestinien apparaissent comme des points d'ancrage salvateurs. Pour Coralie, le fameux fil rouge devient une corde de rappel tendue au-dessus de ce vide lui renvoyant en écho ses « D'où viens-je ? Qui suis-je ? Où vais-je ? » laissés sans réponse. Et les étoiles de David qu'elle tague partout dans sa chambre témoignent à la fois de ses tourments profonds et de ses aspirations à affirmer son identité.

À quoi se rapporte sa fracture identitaire ? L'hypothèse la plus probable de ce fanatisme très singulier est celle d'une grande souffrance psychique qui correspond à l'aggravation de troubles de la personnalité de la série psychotique. Coralie cherche à se défaire de ses angoisses par un engagement total et le recours à des liens solides auxquels elle tente désespérément de se raccrocher, liens qui doivent dépasser les seules attaches parentales et fraternelles. Celles-ci risquent en effet d'accentuer son sentiment de « non-existence » à travers la perception angoissante de confusion d'elle-même avec les siens (entendons : ses intimes), d'où ses écarts et ses ruptures. En même temps, son Moi apparaît tellement en insécurité permanente que tout apport ou approche venant de l'extérieur est vécu sur un mode intrusif et persécuteur. Coralie se sent l'objet d'attaques qui toutes menacent son « intérieur », qu'elles visent sa tête ou son ventre (empoisonnement), sa chambre (intrusion) ou son casier de frigo... Pour se défendre, elle doit camper sur des positions fermes, appuis qu'elle trouve dans une tradition très marquée et un contexte de conflit armé très actuel, et qu'elle renforce « à l'extrême » par des signes et insignes puissamment identitaires.

Le problème est qu'à partir de ces éléments de réalité, elle raisonne juste sur des prémisses fausses, ce qui correspond au mode de pensée paranoïaque. Samuel ne croit pas si bien dire lorsqu'il affirme que Coralie est « à côté de la plaque », puisque le mot « paranoïa » signifie « esprit à côté ». Compte tenu de son âge, il est évidemment impossible d'affirmer un tel diagnostic, mais un bilan psychologique approfondi s'impose car ce mode délirant – lorsqu'il persiste – caractérise les psychoses chroniques (dont la schizophrénie). Ses interprétations « hors de propos » la conduisent à des passages à l'acte d'une grande violence (abandon de Samuel en rase campagne, saccage de sa propre chambre) et la détention d'une arme à feu rend Coralie particulièrement dangereuse pour elle et pour autrui. La découverte inopinée d'une boîte de cartouches convainc heureusement Barbara de la gravité de la situation, ce qu'elle met du temps à réaliser pour différentes raisons.

Écarté par elle (et lui-même peu présent jusque-là), Julien, son mari, ne lui est pas d'un grand secours pour l'aider à y voir clair, sachant que tout parent a du mal à évaluer le mal-être de son enfant parce qu'il est aveuglé par sa trop grande proximité affective. D'autre part, dans le cas présent, mère et fille ont affaire au même fil rouge familial qu'elles perdent puis qu'elles rattrapent au vol, l'une voulant fuir ce que l'autre cherche, et inversement. Enfin, le caractère plausible des interprétations délirantes de Coralie retarde sans doute la reconnaissance d'un trouble du discernement. Dans le fonctionnement paranoïaque, le « délire à deux » est classique puisqu'il s'agit d'une « folie raisonnante » qui préserve des pans entiers de réalité, entraînant la conviction du plus proche témoin.

Une question se pose : est-ce le cannabis qui est responsable de la décompensation psychique de Coralie, comme le pense sa mère ? L'association entre l'usage de cannabis et les troubles psychotiques est connue depuis plus d'un siècle, mais on a longtemps privilégié l'hypothèse qu'elle était plutôt la conséquence que la cause des troubles, les malades mentaux étant réputés rechercher à travers cette consommation aussi bien une automédication susceptible de les apaiser qu'un moyen de se procurer des sensations enivrantes. On reconnaît aujourd'hui que sans contester un lien en ce sens, une autre hypothèse est à prendre sérieusement en considération, à savoir celle d'un risque accru de développer des symptômes psychotiques en consommant du cannabis.

Selon l'Inserm[1], plusieurs études récentes confirment ce lien de cause à effet, même si les mécanismes en jeu ne sont pas encore tous éclaircis. Ces études indiquent notamment que plus l'usage de cannabis débute précocement et plus il est répété, plus le risque de présen-

1. Expertise collective de l'Inserm, *Cannabis : quels effets sur le comportement et la santé ?*, Paris, 2001, p. 117-141 ; données réactualisées, mai 2004.

ter des symptômes schizophréniques est important. La consommation régulière de cette drogue dès l'âge de 15 ans exposerait davantage à ce risque qu'à 18 ans, ce qui tendrait à mettre en évidence, au moment de l'adolescence, des conséquences variables proportionnelles à la précocité des premières prises. Aucune étude ne démontre cependant que l'usage de cannabis peut à lui seul conduire à la schizophrénie. Dans l'état actuel des connaissances, on admet qu'il constitue un facteur de causalité (ni nécessaire ni suffisant) d'autant plus actif qu'il intervient chez des sujets présentant une vulnérabilité préexistante, peut-être à composante génétique.

À charge également l'augmentation constatée depuis quelques années de la teneur moyenne en THC (tétrahydrocannabinol), le principe actif du cannabis, dans les résines saisies en Europe : cette augmentation, en partie liée aux techniques de culture intensive du chanvre en serre, pourrait avoir des effets encore plus délétères chez les jeunes gens prédisposés. Dans notre propre expérience clinique, nombre d'adolescents considérés comme fragiles (sans être pour autant psychotiques) décrivent des expériences « parano » très angoissantes après avoir consommé du cannabis, avec des perceptions altérées proches de celles observées dans certaines intoxications graves.

S'agissant de Coralie, il ne fait aucun doute qu'un sevrage cannabique s'impose en même temps qu'une évaluation médico-psychologique soigneuse. Il faut impérativement déterminer si les préoccupations délirantes de l'adolescente ne reposent que sur des perceptions distordues ou si, comme cela semble ici le cas, on a affaire à un délire construit pouvant s'aggraver, même en l'absence d'usage de stupéfiants. En psychiatrie, on pourrait qualifier un tel délire de « systématisé » (c'est-à-dire organisé en système), car il paraît pris dans le caractère et la construction même de la personnalité de l'adolescente et se développe dans la cohérence et la clarté d'une logique implacable s'appuyant sur l'actualité brûlante et bien réelle du Moyen-Orient. Coralie semble épuisée par un conflit qui apparaît avant tout « intrapsychique » et révélateur d'un désordre intérieur opposant les forces du réel à celles, obscures et menaçantes, des angoisses les plus archaïques. Est-ce un appel inconscient à l'aide qui lui fait laisser en évidence une cartouche sur la moquette de sa chambre ? Nul ne le sait, mais il est probable que l'adolescente n'ignore pas qu'elle est mentalement perturbée ; elle répète en boucle qu'il ne faut pas qu'on la croie folle, parce qu'elle craint, comme beaucoup de personnes en souffrance psychique, l'enfermement, la stigmatisation et le rejet.

Ce ne sera sans doute pas facile de la persuader du bien-fondé d'un séjour d'observation – non en maison de repos mais en milieu spécialisé – pour évaluer son fonctionnement psychique puis choisir la prise en charge la plus adaptée, y compris médicamenteuse. Même avec le soutien de ses parents, son adhésion aux soins réclamera délicatesse et patience, ainsi qu'un environnement contenant et rassurant. L'enjeu est d'éviter d'accentuer son sentiment de persécution et de ne pas fâcher la jeune fille avec un dispositif thérapeutique dont elle va devoir bénéficier pour une durée indéterminée. En matière d'« influence », les soignants auront probablement plus de mal à convaincre Coralie qu'ils ne cherchent pas à la manipuler, que ceux qui ont profité de sa faiblesse et de sa naïveté pour l'armer. Ne perdons pas de vue en effet que les munitions retrouvées dans sa chambre ne peuvent être achetées dans le commerce, et qu'il a bien fallu que l'adolescente se les procure auprès de quelqu'un. Du coup, une interrogation adjacente vient à l'esprit, sans statistiques pour l'affiner mais dérangeante à souhait : aux quatre coins du monde, au nom des causes les plus légitimes et hors les combattants patentés, combien sont-ils de jeunes psychologiquement perturbés à se transformer en chair à canon ou en machines à tuer, après avoir été victimes d'abus de confiance de la part de dealers de drogues et de trafiquants d'armes ?

Plus près des réalités de leur vie quotidienne, les parents ne savent pas toujours à partir de quoi ils doivent considérer que l'engagement de leur ado est anormal. Quelle qu'en soit la forme, il leur est difficile de faire un constat objectif car ils veulent se montrer ouverts, craignant aujourd'hui d'apparaître en censeurs incapables de s'adapter à l'évolution des mentalités. L'ado peut aller assez loin sans que rien ne se passe, et ce sont parfois d'autres adultes qui alertent des parents particulièrement aveugles ou conciliants. Il leur est bien sûr impossible de continuer à ne rien voir lorsque l'ado s'incarne en gothique des pieds à la tête, ou qu'il passe son temps à collecter et mettre en ligne des vidéos ultraviolentes, ou bien qu'il s'identifie à un activiste prêt à mettre ses menaces à exécution, ou encore qu'il fait siennes les promesses sectaires les plus extravagantes... Ce que l'ado présente comme un choix personnel apparaît aux yeux de tous comme une obligation à laquelle il doit se soumettre pour éviter de se sentir mal à l'aise, voire de se sentir mal tout court.

Dans de tels cas, les parents constatent bien que l'engagement est excessif et qu'il diffère de leurs propres convictions, mais ils préfèrent y voir, au moins au début, une foucade adolescente sans conséquence. Aussi étrange que cela puisse paraître, la tolérance parentale aux excès en tous genres est devenue un problème éducatif central, sur l'air de « tout est permis, sinon réalisable ». L'incidence de ces comportements sur la scolarité reste souvent la seule limite au-delà de laquelle les parents se décident à réagir.

Outre la violence manifeste, que devraient-ils prendre en considération avant que la situation ne risque de dégénérer ? Bien entendu, l'importance croissante en temps et en mobilisation de la « passion » concernée, son caractère fixe et durable, et sa nature plus ou moins marginale ou antisociale. Mais il faut aussi qu'ils aient en tête que tout ado qui, au nom de sa liberté, revendique un look, une pratique ou une posture exprimant au contraire l'enfermement et l'assujettissement est un ado qui va mal. Attention évidemment à ne pas interpréter comme « enfermant » un simple engouement qui déplaît aux parents mais qui correspond à un effet de mode ou à un signe de reconnaissance entre semblables ! Une tenue noire assortie du port d'un bracelet ou d'un collier clouté et d'un pendentif à croix inversée ne suffit pas à faire de son détenteur un adepte gothique à tendance satanique.

L'excès ou la provocation est synonyme d'enfermement lorsque l'apparence et le comportement isolent brutalement l'ado du plus grand nombre, en le distinguant par des positions qui suscitent la peur ou le rejet. L'ado peut agir en solitaire et adopter des postures extrêmes qui tranchent avec celles de tous ses camarades ou adhérer sans retenue à un petit groupe d'« ultras » multipliant les conduites antisociales les plus agressives. Cette démarcation dans la rupture doit inquiéter à temps. Les ados qui vont bien n'ont pas besoin d'aller jusqu'à la cassure pour exprimer leur « différence » en regard des parents, et ils cherchent à faire corps entre pairs autour d'investissements communs en quête du même, de l'identique. Vis-à-vis des adultes, ils produisent des écarts qui visent à manifester une certaine liberté et une autonomie relative, mais ceux-ci restent habituellement modérés, souples et réversibles. Surtout, ils participent de courants bien identifiés qui promeuvent la générosité, le partage, l'égalité et l'équité – à la mesure des injustices discriminatoires réelles ou supposées dont les ados craignent d'être victimes.

C'est d'ailleurs un paradoxe de plus auquel les parents sont confrontés : l'ado veut faire valoir sa différence tout en redoutant de ne pas être traité comme les autres. Entre ados, les écarts peuvent apparaître tranchés et définitifs, mais ils ne le sont en réalité qu'en surface et dans la forme, se révélant étonnamment évolutifs et changeants. Point essentiel : les tendances suivies ne négligent jamais la séduction et le jeu des attirances. Les ados qui vont bien veulent se démarquer des adultes quitte à leur déplaire, mais ils prennent soin de plaire à leurs semblables.

A contrario, ceux qui vont mal s'emploient à susciter l'opprobre et à se montrer à vif dans les relations, comme s'ils devaient surligner leur présence par peur d'être transparents dans le regard des autres. Leurs attitudes et leurs investissements sont exagérément rigides, entiers, intolérants, sans concession ; ils « se hérissent » au sens propre et au figuré, arborant codes, signes et insignes en forme d'avertissement : « Qui s'y frotte s'y pique. » Ils se défendent par l'attaque ou l'évitement, mais ce que l'on doit retenir de leurs positions, c'est qu'elles expriment par leur dureté à quel point ils se sentent vulnérables et en insécurité dans leur for intérieur. Et cette fragilité identitaire les conduit à être les proies toutes désignées des sectes et des groupes extrémistes, car leur besoin d'affirmation de soi et de réassurance trouve un apaisement apparent dans un système monolithique qui les étaye et bloque tout choix, empêchant donc le doute existentiel.

Lorsque les parents constatent que l'engagement de leur ado est aussi fermé et aliénant, ils ne doivent surtout pas attendre que les choses se décantent toutes seules. Il y a urgence à ce qu'ils expriment leur inquiétude et qu'ils en parlent avec lui. Comment ? En créant les conditions d'un échange ne mettant pas l'ado en demeure de s'expliquer. Il faut proscrire tout interrogatoire qui risquerait de l'amener à rompre le dialogue, éviter les jugements à l'emporte-pièce et ne pas chercher à contrer ses idées en lui opposant la logique et le bon sens parental. Il est au contraire très important de le laisser s'exprimer et de faire l'effort d'écouter attentivement ce qu'il dit de son engagement. Il faut en effet apprécier dans quelle mesure l'ado est en quelque sorte « engagé à son corps défendant » dans un système de pensée et d'action dont il est devenu prisonnier.

Quelles contraintes intérieures peuvent le conduire à s'isoler dans un tel système ? Ce peut être une crainte disproportionnée du regard de l'autre, un évitement phobique des relations, la peur omniprésente de l'intrusion, le sentiment d'avoir des pensées qui s'imposent à lui, voire qui lui sont dictées du dehors, etc. C'est souvent parce qu'il se sent fondamentalement différent des autres, au point de croire qu'il doit s'en protéger, que l'ado en grande souffrance psychique peut s'engager dans des voies extrémistes dangereuses. Lorsque tout semble indiquer que sa raison vacille sous les coups de boutoir des angoisses irrépressibles et des interprétations erronées, les parents doivent lui dire ouvertement qu'ils le pensent en difficulté psychologique et que cet état nécessite une évaluation et peut-être une aide appropriée qui les impliquent eux aussi et dont ils se sentent solidaires.

Tact et délicatesse se révèlent déterminants vis-à-vis d'un adolescent que les troubles rendent hypersensible et, souvent, démesurément interprétatif. À ce stade, il faut éviter les mots qui rejettent, stigmatisent et ne donnent des services de psychiatrie qu'une image de lieu d'enfermement et d'exclusion. Et ne pas hésiter à solliciter une aide destinée aux parents afin de mieux comprendre et accompagner l'ado en souffrance.

Doit-on penser qu'un épisode délirant à l'adolescence annonce forcément un parcours futur de malade mental ? Il est évident que non. Certaines bouffées délirantes sont très spectaculaires mais se révèlent sans lendemain, une fois que l'épisode est correctement pris en charge et qu'un suivi est mis en place. Les troubles dépressifs ou psychotiques sont aussi beaucoup mieux soignés qu'auparavant, avec moins d'effets secondaires. Malgré les craintes de l'opinion publique, on dispose aujourd'hui de traitements médicamenteux efficaces qui ne réduisent pas les jeunes patients à des « zombies » et qui transforment le pronostic des troubles mentaux réputés chroniques, en complément d'autres modalités thérapeutiques et de réadaptation, ambulatoires ou institutionnelles. Des molécules prometteuses sont actuellement à l'étude pour améliorer encore le confort et l'efficacité de ces traitements, mais la pharmacologie n'est pas la seule arme de lutte contre la souffrance psychique dont disposent les équipes de pédopsychiatrie. Celles-ci développent aujourd'hui des modalités thérapeutiques à temps partiel qui concilient soins et études, et qui associent plus étroitement les parents à la prise en charge.

Le fait que ces derniers comprennent que leur ado est victime et non responsable de ses troubles améliore sensiblement la qualité et l'efficacité de leur soutien, de même que leur adhésion aux soins proposés incite le jeune patient à s'y investir. Et plus ils gardent confiance dans les capacités de l'ado à se sortir de ses affres, plus ils l'aident à se projeter dans l'avenir autrement que dans la rupture.

Catherine

Les Aigles du silence

Catherine ne semble pas capable de commencer autrement qu'en présentant le document qu'elle a apporté, trois feuillets réunis par un trombone. « C'est la copie du compte rendu d'hospitalisation de mon fils, dit-elle. Il s'appelle Grégoire. Il aura 16 ans en juin. Il est à la maison depuis un mois. » Tout en parlant, elle aligne sur le bureau quelques photos. Lentement, une par une, guettant une réaction. Les photos, qui laissent apparaître un grand et beau jeune homme blond avec un léger sourire, sont plutôt réussies. « C'était avant l'accident, précise-t-elle. On n'a pas refait de photos depuis. »

La copie en question est celle d'un formulaire d'hôpital qui a été complété de façon manuscrite. « Centre hospitalier de D. Psychiatrie infanto-juvénile. Intersecteur A. Compte rendu d'hospitalisation. Séjour du 15 décembre 2007 au 13 janvier 2008. Nom : N. Prénom : Grégoire. Date de naissance : 09/06/1992. Motif d'entrée : état dépressif. Transfert de chirurgie orthopédique. Admission initiale le 19 septembre 2007 suite à un polytraumatisme (cf. bilan des lésions) secondaire à une chute d'environ huit mètres (tentative de suicide). Éléments biographiques : une sœur (13 ans). Grégoire vit chez ses parents, mariés. Sont ensemble. Père, 44 ans, concessionnaire auto. Mère, 43 ans, comptable à mi-temps. Antécédents familiaux : RAS. Antécédents personnels : appendicectomie à 10 ans. Éléments anxieux trouvés en primaire et ayant nécessité quelques consultations chez un pédiatre. Grégoire décrit un début de mal-être depuis le passage au lycée. Il a quitté tous ses copains. Il s'est senti rejeté par les autres. Agression en début d'année scolaire. Depuis, est devenu "accro" à Internet et aux jeux en réseau, jusqu'à quinze heures par jour. Pendant l'hospitalisation, humeur triste et difficultés d'endormissement que Grégoire attribue à sa jambe raide. Travaille beaucoup avec la kiné. Affiche un visage souriant. Ne sollicite pas les soignants. Très discret en groupe de parole. Critique son passage à l'acte. Dit avoir perdu la tête. Évoque les conflits avec ses parents au sujet de l'ordinateur. Exprime de la souffrance à propos de l'histoire de son père qu'il connaît mal. Pas d'idées suicidaires. Diagnostic provisoire : personnalité dépendante (F 60.7) ? Traitement à la sortie : aucun. Projet : suivi psychothérapique. »

Que faire pour que Grégoire ne refasse jamais ça ? Catherine se détend peu à peu. Pascal, son mari, serait bien venu au rendez-vous mais son travail l'en a empêché. Elle rappelle qu'il vend des voitures et qu'il est très occupé. Grégoire, lui, est à la maison, avec la prof de maths qui vient l'aider à domicile. Il ne reprendra le lycée que l'an prochain pour refaire sa seconde. « Dans un autre lycée, dit-elle. On a eu assez de soucis avec celui-là. »

La petite sœur de Grégoire s'appelle Clara. Elle n'est pas encore adolescente. « À l'heure qu'il est, elle est au club, ajoute Catherine. Une mordue de tennis comme sa mère ! » Elle n'a pas apporté de photos de sa fille. Les priorités dans la vie de Catherine sont, « en numéro un », l'éducation de ses enfants, et « en deux » le tennis. Ce sont d'ailleurs les raisons pour lesquelles elle travaille à temps partiel, un emploi de gestionnaire dans une entreprise d'installation et de dépannage de chaudières. Un travail qu'elle n'estime pas très excitant mais qui a l'avantage de la laisser tranquille une fois qu'elle a quitté le bureau.

Bien qu'ils ne roulent pas sur l'or, Catherine a conscience d'être une privilégiée, à la différence d'une de ses amies par exemple, qui élève seule ses deux enfants et qui est au chômage depuis un an. Et malgré les incertitudes qui pèsent aussi bien sur les ventes de voitures que sur celles des chaudières en cette période de crise, elle se veut confiante. « Pour nous, l'avenir est loin d'être garanti, dit-elle. On peut se retrouver sans boulot du jour au lendemain. Ça n'inquiète pas mon mari, alors j'ai décidé que moi non plus je n'allais pas trop m'en faire. » Elle sourit. À l'évidence, elle devine parfaitement que ses propos ont un double sens et que personne ne peut croire qu'elle n'est pas anxieuse. Et forcément, elle évoque ici autant les risques imposés par la conjoncture économique actuelle que ce qui la tracasse en tant que mère : l'avenir de Grégoire, après un geste qui a failli lui coûter la vie.

Catherine poursuit par une présentation de son parcours professionnel. Elle n'était pas destinée à être comptable, c'est-à-dire, dans son esprit, condamnée à rester assise pour trier de la paperasse à longueur de journée. Elle voulait devenir prof de gym. Jusqu'en terminale, sa trajectoire est une ligne droite. Elle avance et ne se pose pas de questions. Après avoir été une enfant sage et secrète, elle se transforme silencieusement en jeune fille sans l'ombre d'un écart ou d'une revendication. Sportive mais pas garçon manqué, elle suit la voie qui doit faire d'elle une future étudiante « bien sous tous rapports ». Elle parle aujourd'hui d'une adolescence étouffée mais, à l'époque, Catherine pense simplement être dans le droit chemin. Elle est une élève studieuse qui ne ramène à la maison que de bons résultats scolaires et un classement brillant au tennis.

Son père est un militaire de carrière au profil particulier : il n'a jamais combattu nulle part mais a occupé un poste administratif subalterne dans une direction régionale de l'armée jusqu'à la retraite. « Il faisait partie de ceux qu'on appelle des planqués, des ronds-de-cuir, dit-elle. Jamais sur le terrain. En famille, c'était également un sportif de salon, un passionné de matchs télévisés. Je suis sûre qu'il rêvait de nous voir devenir, ma sœur et moi, championnes de tennis. C'est terrible de dire ça de son père, mais cet homme a toujours été plus exigeant avec les autres qu'avec lui-même. On ne se voit plus assez souvent pour que j'en sois certaine, mais ça m'étonnerait qu'il ait changé à 72 ans passés. »

La mère de Catherine est décédée il y a huit ans d'un cancer du foie foudroyant. C'était une femme triste et effacée qui vivait dans l'ombre de ce mari toujours prompt à distribuer ses grands principes. Elle ne le contestait jamais sans vraiment donner l'impression de partager ses points de vue. Elle affichait une sorte d'indifférence désabusée, se déplaçant furtivement et en silence comme un fantôme – à la fois présente et absente. Toujours à la maison, elle semblait « flottante », en dehors d'elle-même. Catherine en a beaucoup souffert. Et sa sœur Claude, qui vient d'avoir 47 ans, s'est sans doute rebellée en raison de cette ambiance qui régnait dans la famille.

Elle a quitté la maison à 19 ans pour ne jamais y revenir. Claude a toujours su que le prénom masculin-féminin qu'elle portait était un choix de leur mère, une des rares revendications que cette dernière se donnait la peine de rappeler parfois, lorsqu'elle était ivre, sans avouer cependant ce que tout le monde savait : elle aurait voulu avoir un fils. Elles n'en ont pas beaucoup parlé, mais Catherine a fini par comprendre que leur mère était alcoolique, et qu'elle buvait, sans bruit, du vin cuit. Et parfois, dans ce monde du silence contraint, l'orage soudain éclatait. Elle se rappelle ainsi avoir fréquemment entendu sa mère faire tomber de la vaisselle puis jurer d'une voix pâteuse, ou bousculer les meubles en titubant pour aller se coucher en plein après-midi. Elle prenait des médicaments, on parlait de dépression...

Claude s'est établie avec un compagnon anglais dans les environs de B. Ils n'ont pas d'enfant, pour des raisons qui n'ont jamais pu être abordées. Ils ont retapé une vieille ferme et vivent un peu en marge. Steve est sympathique et plein d'humour. Il fait des traductions et des piges gastronomiques à domicile, tandis que Claude élève des oies et des canards. Ils ont l'air heureux. Ce sont de véritables « écolos » engagés. Quand Grégoire et Clara étaient petits, Catherine et Pascal y ont passé quelques week-ends et même deux ou trois réveillons avec des amis. Elle en garde un très bon souvenir. Puis les deux sœurs se sont brouillées à cause des enfants. Claude ne supportait pas leurs cris et leurs cavalcades. On ne devait rien déplacer dans la maison, ni rien jeter. Le moindre emballage ou jouet qui traînait les condamnait sans appel à n'être que des « enfants de la consommation ». Tout prenait des proportions incroyables.

Steve et Claude n'avaient pas tort, au fond, mais on voyait bien que leur manque de souplesse trahissait autre chose : la vitalité des enfants agressait ce couple sans progéniture. Faute de pouvoir en parler, le froid installé entre elles s'est cristallisé. Elles ont fini par ne plus s'appeler que pour leur anniversaire ou se souhaiter la bonne année. Bien entendu Catherine n'a pas dit à sa sœur ce qui s'était passé avec Grégoire. Claude lui en veut beaucoup maintenant qu'elle sait...

Catherine semble embarrassée, comme si reconnaître cela revenait à avouer l'ascendant que sa sœur a sur elle. Claude ne s'est jamais privée de lui faire des observations au sujet de l'éducation des enfants, et tout ce qu'elle pointe n'est jamais dénué de fondement. Elle a l'esprit critique. Elle est certes sans enfant mais ne manque pas de discernement. Catherine craint en effet que sa sœur voie dans ce drame évité de justesse la preuve flagrante d'un défaut parental majeur. Elle leur a souvent reproché d'être trop permissifs avec les enfants et d'oublier que « qui aime bien châtie bien ». Même s'ils croyaient bien faire, il est tout à fait possible qu'ils aient été des parents « insuffisants ».

Ce mot semble affreux à Catherine, mais un fils qui tente de se suicider interroge nécessairement l'amour et l'attention que ses parents lui portent. Il faut se sentir lâché, ou alors incompris et mal aimé pour en arriver là. Catherine fait un geste d'impuissance. Pascal et elle donneraient tout à leurs enfants. Qu'ont-ils fait ou pas assez donné ? Comment savoir ce que Grégoire avait en tête lorsqu'il est passé à l'acte ?

Aujourd'hui encore, il ne peut rien en dire. Il parle d'une « connerie », d'un pari stupide qu'il s'est fait à lui-même, mais Catherine n'en croit pas un mot. Elle est convaincue que Grégoire leur cache la vérité. « Avec ou sans Mathieu, son ami d'enfance, il se coupait de nous d'une manière de plus en plus nette, observe-t-elle. Voulait-il nous épargner ? Ou plutôt nous fuir ? Était-il pris par quelque chose ? » Depuis un certain temps, sa mine était souvent triste et, lorsqu'on lui en faisait la remarque, il esquissait un sourire qui semblait dire : « Désolé, je n'y peux rien. »

Catherine précise cependant qu'elle ne cherche pas à nier une évidence : le geste désespéré de Grégoire s'est produit peu après une violente dispute au sujet de l'ordinateur. « C'est vrai que son père l'a menacé d'arrêter l'abonnement à Internet puis de tout débrancher s'il continuait comme ça, avoue-t-elle. Il ne faisait plus que ses jeux en ligne. Il laissait tomber tout le reste. » Le compte rendu d'hospitalisation y fait allusion et Grégoire lui-même reconnaît son addiction. Catherine entend encore les éclats de voix provoqués par son attitude de drogué informatique. Impossible de lui faire quitter un jeu lorsqu'il l'avait commencé – frénésie qui reste d'ailleurs toujours d'actualité. « L'autre jour, son père l'a encore surpris à trois heures du matin en train de tapoter sur son clavier », indique-t-elle.

Grégoire dit qu'il comprend l'énervement de ses parents mais il prétend ne pas pouvoir s'en passer. « C'est plus fort que lui ! » Cherche-t-il à fuir la réalité ? Et si oui, laquelle exactement ? Celle de la maison ou celle de l'école ? Ou encore autre chose qu'ils ignoreraient ? Quant à ces jeux, Catherine se demande quel impact ils ont sur lui, s'il s'est par exemple identifié à un personnage ou bien s'il a fini par être complètement abruti et dépendant au point de s'en sentir devenir l'esclave. Elle en a parlé avec lui à plusieurs reprises mais Grégoire abrège chaque échange en haussant les épaules avec l'air de dire : « Ma pauvre Maman, tu ne comprends rien à rien ! »

Pour Catherine, l'influence de son ami Mathieu n'est pas non plus à négliger. C'est lui qui a entraîné Grégoire dans les jeux vidéo. Et depuis qu'il a déménagé, au début de l'été, Grégoire s'est encore plus enfermé dans son univers virtuel. Quinze heures par jour ! Voulait-il ainsi oublier le départ de son ami comme d'autres cherchent à le faire avec l'alcool ? Mais la nature de leurs relations reste un thème tabou. Grégoire n'est pas du genre à s'exprimer sur un tel sujet. La question se pose néanmoins pour Catherine, notamment en raison des événements qui ont eu lieu au lycée.

Pour quelle raison leur fils est-il devenu la tête de Turc de certains élèves ? Quelques jours après la rentrée, son sac a été tagué et ses affaires de sport découpées. Que s'est-il passé ? Grégoire n'est pas un garçon qui cherche les histoires. Pascal a banalisé l'épisode, mais Catherine ne peut s'empêcher de penser que ces persécutions ne sont pas tombées sur l'adolescent par hasard. Il devait forcément se trouver en position de faiblesse. La véritable raison demeure un mystère. On sait bien qu'à cet âge les opinions sont tranchées et les condamnations radicales, souvent même injustes, à la mesure des difficultés de chacun à se situer, et il faut être très fort pour pouvoir se permettre de s'écarter de ses pairs. Catherine ne peut éliminer l'hypothèse selon laquelle Grégoire ne supportait pas d'être différent de ses camarades. Le sujet n'est pas abordable directement. Et elle se voit mal questionner son fils à propos de ses amitiés, fussent-elles particulières...

Le visage de Catherine s'est assombri. On la sent au bord des larmes. Elle semble hésiter à poursuivre et donne l'impression de ne pas être encore prête à dire tout haut ce qu'elle pense tout bas. Où en était-elle exactement avant de commencer à craquer bêtement ?

Concernant son propre parcours, une interrogation en suspens : comment devient-on comptable alors qu'on souhaite être prof de gym ? « En ayant le bac avec mention mais en ratant le concours d'entrée au Creps[1]. Moi

1. Centre régional d'éducation physique et sportive, centre de formation des professeurs d'EPS.

qui avais si bien marché jusque-là, je me suis soudain écroulée. J'ai très mal vécu l'esprit de compétition et j'avais la conviction de ne pas avoir le niveau. » Elle reconnaît que son discours ne colle pas avec l'entêtement qu'une joueuse de tennis combative doit manifester. Le tennis est un sport où la compétition fait rage ; on cherche constamment à mieux se classer et, lorsqu'on perd un match, il faut tout mettre en œuvre pour s'offrir une revanche. En vérité, cet échec signe un manque d'assurance qui n'a rien à voir avec la motivation.

Elle admet la perte d'un autre combat, celui d'avoir essayé de tenir tête à un père campant sur des positions qu'elle jugeait « facho ». Il était foncièrement hostile aux facs qu'il suspectait d'être acquises aux idées d'extrême gauche et, au lieu de se battre après avoir perdu la première manche, elle a renoncé à se présenter une nouvelle fois au concours. Son père a gagné par forfait. Catherine a mis du temps à l'assumer, tant le principe la heurtait. Être sous la coupe de sa sœur aînée, passe encore, mais se dire qu'en changeant aussi vite de voie elle avait finalement rallié la volonté de son père lui est longtemps resté en travers de la gorge. Il était contre le métier de prof, pour des raisons prétendument politiques. Il vénérait les instituteurs à l'ancienne, critiquant sans arrêt le corps enseignant, coupable selon lui d'abriter de dangereux gauchistes. Il soutenait que les campus étaient le foyer d'étudiants contestataires et les écoles des zones de turbulences ; le Creps en faisait partie. « Des idées arrêtées d'un militaire sans doute complexé d'avoir fait peu d'études, glisse-t-elle. En voulant être prof, j'allais sortir du rang et le menacer. » C'est après avoir raté ses épreuves d'admission que Catherine a commencé à comprendre. Elle a lu autre chose que de la déception dans les yeux de son père. Cet échec lui convenait. Le début de révolte était ainsi maté, l'ordre était sauf, sans qu'il ait eu à insister davantage. Comme on ne se plaint pas chez les D., elle a ravalé son dépit et s'est orientée vers un BTS.

Est-ce la seule fois qu'elle s'est inclinée devant lui, tout en espérant lui résister en son for intérieur? Évidemment non, il a toujours été plus fort qu'elle. Y compris beaucoup plus tard, comme ce fameux dimanche d'été où il s'est attardé dans la chambre de Grégoire pour lui raconter des histoires. Son fils allait avoir 8 ans et il adorait que son grand-père invente au fur et à mesure les aventures extraordinaires de Robinson Crusoé ou celles de D'Artagnan. L'histoire originale lui importait peu, c'était le suspense qui comptait. Un talent de conteur que Catherine est obligée de lui reconnaître.

En fin d'après-midi, comme ils tardaient à les rejoindre dans le jardin pour allumer le barbecue, Catherine est montée les chercher. Elle ne voulait pas rompre le charme, et s'est approchée à pas de loup. Elle a trouvé bizarre que la porte de la chambre soit fermée. De l'autre côté, silence total. Un peu inquiète, elle a doucement actionné la poignée, découvrant son père assis au bord du lit, Grégoire sur les genoux; il semblait chuchoter à son oreille, sa main posée sur le short de l'enfant. Avant qu'elle ait eu le temps de réagir, tous les deux se sont redressés, manifestement surpris de cette visite imprévue.

La suite est confuse dans la mémoire de Catherine. Autant qu'elle s'en souvienne, c'est son père qui a devancé toute question dérangeante en la prenant fermement par les épaules, lui enjoignant de ne pas se méprendre sur ses intentions, tandis que Grégoire – le visage rouge comme une pivoine – s'enfuyait, dévalant les escaliers quatre à quatre. « On jouait, répétait-il, ne va pas te faire des idées ! » Elle a été incapable de dire quoi que ce soit ; incapable aussi de soutenir le regard paternel, quittant la chambre à reculons pour s'échapper à toute vitesse. Elle n'a jamais su ce qui s'était exactement passé ce jour-là. Le plus incroyable est que la fin de la soirée s'est ensuite déroulée tout à fait normalement. Son père et Pascal ont lancé ensemble le barbecue, assistés par Grégoire dont l'attitude ne trahissait aucun trouble. La plus gênée était sans conteste Catherine qui tentait de donner le change en s'éparpillant dans des considérations sans intérêt, au point d'apparaître idiote ou ridicule. Elle voyait bien que Pascal l'observait comme si elle avait trop bu. Telle mère, telle fille, semblait-il penser avec son air désapprobateur des mauvais jours. Devait-elle le prendre à part et lui dire ce qu'elle avait vu ? Ou plutôt réclamer le silence et faire un esclandre, comme dans *Festen*[1] ? Était-elle certaine, d'ailleurs, de ne pas mal interpréter un simple câlin ? Et quand bien même elle finirait par avoir la certitude que

1. Film danois de Thomas Vinterberg, prix du Jury au festival de Cannes (1998), dont le thème central est un psychodrame familial provoqué par les secrets incestueux révélés lors d'un rassemblement organisé pour les soixante ans d'un chef de famille.

la scène avait été équivoque, Catherine se demanderait longtemps à partir de quelles attitudes on peut vraiment parler d'abus sexuel...

En tout cas, jamais elle n'a trouvé le courage d'aborder le sujet avec Grégoire, et ce dernier n'a jusque-là rien lâché à ce propos. Elle n'en a pas non plus parlé avec son père, puisque la mère de Catherine est décédée quelques mois après cet épisode. Elle l'a laissé tranquille avec cette histoire, se contentant d'espacer ses visites et de les écourter. Grégoire n'a plus séjourné chez son grand-père veuf, et cela n'a apparemment posé de problèmes à personne.

Dès le lendemain, Catherine comptait tout raconter à son mari, mais elle n'en a rien fait. À quoi bon provoquer un drame familial en remuant des choses nauséabondes ? L'enfance de Pascal n'avait-elle pas été assez difficile comme cela ? Catherine choisit ce moment pour parler de leur rencontre. Pascal et elle se sont connus dans une soirée étudiante. Elle a immédiatement eu le coup de foudre. À 21 ans, elle se sentait prête à s'engager dans une histoire sérieuse.

Elle avait rompu avec son premier amoureux, François, six mois auparavant. Même s'ils n'habitaient pas la même ville, ne faisaient pas les mêmes études et ne se voyaient donc pas très souvent, elle lui était restée fidèle jusqu'à ce qu'elle découvre que lui sortait avec d'autres filles. La déception avait été totale. Pour tout dire, Catherine s'était déçue elle-même bien plus qu'elle n'en avait voulu à François. Elle n'arrivait pas à comprendre comment elle avait pu être aussi naïve. Elle en avait néanmoins tiré un principe : quand on ferme aussi longtemps les yeux, c'est que l'on préfère vivre dans le rêve plutôt que dans la réalité. Soudain, en y songeant, elle réalise que le même phénomène s'est peut-être produit avec leur fils : n'ont-ils pas zappé ce qu'ils refusaient d'admettre ? Mais qu'auraient-ils dû voir ?

Catherine revient sur sa rencontre avec Pascal. Ce soir-là, lorsqu'elle flirte avec lui pour la première fois, elle fait preuve d'une autre forme d'aveuglement. Elle a beau avoir été échaudée, elle est tout de suite convaincue d'avoir trouvé l'homme de sa vie, le père de ses enfants. « Je ne sais toujours pas d'où m'est venue cette certitude, avoue-t-elle, mais j'étais sûre de ne pas me tromper. » Au début, pourtant, les événements semblent lui donner tort. Avec Pascal, les choses sont vite compliquées car il doit partir en stage dans le Sud.

Dès le début leur histoire est marquée par des allées et venues, en l'occurrence celles de Catherine : c'est elle qui doit toujours se déplacer pour aller le voir. Et ce n'est possible qu'une fois par mois, en moyenne. Le temps passe, Pascal rempile pour six mois supplémentaires. Toutes proportions gardées, elle a l'impression d'avoir la vie d'une fiancée de soldat ou de détenu. Un autre stage puis le circuit nomade des premiers postes de Pascal ne facilitent pas leurs rapprochements. Pourtant, le couple tient. Ils se fréquentent ainsi pendant cinq ans avant de vivre ensemble. Sans doute pour consolider leur relation, ils ont très tôt l'envie d'avoir un enfant. « Surtout Pascal, déclare-t-elle. Il aurait voulu en avoir cinq ! À l'époque, c'était moi qui résistais en lui disant d'attendre un peu. J'avais peur de me retrouver enceinte, seule à gérer ma grossesse. » En dehors de ce vœu surprenant, Catherine insiste sur le manque d'initiative de Pascal. Elle reconnaît qu'il est assez passif dans les relations. Il attend qu'on vienne à lui. Ce n'est pas quelqu'un de très communicatif. Il établit facilement le contact, mais la suite est plus difficile pour lui car il a du mal à entretenir les liens. En amour comme en amitié, d'ailleurs. « Il n'est ni ours ni sauvage, dit-elle. Il a juste un problème de maintenance des relations. »

Catherine pense que l'activité de concessionnaire de Pascal relève de la même logique : vendre des voitures neuves et des garanties, ne pas s'encombrer des soucis du service après-vente. Son histoire explique sans doute ce besoin, sinon de se détacher, du moins de prendre du champ lorsqu'il se sent engagé dans une relation. Il en parle très rarement mais il a eu une enfance et une adolescence « traumatisées ». L'adjectif est de Catherine. Lui ne qualifie pas son passé. Il a à peine 1 an quand son père meurt, tué sur le coup dans un accident de voiture. Pascal est élevé par trois femmes : sa mère, sa grand-mère et Valentine, sa sœur qui a quatre ans de plus que lui. Catherine a toujours jugé leur enveloppement excessif, mais lui ne s'en est jamais plaint. Il prétend avoir peu de souvenirs de son enfance. Une ambiance ouatée soudain rompue par un drame. Sa sœur se fait renverser en mobylette et meurt, elle aussi, sur le coup. Pascal a alors 16 ans, l'âge de leur fils Grégoire.

« J'imagine qu'il y a quelque chose de freudien dans ces violences à répétition, commente-t-elle. Laissons de côté la passion que Pascal voue aux voitures et qui n'est certainement pas une coïncidence ! Ce qui m'intéresse, c'est de savoir si la tentative de suicide de Grégoire a un lien avec tout ça. Vous avez vu ce que dit le rapport médical : "Exprime de la souffrance à propos de l'histoire de son père qu'il connaît mal". Évidemment, j'ai mis plusieurs fois Pascal sur cette piste, mais chaque fois il me regarde avec des yeux ronds et me dit : "Je ne vois pas le rapport." Comment voulez-vous qu'on avance ? »

Catherine semble maintenant hérissée. Elle aurait voulu parler aussi de sa fille Clara, 13 ans, qui entre en adolescence sans poser le moindre problème et constate, une fois de plus, que son mari et son fils occupent le devant de la scène. Elle s'emporte souvent contre eux, mais l'un et l'autre savent garder leur calme et la dévisager d'un regard feignant l'étonnement. En la matière, Grégoire est le portrait de son père. En vingt ans de vie commune, Catherine n'a pu énerver Pascal qu'une seule fois. Il encaisse très bien et a la faculté de filtrer ses émotions. Il s'adapte à celles de l'autre et n'exprime qu'une partie de ce qu'il ressent. « Lorsqu'on est avec des amis, il peut se détendre, et même se lâcher, dit-elle. Mais ce n'est jamais lui qui démarre. Il se fond dans l'ambiance comme un caméléon. C'est un suiveur plus qu'un entraîneur. »

Catherine a mis du temps à réaliser que Pascal fuyait les discussions qui s'intéressent de trop près aux gens et aux relations humaines. « Ce n'est vraiment pas son truc. Son sujet à lui ce sont les autos, les turbos et les courses de bolides. Le seul domaine qui ne le lasse jamais : tout ce qui tourne autour et dans le moteur d'une voiture. » Elle s'interrompt car elle a subitement l'impression d'insinuer qu'il préfère sa concession ou le garage à la vie familiale. C'est injuste car Pascal n'est pas absent. C'est même un père attentif, malgré ce qu'en dit Clara.

Catherine se dit qu'elle ferait mieux de revoir sa propre position, car elle aussi est loin d'être irréprochable et c'est le moment d'être franche. Que donne-t-elle à sa famille en dehors du temps qu'elle consacre au tennis et aux progrès de sa fille ? Clara et elle sont souvent au club le soir, parfois jusqu'à huit heures ; et tandis que la petite s'entraîne en salle avec son prof Tom, Catherine joue ou discute dehors sur l'un des courts en terre battue. Pendant ce temps-là, à la maison, Pascal et Grégoire doivent se débrouiller seuls. Parfois se faire à manger alors que le frigo est presque vide, et grignoter chacun dans leur coin, l'un devant la télé, l'autre devant son ordinateur. Catherine se sent responsable de cette triste situation. Elle repense à ce que lui répète Maryse, une amie de longue date, chaque fois qu'elle s'accuse d'être une piètre épouse doublée d'une mère indigne : « La culpabilité, c'est bon pour les cathos. » Peut-être, mais elle doit maintenant confesser ces échappées secrètes qu'elle a cachées à tous. Elle se demande encore comment elle a pu les assumer avec un tel aplomb.

« C'est par le tennis qu'est venu le danger », dit Catherine avant de se raviser. Elle est sensible aux mots et l'expression lui paraît excessive. Finalement, ces événements auraient plutôt menacé leur vie de couple et, par voie de conséquence, leur vie de famille. « Aujourd'hui, un couple sur deux divorce ou se sépare et les personnes concernées n'en font pas obligatoirement tout un plat, poursuit-elle. On peut se quitter sans peur et sans reproches. » Elle argumente comme si elle venait d'être prise en faute.

Par « danger », elle entend évidemment la tentation de l'adultère et rien d'autre. C'est donc au club de tennis qu'elle a retrouvé – par le plus grand des hasards – François, son premier amour. À nouveau, elle a succombé à son charme. « C'était il y a un an, dit-elle. On est tombés nez à nez devant le panneau des réservations. Nous ne nous étions pas revus depuis vingt-cinq ans. Nous nous sommes immédiatement reconnus. François était toujours le même. Ses cheveux avaient blanchi et son visage s'était un peu épaissi, mais il était toujours très séduisant. Il venait d'être muté ici comme DRH, sa boîte ayant racheté l'imprimerie du coin. Divorcé, sans enfant, il était libre. Moi non, mais j'ai un peu craqué. » Catherine est troublée, ses yeux implorent l'indulgence. Elle voudrait pouvoir expliquer combien les sentiments peuvent faire tourner la tête et qu'elle ne cherchait pas l'aventure. Pour la première fois de sa vie, elle a fait le mur. À plusieurs reprises, elle est rentrée essoufflée et en retard comme une adolescente, s'empêtrant dans des mensonges plus gros qu'elle. Un double jeu qu'elle ne va pas supporter très longtemps. Elle décide rapidement de ne plus voir François qu'au tennis. Catherine culpabilise, elle est persuadée qu'on finit toujours par payer ses erreurs. François se moque d'elle à ce sujet et se montre pressant. Elle doit résister car la morale la tient, ainsi que l'éducation. « Un conte de fées me convient mieux qu'une histoire vraie », avoue-t-elle cependant. C'est une personne que l'envie est loin d'avoir désertée.

Elle est venue pour parler de Grégoire et, finalement, c'est elle qui se livre comme jamais. D'ordinaire, elle sait garder ses distances, s'arrêter à temps avant d'aller trop loin. Elle reconnaît qu'elle est angoissée en permanence. « Je ne suis pas quelqu'un de tiède, avoue-t-elle. Je suis inquiète, réactive et perfectionniste. » L'opposé de Pascal pour qui rien n'est important. Un type constamment dans la retenue, comme si son histoire le freinait. Il est beau, il aurait pu être un grand séducteur. Les copines de Catherine le trouvent d'ailleurs « charmant ». Mais au moment où on s'y attend le moins, il s'efface, redevient silencieux, cherche à se faire oublier. L'exposition trop directe semble l'effrayer. Pour quelle obscure raison ? Il affirme ne pas avoir quoi que ce soit à cacher. Et quand elle insiste un peu, il finit par lâcher : « Pourquoi veux-tu toujours tout expliquer ? » Catherine ne saura jamais exactement qui il a fréquenté avant elle, ni combien de temps et avec quelle ardeur. Il semble convaincu que son passé a réellement peu d'intérêt. Avec horreur, Catherine avoue qu'elle a l'impression de l'avoir castré, d'avoir abîmé sa mémoire et son identité. « Par ma faute, il a baissé les armes, dit-elle. J'ai commencé à perdre le désir sexuel après la naissance des enfants. Notre sexualité s'est peu à peu éteinte. Pascal ne demande rien, jamais. Une fois, il m'a simplement déclaré qu'il respectait mon manque d'envie. » Catherine pense qu'il ne la trompe pas. « Ce n'est pas dans son schéma. Il reste fini, carré. Quand les choses sont fixées, il n'en change pas. » Elle réalise alors à quel point Grégoire est la copie conforme de son père. Que faut-il en attendre ?

Grégoire a un visage d'ange. C'est un garçon calme qui ne se bat jamais avec les autres. En primaire, déjà, il se signale par sa tendance au retrait. Au moment de la récréation, il lui arrive de rester seul dans la classe à dessiner ou à colorier pendant que ses camarades vont courir et se bousculer dans la cour. « Il semble absorbé par ce qu'il fait, notent les instituteurs. Plus rien d'autre ne compte. Le monde pourrait s'écrouler à ses pieds. » Jusqu'au jour où le maître de CE2 s'inquiète du caractère « sombre » de ses dessins : une maison claquemurée au-dessus de laquelle pèse un énorme nuage lourd de menaces, ou bien un frêle bateau naviguant sur des eaux infestées de monstres... Le pédiatre consulté rapproche ces productions des difficultés d'endormissement de l'enfant, parlant d'angoisses archaïques sans signification pathologique particulière.

Catherine pense aujourd'hui qu'elle aurait dû évoquer alors ce qu'elle avait vu du comportement de son propre père à l'égard de Grégoire. Le nuage obscur ou le requin menaçant pouvait le représenter. Mais qui oserait porter une telle accusation avec aussi peu d'éléments à charge ? « Le mot "Papy" ne figurait pas sur ces dessins, que je sache ! argumente-t-elle. Et non seulement Grégoire ne dénonçait personne, mais il n'a jamais manifesté une peur quelconque vis-à-vis de son grand-père. » Sans preuve, Catherine se refuse à déclencher une enquête sociale et risquer de briser définitivement la famille. Depuis alors, l'affaire d'Outreau[1] a défrayé la chronique, montrant jusqu'où peuvent conduire des allégations fantaisistes doublées de convictions erronées. De toute façon, bien avant ce terrifiant dossier, Catherine n'aurait pu se résoudre à de telles accusations envers son père. Il suffit qu'il la fixe du regard pour qu'elle fonde. Et si Grégoire avait eu quelque chose à dire, il l'aurait dit lui-même. Le pédiatre a donné le nom d'un psychothérapeute que Grégoire verra deux ou trois fois avant de déclarer forfait. Personne n'insiste pour qu'il continue car les choses rentrent assez vite dans l'ordre. L'enfant mange normalement et s'endort le soir sans encombre ; il n'a plus besoin qu'on laisse allumée sa petite veilleuse. La journée, il se montre plus gai, moins perdu dans ses pensées.

Entraîné par Mathieu, son ami d'enfance, Grégoire devient même beaucoup plus sociable. Il se met aux jeux collectifs et, bientôt, le foot et les activités de plein air les attirent davantage que la télévision ou l'ordinateur. Tout semble bien aller et Grégoire a une vie saine et équilibrée. L'appétit suit les dépenses physiques et ses nuits sont calmes. À part ses ongles rongés, il ne présente plus aucun signe d'anxiété. Il reste un garçon discret, sans doute un peu trop « à la remorque » de son ami. Pascal s'en amuse. Mathieu décide, Grégoire suit. Pourquoi faudrait-il s'en inquiéter? Ils sont insé-

1. Affaire pénale d'abus sexuel sur mineur, conclue par la reconnaissance d'une erreur judiciaire aux termes de deux procès aux assises de Saint-Omer en 2004-2005.

parables. Les parents ne se fréquentent pas mais les deux compères ont leurs habitudes chez chacun, comme s'ils avaient la double appartenance familiale. Ils parcourent ensemble les années collège et se montrent plutôt bons élèves jusqu'en quatrième, avec des moyennes tournant autour de 12 ou 13. Mathieu est fort en maths, Grégoire est meilleur en français. Les talents de l'un semblent profiter à l'autre. « On les appelait "les jumeaux", se souvient Catherine. Sans se ressembler vraiment, ils avaient une telle complicité que certains les confondaient parfois. Et leur bonne mine faisait plaisir à voir. »

Malheureusement, le climat va se gâter peu à peu. Catherine se demande encore ce qui aurait dû l'alerter en premier : la baisse des résultats scolaires ou les comportements de retrait. Rien n'est catastrophique, toutefois. Grégoire semble simplement fonctionner au ralenti et perdre sa sociabilité. Il effectue le strict minimum en classe et à la maison, et sort de moins en moins, sauf pour aller chez Mathieu. La puberté a transformé son ami plus précocement et de manière plus visible, mais Grégoire continue à le suivre comme son ombre. Physiquement très différents, les deux garçons renforcent leurs liens et passent beaucoup de temps devant l'ordinateur ou avec leur console de jeux vidéo. On dirait qu'ils fuient quelque chose...

Catherine s'attendait évidemment aux turbulences de l'adolescence. Et elle imaginait que Grégoire allait ruer dans les brancards. Elle pensait même qu'il se montrerait épidermique et agressif comme la plupart des garçons de son âge. Au lieu de cela, Grégoire se replie et n'offre une place qu'à Mathieu dans son petit monde rétréci. Les deux amis semblent chercher leur équilibre dans une sorte d'autarcie en marge de la vraie vie. Ils délaissent le foot et le skate au profit des mêmes activités en mode virtuel. Ils y jouent des heures, animant chacun le personnage numérique qu'ils ont créé et auquel ils s'identifient. L'un est blond, l'autre est brun, et ils ont une taille et une corpulence identiques, à la différence de la réalité. Des jumeaux en images de synthèse et en 3D. Pour Catherine, les deux adolescents n'en ont sans doute pas conscience, mais ils jouent à la poupée virtuelle. Vue sous cet angle, cette activité lui paraît surprenante. Surtout lorsqu'elle tend à éliminer toutes les autres, ce qui ne manque pas de se produire. Les sorties en vélo se raréfient et les rassemblements habituels avec leurs copains au bord du stade ne les attirent plus. Ils semblent indifférents aux défis que leurs camarades se lancent, tâchant d'attirer l'attention des filles. Catherine admet que voir son fils s'en écarter lui fait mal. Surtout lorsque Pascal banalise la situation en déclarant que « Grégoire a tout son temps ».

Paradoxalement, Grégoire et Mathieu ne donnent pas l'impression de vouloir fuir leurs pairs. Ils paraissent plutôt chercher à se défaire de l'existence en chair et en os. Et se débarrasser du même coup de leur sexualité. Eux préfèrent jouer des soirées entières devant un écran, joystick en main, puis retrouver leurs amis sur MSN et y chatter de tout et de rien. C'est le début d'une rupture des relations qui va aller en s'aggravant. Grégoire se détache de la « vraie vie ». Au contraire de beaucoup d'autres, l'adolescent n'est pas dans l'opposition franche. La sienne est latente. Il se fiche éperdument des principes et des valeurs de la vie de famille, et s'intéresse encore moins aux activités de ses parents. Le détachement l'emporte sur la lutte. Grégoire est irrésistiblement attiré par un autre monde ; celui-là ne semble pas répondre suffisamment à ses attentes. Il zappe la vie familiale, ignorant jusqu'aux sollicitations de sa sœur qui rêverait d'un grand frère attentif et bienveillant. Il ne lui adresse quasiment plus la parole et Clara est interdite de séjour dans sa chambre. À la maison, il cherche à réduire tous les temps de partage, à table ou ailleurs, pour regagner sa chambre au plus vite et s'enfuir par la « fenêtre » de l'ordinateur. Il s'échappe virtuellement, alors même que ses parents, loin de l'empêcher de sortir, voudraient au contraire qu'il sorte prendre l'air.

Son ami Mathieu vient le rejoindre presque un soir sur deux. Le grand gaillard hirsute et buté qu'il est devenu agace Catherine au plus haut point. Lui dont elle a tant fait l'éloge a tellement changé ! Il paraît maintenant plus âgé que Grégoire et elle lui trouve un air planant qui ne lui inspire rien de bon. La drogue pourrait très bien s'ajouter à son je-m'en-foutisme pour expliquer ce regard détaché qu'il promène sur le monde. Rien ne semble important à ses yeux, ni les horaires ni les échéances scolaires. Et sa passion des consoles et des ordinateurs a le caractère excessif d'une obsession maladive. Aux dires de Grégoire lui-même, « Mathieu ne pense qu'à ça ». Plus tard, il rêve de devenir programmeur dans une boîte fabriquant des antivirus. Une idée que Catherine juge tordue. Elle est convaincue que le système fonctionne en boucle : les pirates informatiques qui infectent Internet sont aussi, selon elle, ceux qui produisent et vendent les logiciels protecteurs. « Mais peu importe, dit-elle, je sais bien que le problème est ailleurs. »

En vérité, Catherine ne supporte plus l'aura qu'a Mathieu sur Grégoire. Une influence trouble qu'elle sent négative. Mais elle ne veut pas que l'on se méprenne sur sa façon de voir les choses. C'est un aspect de cette relation qui la dérange particulièrement, le fait que Grégoire et Mathieu ont tant besoin de se voir alors qu'ils vouent pareil culte au virtuel. Une question qui en cache une autre, évidemment, et elle se demande si ce besoin ne s'apparente pas à une homosexualité. Et quand bien même ils ne feraient rien de sexuel ensemble, cet élan partagé pour les jeux vidéo ne vient-il pas révéler que leur vrai corps les encombre et qu'ils font tout pour l'effacer ? En d'autres termes, ne tentent-ils pas de lutter ainsi contre leurs tendances homophiles ? « Chez l'un comme chez l'autre, il n'y a jamais eu aucune copine à l'horizon, dit Catherine. Je veux bien admettre qu'il y ait un temps pour tout, mais quelle mère ne serait pas inquiète ? » Elle estime que le vrai problème posé par l'homosexualité est de savoir comment elle est assumée par la personne concernée d'abord, et par l'entourage et l'ensemble de la collectivité ensuite. Pour Catherine, si l'environnement est tolérant, alors il n'y a ni souffrance ni problème majeur. « Attention cependant à ne pas tirer de conclusions trop hâtives, prévient-elle. Rien ne prouve que mon fils soit homosexuel. Je m'interroge, voilà tout. Et j'affirme que je pourrais très bien assumer qu'il le soit. Dans ma tête comme dans le regard des autres. Pascal aussi, d'ailleurs. » Elle en a parlé avec lui et ils sont d'accord. Leur seule inquiétude est que Grégoire le vive lui-même comme un handicap, une « tare ». Or elle est intimement persuadée qu'il n'assume rien du tout et que sa seule façon de réagir est la fuite. Et Mathieu n'assume rien non plus. Elle pense qu'il plane pour s'en défendre et qu'il a précipité Grégoire à sa suite. Pour finalement le laisser se débattre seul. C'est en effet lors d'une de ses visites que Mathieu leur a brutalement annoncé son départ imminent : son père venait d'apprendre qu'il était muté à six cents kilomètres de là. Mathieu devait le suivre et faire sa rentrée en seconde dans un internat. Les deux adolescents allaient se séparer. « On s'écrira », a simplement lancé Mathieu.

Catherine croyait son fils captivé par de simples jeux vidéo mais les gendarmes qui enquêtent après l'« accident » de Grégoire lui parlent de tout autre chose. Ils ont fouillé son ordinateur et ont découvert qu'il fréquentait assidûment un site – celui qu'elle appelle ici « Éthorus ». Catherine a inventé ce terme pour les besoins de son témoignage en associant « éther » et le nom des dieux Thor et Horus – un terme qu'elle juge approprié pour nommer la nébuleuse occulte du jeu de rôle qui absorbe Grégoire sur Internet. Un univers secret inspirant à la fois le mystère et le pouvoir maléfique. « Rien de répréhensible à cela, précisent les enquêteurs, sous couvert qu'il ne s'agisse pas d'une secte ou d'une association prônant le suicide. » Ils invitent Catherine à visiter avec eux l'espace virtuel en question. « Un MMORPG tactique », selon le gendarme menant la cybervisite. Cet acronyme, Catherine ne l'a jamais entendu auparavant. Il abrite toute une famille de jeux de rôle en ligne « massivement multi-joueurs ». Dans un monde parallèle, en l'occurrence une planète médiévale fantastique, des milliers d'internautes vivent une « autre vie ». En ligne, ils y font évoluer leur avatar, le personnage que chacun se crée pour le représenter virtuellement. Ce monde virtuel est dit « persistant » puisque le logiciel qui le génère tourne de façon continue sur le serveur, même après déconnexion. Ainsi, il faut constamment s'occuper de son avatar. L'habiller, l'équiper, le promener, le nourrir, échanger avec les personnages rencontrés, commercer dans tous les sens du terme, former des guildes – c'est-à-dire des confréries – et combattre. Éliminer seul ou à plusieurs toutes sortes de créatures hybrides et de monstres cauchemardesques.

Catherine réalise les heures que Grégoire a dû y consacrer pour faire progresser son personnage, le renforcer en points de vie, se faire une place dans une communauté de ce monde parallèle. Les gendarmes ont forcé les codes d'accès et Catherine découvre avec stupéfaction à quoi ressemble l'avatar de Grégoire, celui de ses fidèles compagnons et surtout le texte de leurs échanges au sein de la guilde des Aigles du silence. Son fils est un robuste chevalier blond qui se nomme Greg. Il partage sa vie de lutte avec ses frères d'armes, dont évidemment un certain Mathis qui est brun, un peu rond et barbu. Ils ont accompli ensemble quantité de missions. La liste est impressionnante. Les Aigles du silence résident dans une sorte de forteresse virtuelle d'où ils organisent leurs expéditions, à la fois sur Éthorus, mais aussi dans le monde réel : Catherine découvre ainsi des « fenêtres », captures filmées dans la vraie vie, où ces chevaliers fondent littéralement sur leurs proies. Il s'agit de zooms pris en vidéo au lycée, en ville ou en concert. Sont ainsi saisis sur le vif des gestes, des attitudes ou des expressions de camarades ou d'adultes. Sans paroles ni dialogues, mais avec des commentaires écrits et des dessins en surimpression. Des images dont chacun se délecte dans le cocon de sa chambre.

Catherine mesure combien le réel et le virtuel se mélangent dangereusement. Si Pascal et elle avaient su plus tôt dans quoi était embarqué leur fils, ils n'auraient pas réagi comme ils l'ont fait. La veille de l'« accident », ils s'énervent comme jamais. Grégoire est encore en ligne à une heure du matin. Elle revoit la scène. Elle et son mari entrent en furie dans la chambre de Grégoire. Pascal lève pour la première fois la main sur son fils, se retient et débranche brutalement le clavier de l'ordinateur. Il est hors de lui. Il menace l'adolescent de tout lui retirer s'il continue à mener cette vie de reclus. Il hurle et Catherine renchérit. Clara entrouvre sa porte, se fait rabrouer et disparaît. Quant à Grégoire, il essuie la grêle sans broncher. Il reste immobile, figé devant son écran, et se contente de hocher la tête en silence. Les deux parents finissent par se calmer et ils regagnent leur propre chambre. À ce moment précis, Grégoire pense-t-il déjà à ce qu'il va faire ?

Le lendemain de l'incident, Pascal part de bonne heure. Catherine dispose ce jour-là de sa matinée. Elle vient de déposer Clara au collège et est rentrée pour se préparer à aller au club. En passant devant la chambre de Grégoire, elle a envie d'entrer pour faire la paix avec son fils. Mais elle se retient. Il est neuf heures moins le quart et elle ne connaît pas ses horaires de cours ; elle risque de le priver d'un supplément de sommeil. Après l'esclandre de la nuit, elle juge préférable de s'en tenir à une prudente réserve. Pour tout dire, Catherine ne veut pas non plus prendre le risque de le trouver en ligne au lieu de dormir. La dispute serait inévitable et la journée commencerait mal. Elle se trouve dans la salle de bains lorsqu'un bruit sourd accompagne une puissante vibration qui semble traverser les murs. Comme si un obus était tombé sur la maison. Elle croit avoir entendu un cri. Elle se dirige vers l'entrée, entend une voisine pousser un hurlement. À quelques mètres de là, un jeune gît sur le sol, la tête de côté ; un filet de sang s'échappe de son oreille et il gémit. Aussi incroyable que cela puisse paraître, Catherine met plusieurs secondes à réaliser qu'il s'agit de Grégoire, qui s'est jeté de la fenêtre du grenier.

Comment passe-t-on d'un double clic sur l'écran de l'ordinateur à une projection aussi fracassante dans le monde réel ? Grégoire a sauté pour s'échapper. Mais de quoi ? Ces questions intéressent les gendarmes. Surtout après ce qu'ils viennent de découvrir dans le portable de Grégoire, miraculeusement réchappé de la chute. L'adolescent a filmé son plongeon en direct. Un document vidéo destiné aux Aigles du silence, qui ont d'ailleurs pour devise : « Celui qui meurt peut ressusciter. »

Le point de vue du psy

Le témoignage de Catherine débute par une déposition écrite et se termine par une investigation informatique, sous l'autorité successive de la médecine et de la police. A priori, rien d'étonnant après un drame de cette nature. Alors que l'émotion peut compliquer la présentation du cas à un médecin – surtout quand on ne le connaît pas – la production d'un compte rendu hospitalier a l'avantage d'apporter des éléments précis que l'on peut espérer moins remaniés par l'évidente implication affective d'une mère en plein désarroi. Quant à l'intervention des enquêteurs, il est normal qu'elle soit relatée puisque dans ce genre d'affaire, leur aval est indispensable pour que l'acte désespéré soit reconnu comme tentative de suicide et non suspecté d'être un échec d'homicide. Il n'en demeure pas moins que la forme de ce témoignage résonne d'une exigence moins avouée : celle de trouver des justifications à un acte susceptible de disculper les uns et peut-être d'accuser les autres.

Comme tous les parents confrontés à une situation aussi douloureuse, cette mère souffre à au moins deux niveaux : d'une part, son fils est gravement blessé d'avoir voulu attenter à ses jours et a échappé de justesse au pire ; d'autre part, elle ne sait pas ce qui l'y a conduit, en redoutant d'y être pour quelque chose. Un mécanisme de défense psychologique, appelé « disculpation projective », qui l'amène nécessairement à vouloir se persuader du contraire, comme pour se dire : « Ce n'est pas moi, c'est l'autre. » Catherine est donc en quête de responsables « extérieurs », s'accrochant sans doute à l'idée que pour empêcher la récidive, il faut les trouver puis soustraire son fils à leur influence néfaste. La chasse aux coupables est lancée, traque qui est toujours d'autant plus investie que les proches du suicidé ou, comme ici, du rescapé se sentent envahis par la culpabilité. « Qu'est-ce qu'on n'a pas vu ? », « Qu'est-ce qu'on n'a pas fait ? », « Qu'avons-nous raté pour en arriver là ? », « De quoi sommes-nous fautifs ? » sont quelques-unes des questions qui tournent dans leur tête. C'est un des ressorts secrets de l'acte suicidaire : son auteur prétend s'exonérer de ses tourments en s'ôtant la vie, mais il laisse peser le doute et les accusations sur ceux qui restent. Comment comprendre un tel mécanisme qui échappe le plus souvent à la conscience ? Près de vingt ans d'expérience de prise en charge de jeunes ayant tenté de se tuer ont permis à notre équipe du centre Abadie[1] d'avancer dans ce questionnement, sans nier que l'énigme du suicide comporte des aspects individuels qui résistent aux explications.

Commençons par observer que même si le rescapé confirme le caractère délibéré de son geste, toute vel-

1. X. Pommereau, *L'Adolescent suicidaire*, Dunod, 2005.

léité de « meurtre de soi-même » (l'appellation ancienne du suicide[1]) convoque une autre forme d'instruction dépassant le seul registre médico-légal et judiciaire. On veut savoir qui, ou quelle circonstance, a pu pousser le sujet dans ses derniers retranchements. Que ce dernier dise avoir voulu mourir ou « seulement » dormir, qu'il regrette ou non a posteriori ce qu'il a fait, un acte irréparable a failli être commis – et cet acte est criminel, fût-il retourné contre soi-même. Jusqu'à la Révolution française, le droit canon l'a d'ailleurs condamné comme tel, l'incriminant comme une offense suprême envers Dieu et le roi. Les mentalités ont évolué depuis, mais si l'on ne s'acharne plus heureusement à dénoncer et à punir celui qui attente à ses jours, on se mobilise pour trouver qui ou quoi l'a conduit à l'acte suicidaire.

Le corps médical s'efforce de déterminer les facteurs déclenchants, le type de dépression en cause et l'existence ou non d'une pathologie personnelle ou familiale associée, tandis que la police et l'entourage (voire ses avocats) recherchent les coupables éventuels. Les uns et les autres partent du principe que pour être acculé à vouloir se suicider, il faut être animé par des motifs ou des mobiles précis. On ne se tue pas pour rien, ni à cause de personne. La volonté de mettre fin à ses jours répond nécessairement à une pression – interne peut-

1. Formé sur le latin *sui* (« soi ») et *cide* (de *caedere*, « tuer »), le mot est introduit au XVIIIe siècle par l'abbé Desfontaines pour remplacer l'expression « homicide (ou meurtre) de soi-même ». Évolution des idées oblige, y compris religieuses, cette substitution traduit la volonté d'atténuer les connotations morales négatives jusque-là attachées à cet acte de transgression majeure.

être, mais aggravée par des influences externes, sinon mortifères du moins défavorables. La survenue récente d'une vague de suicides dans certaines entreprises réputées mettre la pression sur leurs salariés n'est interprétée médiatiquement que dans cette perspective : le stress au travail peut tuer. Un tel postulat n'est évidemment pas faux mais il ne suffit pas à résoudre l'énigme du suicide ; il présente aussi le risque de mener tout droit à la désignation d'un bouc émissaire. Sans minimiser leur importance, il ne faut pas confondre les facteurs déclenchants (aussi insupportables soient-ils) avec les causes profondes, oubliant que les premiers (apparents et souvent conscients) révèlent ou dénoncent les secondes – cachées, niées ou ignorées.

Ne perdons pas de vue que même s'il est victime d'une pression négative liée à des événements déclencheurs, l'adolescent suicidaire produit un passage à l'acte dont il est pleinement « acteur ». Paradoxalement, il croit agir en toute lucidité en réponse à une souffrance donnée (relevant souvent de la perte ou de l'abandon), mais sans savoir exactement ce qu'il met en jeu et sans connaître ni les fondements de son mal-être ni la portée réelle de son geste. Affirmant n'appartenir qu'à lui-même et persuadé à tort de n'avoir pas d'autre choix, il pense se défaire de ses angoisses et cherche à se convaincre que ses proches n'auront qu'à retenir cette volonté d'affranchissement. Les lettres d'adieu – lorsqu'il y en a – en sont le triste témoignage, mêlant dénégations et justifications en ce sens.

Notre propre postulat ne conteste pas l'idée qu'un suicide puisse être rapporté à un contexte environnemental défavorable. À condition que l'on comprenne que le ressort principal du drame réside toujours dans l'attaque de l'identité personnelle – qu'elle soit familiale ou professionnelle. Selon nous, il ne peut pas y avoir de tentation du suicide sans, d'une part, une souffrance identitaire majeure et, d'autre part, une revendication d'existence et de reconnaissance, fût-ce à titre posthume. Chez tous les jeunes suicidaires que nous rencontrons, l'identité est « en crise », tellement barrée, blessée ou floutée qu'elle leur donne le sentiment de « non-exister ». Dans certains cas, cette incapacité à se trouver et à se vivre comme un sujet distinct et respecté comme tel par autrui est liée à des troubles graves de l'humeur ou de la personnalité. Cela concerne environ un adolescent suicidaire sur cinq. Les autres ne sont pas malades ; ils ressentent douloureusement ce flou identitaire à un moment critique où la puberté oblige chacun à une double reconnaissance : se reconnaître (soi-même) et être reconnu (par les autres) à la fois comme le même – toujours aussi unique et singulier, en continuité avec soi – et un individu dorénavant différent du fait de l'avènement du corps génital et de la sexualisation des liens.

Ces mouvements complexes et l'inscription qu'ils supposent dans la différence des sexes et des générations fondent le sentiment d'identité, construction évolutive qui apparaît, chez ces adolescents en difficulté, instable et précaire, souvent freinée par une grande dépendance affective. Les raisons du mal-être peuvent appartenir à divers registres de l'histoire personnelle et familiale. Synonymes de confusion, de perte ou d'abandon, ils sont soudain réactivés à l'adolescence par la survenue d'événements de gravité variable : disparition d'un être cher, rupture sentimentale, échec ou rejet scolaire, vie familiale marquée par les conflits et le non-respect des territoires propres, mise en tension d'une relation fusionnelle... Pour comprendre les vacillements identitaires que provoquent des situations qui seraient tolérées par d'autres, il faut avoir en tête que les assises identitaires de ces jeunes sont particulièrement fragiles. Les secrets de famille et les non-dits (spécialement ceux touchant à la filiation), l'enfance adoptée et ses complications à l'adolescence, les violences sexuelles subies, les atmosphères familiales rendues délétères par la confusion des places et des espaces, les histoires traumatiques à répétition figurent parmi les « vices de construction » les plus fréquents.

Contrairement à ce que d'aucuns croient, le projet de l'adolescent suicidaire ne consiste pas à viser la mort pour « cesser d'être », mais à obtenir un changement d'état pour en finir avec cette vie-là. Il s'agit d'abord de reprendre la main sur ce qui est vécu comme subi, et de faire cesser l'agitation de l'esprit, c'est-à-dire de ne plus penser afin de ne plus souffrir. Il s'agit encore d'effacer les problèmes en les escamotant dans la fuite ou l'oubli, avec le secret espoir et l'illusion d'un règlement magique des conflits. Le jeune qui tente le suicide par IMV[1] est souvent dans cette ambiguïté, se disant que s'il

1. Intoxication médicamenteuse volontaire, impliquée dans neuf tentatives de suicide sur dix.

en réchappe, alors peut-être bénéficiera-t-il de remaniements affectifs plus favorables. Il s'agit enfin, dans les cas les plus graves, d'un échappement libératoire ayant pour but de « disparaître », c'est-à-dire étymologiquement de « cesser de paraître », en se débarrassant de sa corporéité. Non sans chercher à « impressionner » les autres pour les marquer durablement, à travers l'exposition spectaculaire d'un corps abandonné au bout d'une corde, défiguré par une arme à feu ou disloqué par la chute[1].

Serait-ce dans le but de faire du mal aux siens, de se venger ? Il est rare que de telles dispositions d'esprit soient conscientes chez l'acteur de ce sinistre spectacle dont la mise en scène, pour théâtrale qu'elle puisse être, n'en est pas moins éminemment dramatique. Il s'agit de produire un maximum d'effet pour devenir un pur esprit capable d'occuper à jamais la mémoire des survivants. En somme, prétendre exister davantage mort que vif en imprimant sa présence indélébile dans leur tête. C'est en cela que l'adolescent suicidaire est un terroriste qui s'ignore : il projette de s'affirmer aux dépens de ceux qui restent, en laissant perdurer chez eux la souffrance de la perte, alourdie du poids de la culpabilité.

À la lumière de ces explications, revenons sur le cas de Grégoire dont le saut dans le vide effectué devant

1. Sept décès par suicide sur dix sont dus à la pendaison ou à l'usage d'une arme à feu ; chez les 15-24 ans, la précipitation d'une hauteur est responsable d'un décès par suicide sur dix chez les hommes, et d'un sur sept chez les femmes. (Source : Inserm-CépiDc)

chez lui a failli lui coûter la vie. Au moment du passage à l'acte, sa mère est dans la maison et c'est le bruit d'une chute doublé du cri d'une voisine qui annoncent avec fracas la scène qu'elle va « fixer » à jamais : dehors, un jeune gît au sol et saigne de l'oreille, scène tragique et sidérante au point que la mère ne reconnaît pas immédiatement son fils. Plus tard, à l'instar de beaucoup de rescapés, l'adolescent s'emploiera à dénier sa détermination suicidaire ; il parlera d'un geste irréfléchi, plus précisément d'un « pari fait avec lui-même », comme s'il voulait effacer toute trace d'adressage à ses proches, bien qu'il ait filmé sa chute volontaire avec probablement le désir inavoué de fixer les images de sa vraie-fausse disparition. Avec sans doute aussi le besoin d'« immortaliser » ce passage libérateur, cette sorte d'échappement du dedans vers le dehors – d'une fenêtre informatique virtuelle à la lucarne terriblement réelle du grenier. Et sa mère se précipitera si l'on peut dire sur l'ordinateur pour en savoir davantage, comme on se jetterait sur la boîte noire d'un avion après un crash.

Craint-elle alors de découvrir un réquisitoire dans lequel Grégoire accuserait ses parents d'avoir voulu le couper de son addiction à un jeu de rôle en ligne, ou bien est-elle déjà en quête de preuves d'une influence étrangère qui les disculperait ? Sans doute Catherine se trouve-t-elle partagée entre ces deux positions face aux questions que soulève après coup l'acte de son fils, comme l'indiquent les différentes pistes qu'emprunte son témoignage. La plupart tournent autour de l'orientation sexuelle de Grégoire, sans que l'on sache très bien laquelle Catherine privilégie pour expliquer son mal-être. Plusieurs idées semblent se concurrencer ou se juxtaposer.

Il y a celle qui laisse supposer que Grégoire aurait pu « devenir homosexuel » après avoir été victime dans l'enfance des attouchements de son grand-père. Un traumatisme transformant le corps pubère de l'adolescent en fardeau impossible à porter. Dans la même veine d'un héritage « forcé » trop douloureux à assumer, Catherine interroge à demi-mot l'hypothèse d'une ascendance paternelle trouble concernant à la fois son propre père et celui de Grégoire : sa sœur Claude aurait-elle rompu avec sa famille à la suite d'un abus incestueux ? Et hors scénario criminel, le père de Grégoire n'aurait-il pas refoulé des tendances homosexuelles, ce qui expliquerait son silence sur une vie amoureuse contrariée ou vécue honteusement, et justifierait qu'il se révèle un mari peu désirant ? Est-ce cela le secret que Grégoire aurait voulu voir lever pour se rassurer sur sa propre orientation sexuelle lorsqu'il déclare, à l'hôpital, souffrir de méconnaître l'histoire de son père ?

En matière d'identité en crise, la piste d'une homosexualité adolescente difficile à accepter constitue évidemment une hypothèse sérieuse. Il est actuellement bien établi que les jeunes homosexuels des deux sexes sont plus exposés aux pensées suicidaires et aux tentatives de suicide que les jeunes de la population générale. Selon le baromètre santé 2005 de l'INPES[1], la prévalence des tentatives de suicide chez les homosexuels et bisexuels

1. Ph. Guilbert, A. Gautier (sous la dir.), *Baromètre santé 2005*, Institut national de prévention et d'éducation pour la santé (INPES), 2006.

(7,5 %) est trois fois supérieure à celle des hétérosexuels masculins (2,5 %). L'accent est mis à juste titre sur les effets délétères de l'homophobie et de la stigmatisation. Ajoutons qu'il est plus difficile d'assumer son homosexualité que son hétérosexualité à l'âge où l'on souffre de se sentir différent et où l'on éprouve un fort besoin de reconnaissance par ses pairs. Comme d'autres jeunes gays, Grégoire n'a peut-être supporté ni de se découvrir homosexuel ni le regard négatif que les autres ont porté sur cette différence. N'a-t-il pas été victime d'agressions étrangement « gratuites » de la part de ses camarades d'école ? Les brimades entre pairs que les Anglo-Saxons nomment *school bullying* (de *bully*, « voyou, agresseur ») ont souvent pour cible l'enfant « différent » des autres, du fait de son apparence ou de sa faiblesse physiques, de son orientation sexuelle, de son origine sociale, etc.

Catherine semble d'ailleurs se demander si elle n'a pas accentué l'isolement et le vécu d'enfant rejeté de Grégoire en se montrant incapable de parler ouvertement avec lui. N'aurait-elle pas dû voir d'un autre œil la relation particulière liant son fils à son ami d'enfance, et considérer leur séparation comme une blessure amoureuse imposant d'être pansée plutôt que négligée ? Le sentiment de culpabilité maternelle est flagrant lorsque Catherine se met en position de témoin « avouant à la barre » son infidélité conjugale et confirmant un investissement sportif qui la rapproche davantage de sa fille Clara que de son fils.

Quant à la dépendance de ce dernier à un jeu de rôle sur Internet, cette addiction cristallise ces divers enjeux en offrant à l'adolescent un miroir aux alouettes d'autant plus fascinant qu'il s'adresse à un jeune fragile sur le plan narcissique. Pour qui déteste son image, veut en changer ou la fuir et se soustraire aux complications relationnelles de la « vraie vie », ce monde parallèle permet de se sentir invincible et de modifier son personnage à sa guise. Au déni de la réalité et de ses contraintes s'ajoutent l'illusion de la toute-puissance et l'ivresse de la virtualité qui rend possible l'impensable. Une « néo-réalité » s'immisce entre le tangible et l'impalpable, avec ce qu'il faut de recours aux sens pour transformer l'expérience virtuelle en séquence vécue.

C'est là que réside le danger potentiel des jeux en ligne : ils donnent un pouvoir que le commun des mortels n'a pas et abusent, voire saturent, les perceptions au point d'affadir les éprouvés de la vie ordinaire. Les caractéristiques d'une drogue sont réunies et l'on parle de « cyber-addiction » à propos de l'usage immodéré et compulsif de ces pratiques qui enferment au lieu de libérer ceux qui s'y livrent pour s'échapper. Faut-il donc les interdire ? Non, l'excès serait alors du côté législatif. Il convient plutôt d'en réglementer les accès et d'en surveiller le contenu, en faisant savoir que comme toute drogue licite, ils sont non seulement à consommer avec modération sous peine d'en devenir esclave, mais aussi à déconseiller vivement aux sujets les plus vulnérables. On n'oubliera pas que l'on surnomme justement *no life* ceux qui s'y adonnent, tant ils désinvestissent tout le reste, eux qui ont des raisons personnelles d'être *addict* bien supérieures au seul phénomène d'entraînement si souvent dénoncé.

« La fuite et l'oubli », une affligeante devise que Grégoire a fait sienne pour des raisons qu'il aura à éclaircir avec l'aide d'un thérapeute. À condition qu'il accepte de renoncer à s'enfermer dans son monde pour affronter sa souffrance en face. Gageons qu'il y parviendra avec le soutien de ses parents dans cette démarche et leur volonté affirmée de ne pas garder le silence sur leur propre souffrance.

Les jeunes en mal-être fréquentent aussi les blogs morbides sur Internet et il n'est pas rare qu'ils y ouvrent leur propre page évolutive – étonnante « lettre intime » exposée à tous, où leur désespoir s'exprime en mots crus et en images chocs. Les parents sont généralement tenus à l'écart ou tardivement informés de ces modes d'expression d'un nouveau genre qui mobilisent en soirée l'ordinateur de l'ado, dans le secret de sa chambre. La plupart du temps, ce sont ses amis ou sa fratrie qui le savent, eux qui en sont les témoins ou les destinataires, et à qui il reviendrait d'oser dire leur inquiétude d'abord à l'ado, bien sûr, pour ne pas le trahir, puis aux adultes qui l'ont en charge, pour ne pas rester otages de sa souffrance.

Osons, en effet, affirmer que ce que l'ado qui va mal déteste par-dessus tout, c'est d'être l'objet d'investigations intrusives menées à son insu, non que son entourage se saisisse à temps de ce qu'il donne à voir et à entendre. Fouiller ses affaires reviendrait à en faire un coupable potentiel plutôt qu'une victime en demande désespérée de reconnaissance. En revanche, lui indiquer clairement que l'on reçoit cinq sur cinq ses messages de détresse confirme l'intérêt qu'on lui porte. Que ces « bouteilles à la mer » soient transmises en ligne, en paroles ou qu'elles empruntent la voie plus classique de la page écrite sur papier, il faut les considérer comme des signaux d'alarme lorsque l'ado y exprime ses idées noires et qu'il s'efforce de positiver le suicide en le présentant comme un acte de soulagement et de suprême liberté, au moyen de toutes les dénégations possibles (« Vous serez plus tranquilles sans moi », « Ma vie est inutile, à quoi bon continuer à vous la faire subir », etc.).

Typiquement, l'ado concerné donne l'impression de vouloir se convaincre du bien-fondé de son funeste projet, voire de chercher à recruter des « associés » éventuels pour le réaliser avec lui. Ces outrances doivent toujours être prises au sérieux. Le pire serait d'en rire ou de les banaliser en les rapportant à de nouvelles formes d'expression du romantisme adolescent. Elles représentent au contraire autant de révélations de mal-être qui tiennent à la fois de l'appel à l'aide et du besoin d'attirer à soi des semblables ayant les mêmes souffrances.

Ce dernier point mérite une attention particulière car la déclinaison du « qui se ressemble s'assemble » recèle, en matière d'idéation suicidaire, un dangereux composant : ce que l'ado redoute de commettre seul, il peut penser l'exécuter plus facilement en projetant de l'effectuer à plusieurs. Ces derniers mois, des passages à l'acte en forme de pactes suicidaires à deux ou à trois ont ainsi été observés chez des jeunes en lien par Internet ou par téléphonie mobile. Le phénomène est heureusement peu répandu, mais il justifie que l'opinion s'en inquiète et que les médias soient interpellés sur la nature des messages qu'ils acceptent de véhiculer. Il y a là matière à réflexion et, sans doute, des dispositions à prendre dans les années à venir, sans confondre vigilance et désir absolu de transparence – autre tentation intrusive irrespectueuse de l'intimité du sujet. En tout cas, une constatation clinique qui nous est familière doit être connue des parents : tous les jeunes qui tournent autour de ces provocations morbides ou mortifères, les approvisionnent, les affichent ou semblent s'en délecter sont des ados en danger. Certains menacent directement de passer à l'acte, d'autres font des allusions plus ou moins voilées... Tous espèrent que l'on prenne en considération leur mal-être.

Que faut-il leur dire ? Il s'agit de leur transmettre le plus sincèrement possible et avec les mots les plus simples l'inquiétude et les interrogations qu'ils suscitent. Le maître mot est « reconnaissance », sans leçon de morale ni pression affective. L'important est d'ouvrir un vrai dialogue assorti de décisions mutuellement consenties, y compris celle de se faire aider. Pour que l'ado en accepte le principe, alors qu'il n'en perçoit pas encore forcément l'utilité, il faut qu'il sente ses parents impliqués dans la démarche, prêts à revoir leur position et animés d'une réelle volonté d'apaiser les tensions. Son refus de rencontrer un psy repose le plus souvent sur la crainte d'être le seul dont on va examiner le parcours et les écarts dans le but de le « corriger », comme on le ferait d'une trajectoire qui dévie de l'objectif prévu.

Le problème est souvent que les parents ne sont pas alertés à temps ou qu'ils négligent par ignorance les signes annonciateurs d'un risque suicidaire accru. Il y a des ados qui vont mal mais qui ne disent rien des idées noires qu'ils ont en tête, et d'autres qui éprouvent un profond mal-être sans vouloir admettre eux mêmes qu'ils sont suicidaires. Faut-il donc penser que le passage à l'acte peut éclater comme un orage dans un ciel bleu chez tout ado qui va mal ? Si l'impulsivité adolescente permet rarement d'anticiper le moment de survenue d'un geste désespéré, certains comportements annoncent une situation de crise suicidaire susceptible de flamber à l'occasion d'un événement déclenchant.

Ces comportements ont tous pour dénominateur commun le besoin de rompre, au sens propre ou au figuré, pour échapper aux angoisses, trancher dans le vif des relations aux autres, se couper des souvenirs ou des réalités jugés intolérables, ou encore substituer la souffrance morale par la douleur physique dans le but d'en atténuer la portée en la circonscrivant. Plus les conduites de rupture augmentent en intensité et se cumulent, plus le risque suicidaire est élevé. Il faut en effet comprendre que ces « digues de fortune » ne suffisent plus à éviter au sujet d'être submergé par ses propres tourments. C'est pourquoi ces « coupures » doivent être reconnues et prises en compte avant qu'il ne soit trop tard, sous toutes leurs formes, depuis l'isolement relationnel, l'absentéisme scolaire et la fugue jusqu'aux scarifications cutanées et aux crises de boulimie suivies de vomissements provoqués, en passant par les déchirures dues à l'alcool et aux drogues – médicaments compris. Huit adolescents suicidaires sur dix ont présenté au moins trois de ces actes de rupture dans les semaines précédant leur geste, et souvent ces coupures n'ont pas été reconnues comme telles.

Qu'aurait-il alors fallu faire après les avoir identifiées ? Le rôle des parents est d'essayer de comprendre avec l'ado ce qui, au sein de la dynamique familiale, lui donne autant le sentiment de « non-exister », lui expliquer qu'aucun changement n'est possible sans sa participation active, et envisager l'intervention d'un tiers afin d'aider chacun à (re)définir sa place.

Paola

L'affamée volontaire

C'est tous les jours, trois fois par jour, que le problème se pose pour Paola. L'enfer de voir sa fille bouder son bol ou son assiette et constater que cette fois encore elle ne peut « rien prendre ». Une expression que Noémie emploie aussi bien pour traduire son incapacité à avaler de la nourriture que pour rendre compte de son obsession : le contrôle du poids. Et ce qu'elle peut prendre, Noémie n'est pas forcément en mesure de le garder très longtemps – c'est-à-dire le digérer sans se faire vomir. Elle ne parle jamais de cette méthode expéditive qui peut se déclencher un quart d'heure après le repas, et Paola ne se sent plus le courage de l'interroger à ce sujet. Elle a tenté de le faire à plusieurs reprises, mais chaque fois elle s'est heurtée à un mur de silence suivi d'un non catégorique et d'un début de pleurs. « Un début, seulement, insiste Paola. Noémie a les yeux et le nez qui rougissent, elle grimace comme si elle allait éclater en sanglots, ses prunelles brillent... et rien ne vient. Elle rejette tout, sauf ses larmes. »

Il n'y a d'ailleurs pas très longtemps que Paola sait que les bruits de chasse d'eau entendus après le repas signalent que sa fille est partie se faire vomir. Manger rend Noémie malade : comment ne pas devenir folle en pensant des choses pareilles ? « Perdre du ventre et des cuisses », voilà son leitmotiv. Un ventre creux qu'elle cherche à affamer et à vider davantage, et des cuisses squelettiques entre lesquelles l'espace doit se creuser encore et toujours plus... Déjà très maigre, Noémie se trouve encore trop grosse. À 14 ans, elle mesure 1,65 mètre et pèse 38 kilos. Il a fallu lui retirer la balance car elle se pesait plusieurs fois par jour.

Elle a commencé à chipoter il y a environ un an parce qu'elle se trouvait difforme. Un régime qu'elle s'est imposé seule, avec une diététique bien à elle qui s'est peu à peu durcie. Noémie écarte la viande et le poisson ainsi que les sauces et les féculents ; elle traque le gras et jette son dévolu sur certains laitages fruités s'absorbant par succion et le jus d'orange – la boisson la plus pure qui soit selon Noémie. Elle prétend que tout le reste peut être pollué par du sang ou des substances organiques dégoûtantes. Avec un tel régime, la chute libre était inévitable. Noémie a fondu jusqu'à se dessécher, au point de devoir s'enduire matin et soir de crème hydratante. Elle n'a plus ses règles, son visage est luisant et ses yeux brillent étrangement. Dans sa tête, un seul repère : la barre fatidique des 40 kilos. Elle fait tout pour rester en dessous, sous peine de se sentir gonflée, déformée, monstrueuse. Rien ne sert de lui affirmer le contraire. Elle se voit comme ça, répète-t-elle. Personne ne peut comprendre ce qu'elle endure.

Noémie souffre de cette terrible maladie qu'est l'anorexie mentale – une expression que Paola a encore du mal à prononcer. « Ma fille ressemble plus à une petite leucémique qu'à une malade mentale, dit Paola. Je sais bien que c'est idiot de dire ça, mais je n'arrive pas à me convaincre qu'elle est atteinte d'une sorte de folie raisonnée qui préserve la pensée, sauf en ce qui concerne l'image du corps et la nourriture. » De quoi souffre-t-elle exactement et pourquoi est-elle prisonnière de cette obsession maladive ? Est-ce qu'elle chercherait à s'identifier aux top models, comme on ne cesse de le dénoncer dans les revues santé ?

Dans son cas, l'hypothèse est bancale. Noémie ne s'intéresse pas spécialement à la mode et ne lit aucun magazine féminin. Elle a longtemps critiqué les filles dont le passe-temps préféré est d'aller faire les boutiques. Des « petites dindes », à ses yeux ! Elle a un peu changé d'avis mais continue à trouver tout cela très superficiel. Affichés sur les murs de sa chambre, il y a bien quelques portraits de « femmes fatales » faisant l'article pour un parfum ou un grand couturier, mais aucune de ces photos n'est un hymne à la maigreur, et Noémie les considère comme purement décoratives. Elle dit elle-même qu'elle refuse de devenir une femme objet et qu'à choisir, elle préférerait s'identifier au dauphin figurant sur plusieurs posters fixés à côté de ces égéries du luxe parisien. Au passage, Paola indique que sa fille fait plus collection de doudous en peluche que de tenues *fashion*. « Son dessus-de-lit est une arche de Noé où s'amoncellent tous les animaux de la Création, glisse-t-elle avec tendresse. Plus tard, elle voudrait être vétérinaire en Afrique pour s'occuper des fauves blessés victimes des chasseurs. C'est l'amie des bêtes et je ne compte plus les animaux qu'elle a voulu recueillir à la maison ! »

Pour être tombée aussi vite dans l'anorexie, Noémie n'aurait-elle pas été plutôt poussée dans ce précipice, en l'occurrence manipulée par les sites pro-ana[1] ? Là encore, impossible de valider cette idée. Noémie les a découverts après coup, depuis qu'on en parle beaucoup. Elle trouve ridicules ces filles qui trafiquent leur apparence pour avoir l'air encore plus maigres qu'elles ne sont en réalité, et qui vont jusqu'à échanger des procédés pour attraper le ver solitaire ! Incroyable mais vrai... De toute façon, elle utilise peu Internet en dehors des recherches scolaires et des moments où elle rejoint ses copines du Web pour chatter de tout et de rien en rentrant de l'école, avant de faire ses devoirs. Paola a lu en cachette quelques-uns de ces échanges. « Aucun ne parle de problèmes de poids, de taille ou de nourriture, et je n'ai rien trouvé d'alarmant dans les propos de ma fille, dit-elle. Noémie s'y montre ouverte et gaie, incroyablement à l'aise, elle qui a tant de mal à parler de vive voix avec les gens. » C'est exactement l'opinion de ses professeurs : en classe ou dans la cour du collège, elle reste isolée et réservée ; par contre, dans ses copies de français, elle est capable de longuement disserter sur des sujets difficiles et de mettre en scène des personnages qu'elle fait dialoguer.

---

1. Pour « pro-anorexie ». Site ou blog d'Internet, aujourd'hui interdit, où des jeunes filles anorexiques font l'apologie de la maigreur et s'échangent des « recettes » pour réduire encore plus leurs formes.

Hors connexion MSN, Noémie n'a pas d'amie véritable. Elle ne voit plus ses copines de l'école primaire ; les unes ont déménagé, les autres sont devenues des « dindes » qui ne pensent qu'à se pomponner et sortir. Elle fréquente quand même quelques voisines qui vont dans le même collège. Y en aurait-il une dont les problèmes pourraient avoir sur elle une mauvaise influence ? Force est d'admettre qu'aucune suspecte n'est en vue, ni par excès ni par défaut alimentaires. C'est un sujet de préoccupation supplémentaire pour Paola : on ne cesse de dire que l'obésité gagne du terrain, on déclare qu'une jeune fille sur dix a des troubles des conduites alimentaires plus ou moins graves, les fameuses TCA[1], mais aucune des copines en question ne semble touchée par ces fléaux. « Leur look peut laisser à désirer, admet Paola, et certaines semblent s'autoriser à fumer et à boire facilement. Ça ne les empêche pas d'avoir un solide appétit et de garder la ligne, j'ai pu le vérifier ! Autant de bons et de mauvais penchants que Noémie n'a pas et qu'elle critique en bloc. »

Sa fille est dans la retenue en tout, sauf lorsqu'elle se fait vomir. D'où vient cette obsession de régime qui a fini par occuper toutes ses pensées ? Paola ne comprend pas pourquoi Noémie voit du gras partout ni ses étranges idées sur certains aliments pourtant courants. Elle constate que Noémie n'avait au départ aucun souci de ligne, à la différence de ces filles un peu boulottes qui veulent mincir pour séduire davantage. « Elle était déjà menue et il est certain

1. Les TCA désignent spécialement l'anorexie mentale et la boulimie nerveuse.

qu'elle ne se prive pas pour plaire. Elle ignore superbement les garçons qui le lui rendent bien – son cousin l'a même traitée une fois de "sac d'os". » Et contrairement à ce que serinent les médias, minceur ne signifie pas maigreur. « L'idéal des filles qui vont bien est de perdre deux ou trois kilos superflus, ajoute Paola, pas dix ou vingt ! »

« Noémie veut fondre, répète-t-elle. Elle se rêverait en branche de noisetier légère et souple pour continuer à danser sans être encombrée par ce corps qui la gêne tant, c'est ce qu'elle nous a avoué un jour. » A-t-elle un gène défaillant, un trouble cérébral qui réduirait à la fois l'appétit et l'estime de soi ? Paola est certaine que la piste biologique ne peut pas tout expliquer. Il y a peut-être une fragilité génétique, mais les troubles en cause relèvent de convictions erronées qui sont bel et bien mentales. « Voilà sur quoi je bute, dit Paola. J'ai lu tout ce qu'il y avait à lire sur le sujet et même un peu plus ! Je sais qu'il y a forcément un gros problème psychique, mais je ne vois pas lequel. L'égarement de Noémie ne porte que sur l'image délirante qu'elle a d'elle-même, ce qui ne revient pas à dire que ma fille soit folle, loin de là. Perturbée, elle l'est uniquement devant son assiette et le miroir, deux ennemis qu'elle craint par-dessus tout. Pourquoi ? C'est le mystère ! » Paola a le sentiment de tourner en rond. L'énigme à résoudre reste entière : quand une personne extrêmement maigre se voit trop grosse et clame qu'elle doit continuer à se restreindre, quel modèle a-t-elle en tête ?

Paola a beaucoup réfléchi et elle se demande maintenant si la question n'est pas encore plus compliquée.

Elle ne doit pas oublier que la nourriture est en soi une source d'inquiétudes incroyable pour Noémie, pas seulement pour des raisons caloriques. Paola a découvert que sa fille perçoit les aliments d'une bien étrange façon. Elle souligne que cet aspect lui semble crucial. Comment, en effet, expliquer que Noémie voie un morceau de cadavre d'animal dans son assiette au lieu d'une tranche de rôti ? Des représentations aussi morbides interrogent. Qu'est-ce qui a pu la traumatiser à ce point ? Est-ce un problème d'éducation ou la simple traduction d'une ambiance familiale néfaste ? L'entêtement que Paola a d'abord mis à débusquer un coupable extérieur pourrait n'être qu'un réflexe d'autodéfense pour éviter de voir en quoi la famille est concernée. « Une sensibilité aussi extrême interpelle notre manière de l'avoir éduquée, déclare Paola. Mais cela ne me donne aucune clé. Du côté des plaisirs de la table, nous ne sommes ni végétariens ni intéressés par les curiosités alimentaires un peu sadiques, du genre dégustation de cailles ou d'ortolans. Quant à l'ambiance à la maison, je ne vois pas le rapport entre l'anorexie et ma séparation d'avec son père. Noémie avait 6 ans, le divorce s'est bien passé, et Alain et moi sommes restés en très bons termes. »

Paola reconnaît pourtant qu'ils ont souvent culpabilisé de n'avoir à offrir à leur fille unique que ce modèle de divorcés ayant refait leur vie. Leur entourage leur a déjà signifié durement qu'un divorce n'était pas un événement très favorable pour un enfant, et qu'une recomposition familiale se faisait forcément à son détriment. La mère de Paola se révèle particulièrement acide sur ce sujet, elle affirme qu'ils ont délaissé Noémie au temps de leurs disputes continuelles et qu'ils ne lui accordent pas toute l'importance qu'elle mérite maintenant qu'ils se sont l'un et l'autre « recasés ». Ainsi, tout serait de leur faute ! D'ailleurs, certaines personnes moins proches ne se privent pas de le penser et elles le montrent. Il faut voir l'air gêné que prennent au bout d'un moment les gens à qui Paola parle du « problème » de Noémie. « Au début, il y a de la compassion dans leur regard, avoue-t-elle, puis j'y lis de la suspicion. Une fille qui se laisse dépérir devant ses parents est une sorte de gréviste de la faim. Ils doivent se dire qu'elle a des choses à nous reprocher, à revendiquer, bref que nous sommes coupables de son mal-être. Peut-être imaginent-ils des histoires pas nettes, qui sait ? »

Paola en frémit de colère. On la sent prête à se battre devant tant d'injustice. Mais elle a conscience que l'opinion publique est le reflet de ce qu'on entend dans une société où il faut trouver des coupables à tout. « Les gens adorent les thrillers et ils se passionnent pour les info-enquêtes qui dénoncent les responsables, poursuit-elle. Maladie, accident, meurtre ou ouragan : même combat. Il faut arrêter les coupables ! »

Paola réalise qu'elle a, elle-même, suivi ce raisonnement. Elle aurait tant voulu que l'anorexie de sa fille soit liée à une cause extérieure, quelque chose qui n'aurait rien à voir avec eux et leur éducation. Mais peu à peu, le doute s'est insinué. La détermination de Noémie ne pouvait être un simple effet d'entraînement produit par une influence indéterminée. Tant d'obstination à dépérir revenait à les attaquer l'un et l'autre frontalement. Alain interprète les choses autrement. Pour lui, c'est une crise d'adolescence plus forte que la moyenne, point à la ligne. Certains ados boivent et fument, d'autres se mettent en échec scolaire. Et des filles comme Noémie ont des troubles alimentaires. La situation est certes sérieuse, mais pas désespérée. Dans quelque temps, tout va rentrer dans l'ordre, il en est sûr.

Paola n'est pas d'accord. Elle connaît mille fois mieux sa fille et elle l'a sous les yeux tous les jours, jusqu'à trois fois par jour : Noémie campe devant son assiette, le regard farouche, l'attitude fermée, voire franchement hostile. C'est comme si Noémie leur en voulait, à propos du divorce sans doute, puisqu'on le leur reproche tant. Rien n'est vraiment clair. Mais il est probable qu'il y ait plus grave. À écouter les explications des psys, tout a l'air de se jouer dans le huis clos familial dès la petite enfance. « On a dû sécréter une ambiance empoisonnée, a-t-elle commencé à se dire. Alain n'était souvent pas disponible à cause de son travail, on se disputait à la moindre occasion, et j'avais l'impression d'être la seule personne indispensable pour élever ma fille. Noémie avait été très malade toute petite et je devais rattraper le temps perdu. De quoi avait-elle besoin d'autre que de mon attention de tous les instants? En l'accaparant comme ça, j'ai sûrement été une mère toxique, trop fusionnelle. Et Alain a été incapable de m'aider à l'être moins. Avec ou sans pincettes, il n'est question que de ça dans les livres spécialisés : le père est inconsistant et la mère est toxique. On devrait dire vénéneuse ou venimeuse, ce serait encore mieux! » Sa demande est simple, conclut-elle provisoirement : elle veut savoir ce qu'elle doit faire pour changer cette mauvaise donne et aider sa fille à sortir de l'impasse.

Généreuse, ouverte, expansive même, Paola n'a rien du cliché que l'on peut se faire d'une mère d'anorexique. Comme tant d'autres mères vivant le même enfer au quotidien, elle n'est ni sèche ni raide comme un « i ». De prime abord, on peut noter cependant qu'elle s'est engouffrée dans la description des troubles de sa fille sans évoquer le contexte, et qu'elle a présenté les différents aspects du problème avec un souci plus pédagogique que factuel. Paola ne résume pas simplement la situation, elle parle comme un livre. Il ne s'agit pas de le lui reprocher, mais peut-être le moment est-il venu qu'elle en dise davantage sur elle, son histoire et le mode de vie familial.

Paola expose alors ses origines italiennes. Elle aime manger et bien vivre. « Un comble pour une mère d'anorexique ! ajoute-t-elle. Ma propre mère, qui est une Milanaise de la troisième génération, nous a élevées mes sœurs et moi dans la tradition de la bonne bouffe. On a appris à cuisiner avant d'apprendre à lire. C'est pour ça qu'elle ne comprend pas les blocages de sa petite-fille et qu'elle nous met tout sur le dos, Alain et moi. Elle n'a pas non plus digéré notre divorce. » Le père de Paola est placé dans une maison médicalisée depuis deux ans. Atteint de la maladie d'Alzheimer, son état se dégrade de plus en plus et il ne reconnaît plus personne, sauf sa femme qui passe tous ses après-midi à ses côtés. « Un modèle d'épouse comme on n'en fait plus, dit Paola. Fidèle jusqu'au bout, elle force le respect. Mon père est tombé malade à 58 ans. Il en a aujourd'hui 72, ce qui fait que Noémie n'a jamais eu un grand-père comme les autres. Très vite il a eu de très gros problèmes de mémoire et de comportement, il perdait ses lunettes, s'emportait pour un rien, oubliait deux heures plus tard ce qu'il venait de décider. »

Il a fallu vendre ses parts aux associés de l'entreprise de peinture qu'il dirigeait, après un parcours exemplaire de réfugié italien ayant bien réussi. Très organisée, la mère de Paola a su faire face à ce désastre humain et professionnel. Elle vit aujourd'hui dans un petit appartement à deux pas de chez sa fille. Elle vient souvent souper le soir depuis que Noémie est anorexique, car elle est convaincue de pouvoir lui redonner l'appétit en lui préparant ce qu'elle aime. Et elle ne cesse de clamer, y compris devant Fabrice, le compagnon de Paola, que « les parents de cette pauvre Noémie sont des irresponsables ». Naturellement, elle entend par là qu'ils ont mal assumé leurs responsabilités. « Pourtant, elle ne se privait pas d'intervenir dans nos histoires, dit Paola. Elle profitait des absences et du silence d'Alain pour nous diriger, nous contrôler. Ce qu'elle nous reproche, c'est d'avoir rompu cette entente tacite faisant d'elle une reine-mère et d'Alain un fantoche sans envergure. » Maintenant, elle se permet des familiarités avec Fabrice qui, lui aussi, encaisse tout sans réagir.

Paola a rencontré cet homme de 42 ans, agent immobilier de son état, au moment du divorce lorsqu'elle cherchait un logement. Depuis, ils ne se sont pas quittés. « Il sait rester à sa place, dit-elle. Vis-à-vis de Noémie, il ne fait jamais rien sans mon consentement préalable et se montre d'une patience d'ange. Elle l'appelle par son prénom et s'entend très bien avec lui. D'autant qu'il lui épargne tout commentaire sur sa tenue à table. Il est convaincu qu'il faut la laisser tranquille et qu'elle va finir par avoir le déclic toute seule. » Fabrice n'a jamais eu d'enfant et il découvre avec Noémie la paternité de substitution. Alain, quant à lui, s'est remarié avec Christine dont il a un petit garçon âgé de 3 ans. Noémie adore Guillaume, même si elle ne le voit pas souvent, mais ne supporte pas Christine qu'elle considère comme une « voleuse de mari ». Et elle a obtenu de son père qu'il la voie seul avec l'enfant. « Alain est incapable de résister à Noémie, dit Paola. Je lui ai dit que tout ça n'était pas bon pour elle, qu'elle jouait à la maman avec Guillaume. Il est d'accord mais ne change rien à ces plans tordus. »

Paola et Alain n'ont eu qu'une fille. Elle est arrivée lorsqu'ils n'y croyaient plus. Ils avaient même entamé les procédures d'adoption lorsque Paola découvrit qu'elle était enceinte. Mais Noémie est ensuite tombée gravement malade entre l'âge de 6 mois et 3 ans. Une tumeur du rein qui a nécessité son hospitalisation pendant plusieurs mois, obligeant Paola à vivre à mi-temps à l'hôpital. Une période douloureuse assortie de très mauvais souvenirs qui restent indélébiles. Est-ce de là que vient l'aversion de Noémie pour l'hôpital en général et les médecins en particulier ? En tout cas, elle a prévenu sa mère : « Va voir un psy si ça te chante, mais ne t'attends pas à ce que moi j'y aille. » Peut-être ont-ils été trop laxistes à l'époque en laissant Noémie prendre des mauvaises habitudes, comme boire au biberon jusqu'à 4 ans passés. Sans doute même, mais il leur paraissait alors impensable de refuser un plaisir si simple à une enfant qui avait traversé une telle épreuve. Et, après tout, de nombreux enfants tout à fait normaux continuent à boire ainsi leur chocolat du petit déjeuner.

Paola revoit sa petite fille emprisonnée pendant des heures dans un caisson spécial avec pour uniques compagnons ses peluches préalablement stérilisées. Rien d'étonnant à ce que Noémie les garde encore aujourd'hui dans son lit. « Ce sont les témoins de cette terrible époque, déclare Paola. Et ses seuls alliés. Quand je dis que Noémie nous en veut de quelque chose, je pense évidemment à la maladie et à cet isolement forcé qui nous était imposé. Le personnel médical était super, mais il y avait souvent entre ma fille et moi des intermédiaires, des masques, des blouses et des membranes de latex. » Paola se dit que tout cela a forcément contribué à « empoisonner » les relations familiales. Alain et elle ont fouillé leurs antécédents génétiques, se querellant à ce sujet les jours de grande fatigue. Maria, la mère de Paola, ajoutait de l'huile sur le feu en émettant de sordides allusions à propos de la fécondité d'Alain, de la fragilité de ses gènes, les douze ans qui le séparent de sa fille et ses deux parents décédés très tôt d'un cancer, l'un du poumon et l'autre de l'utérus, comme autant de preuves. Paola ne lui en veut pas, la souffrance peut faire tenir des propos abominables. Elle-même a eu des mots très durs envers Alain lorsqu'ils ont commencé à parler de divorce. « On tape toujours en dessous de la ceinture dans ce genre de situation, reconnaît Paola. Et puis on se calme, parce que ça ne mène à rien. »

Soudain, elle remarque un élément inattendu étant donné les troubles dont souffre à présent Noémie. Petite, celle-ci s'est toujours alimentée correctement, aussi bien lorsqu'elle était malade qu'au moment de la séparation de ses parents. Dans l'un et l'autre cas, on leur avait annoncé le contraire, et Paola a été surprise d'observer aussi peu d'effets secondaires. « On nous avait avertis que Noémie allait sans doute vomir après l'injection de tel ou tel médicament, se souvient Paola, mais cela ne s'est presque jamais produit. Elle supportait très bien ces tortures, alors que c'est elle qui se les inflige maintenant ! »

Après cette période noire, Noémie n'a plus eu aucun problème de santé. Et le divorce n'a strictement rien changé à son comportement, y compris alimentaire. « Au début, elle demandait seulement quand elle verrait son père, affirme Paola. Et comme je n'étais jamais opposée à ce qu'elle aille chez lui, nous n'avions aucun souci avec ça. Noémie mangeait comme quatre et poussait comme un champignon. C'était un petit cabri gai comme un pinson qui galopait sans cesse et s'intéressait à tout, disposant du vocabulaire d'une enfant plus âgée. Avec son visage rond et ses cheveux bouclés, elle faisait envie à tout le quartier. »

Dès la maternelle et à l'école primaire, Noémie se montre sociable et investie dans les tâches qu'on lui demande. Chaque passage en classe supérieure est une formalité assortie de commentaires élogieux et prometteurs de la part de ses maîtres. Toujours dans les trois premières, « Noémie est bonne en tout », s'exclame un jour l'un d'entre eux devant d'autres parents d'élèves. Ses loisirs sont dans l'ordre la danse, la lecture et l'équitation, des occupations qui sollicitent aussi bien la tête que le corps. Elle est opiniâtre, ne recule jamais devant l'obstacle, sait ce qu'elle veut et, très tôt, déclare avec assurance qu'elle sera vétérinaire, pour aller sauver l'Afrique en danger. Sage comme une image, perfectionniste, c'est une fille de rêve. Et elle mange encore tout à fait normalement de tout, ce qui ne gâche rien.

Décidément, rien à signaler sur le plan alimentaire pendant toutes ces années d'enfance. Même lorsque Paola a repris son travail et a dû partir en stage à l'étranger un ou deux ans après l'ablation du rein de Noémie. Cet épisode britannique a eu lieu un peu avant l'anniversaire des 4 ans de sa fille. À l'époque, Alain a d'ailleurs parfaitement su s'adapter à la situation. Pour un père supposé inconsistant, c'est lui qui a été « le père et la mère réunis » pendant trois mois. Paola n'est parvenue à rentrer que deux fois au cours du séjour et elle comptait les jours avant chaque retour. Elle avait tellement hâte de retrouver sa fille !

Mais elle se dit rapidement déçue de lire dans les attitudes de Noémie les mêmes signes d'indifférence que ceux observés du temps de son hospitalisation. Comme si la petite était rompue à l'absence et à la distance maternelles. Un regard vite détourné, une attention rapidement flottante, un câlin interrompu subitement par une activité sans rapport... Tant de détails semblaient dire : « Je reste polie avec toi mais tu sais, avec Papa, on se débrouille très bien sans toi ! » Paola a souffert en silence de cet écartèlement entre le réconfort de voir Alain assurer sa mission à la perfection et l'amertume de vérifier qu'elle n'était indispensable ni à l'un ni à l'autre. Peu à peu, Paola se sent gagnée par un sentiment d'incompétence, en tant que mère comme en tant qu'épouse. Avec le temps, cette sensation se transforme en une blessure profonde. Non seulement les soins de sa fille ont été prodigués par d'autres avec succès, mais son mari montre ouvertement qu'il peut se passer d'elle.

Une double faillite qu'elle paye au prix fort et qu'elle relie à sa faiblesse constitutionnelle dans le domaine affectif : en amour, rien ne lui vient naturellement. Alors que beaucoup de femmes aiment et maternent sans trop se demander comment, Paola doit calculer ses attitudes pour s'adapter à l'autre, au risque d'être excessive ou décalée. Aucun geste affectif ne lui est spontané et elle s'épuise à essayer d'anticiper, de préparer ses élans. Elle est incapable d'improvisation, tout en doutant par avance d'être suffisamment à la hauteur des attentes de l'autre. Son couple en a fait les frais dès le début. Avec Alain, Paola avoue qu'elle misait davantage sur des rapports complices et tendres que sur des relations torrides. Ils s'entendaient très bien dès qu'il s'agissait de brasser des idées, sa maturité faisait le reste et c'est cela qui comptait pour elle. Davantage une figure paternelle qu'un époux, Paola en convient. Surtout lorsque son propre père a commencé à décliner et qu'elle s'en est éloignée de peur de ne pas savoir gérer ses mouvements d'humeur – les siens comme ceux du pauvre homme...

Elle ne sait pas s'y prendre avec ses proches. Quant à la sexualité, ce n'est pas son fort et elle n'a jamais été à l'aise de ce côté-là. Avec Alain, elle se forçait alors qu'elle aurait très bien pu se contenter de romantisme. Avec Fabrice, elle donne facilement le change car lui non plus n'est pas très porté sur la chose. Paola s'empresse d'ajouter en souriant tristement : « Surprenant pour une Italienne prête à croquer la vie, non ? Je reconnais que les difficultés que nous avons eues avant d'avoir Noémie puis surtout après n'ont rien arrangé. J'espérais que le passage au rôle principal de maman allait m'aider à devenir une vraie femme, mais j'ai rapidement déchanté. Ce n'était qu'un rôle de composition, pas un nouvel état qui change tout radicalement, comme le proclament ces mères chanceuses n'ayant aucun doute sur leurs attributs et fonctions. Moi, j'ai vu que je n'avais pas plus la fibre maternelle que le sens conjugal. Je ne savais qu'être anxieuse. Et malheureusement, très vite, la réalité m'a rattrapée avec ce rein malade et cette lutte à mort contre lui... Je me comportais comme une mère exemplaire mais j'avais la conviction de mal assister ma fille et de négliger complètement mon mari. Je perdais sur tous les tableaux. J'aime manger et bien vivre, ai-je dit ? Ce n'est pas tout à fait vrai. C'est plutôt ce que j'aimerais... Tout le monde m'imagine pleine de ressources, mais je suis blette à l'intérieur, comme ces fruits attirants qui se révèlent si décevants dès qu'on les épluche. »

Par sa démesure, cette dernière évocation lui fait réaliser à quel point elle se dévalorise. Il lui semble tout à coup que Noémie l'anorexique et Paola la « blette » ont en commun d'être toutes les deux décevantes. On promet à l'une et à l'autre un avenir radieux et c'est le contraire qui se produit. « Or les psys sont formels, assure-t-elle. Vous n'allez sûrement pas me contredire. Le principe des vases communicants s'applique entre une anorexique et sa mère, n'est-ce pas, comme si le cordon ombilical n'était pas coupé. » Noémie a du mal à prendre, parce que sa mère n'a à lui donner que ses doutes et ses déceptions. « Voilà où mène la fusion ! poursuit-elle. Et c'est comme ça que j'ai empoisonné ma fille. Vénéneuse à force d'absences et de maladresses, d'attentes et d'insatisfactions. »

Paola s'auto-accuse d'être une mère toxique et exclusive, d'avoir voulu briser le duo un peu trop complice – le vrai couple – que Noémie formait avec Alain vers 7-8 ans. Ce père n'était-il pas tout sauf « inconsistant » lorsqu'il venait la chercher chez Paola le samedi pour l'emmener au cours de danse ou au club équestre ? Paola se montrait alors accueillante, faussement contente de la paix retrouvée avec celui dont elle s'était en réalité séparée dans la fureur. Et surtout, elle ravalait le fiel qu'elle sentait monter dans sa bouche en voyant Alain subjugué, conquis par une Noémie déjà étonnamment savante en manipulation. Elle semblait savoir y faire, elle !

À l'époque, c'est Alain qui assiste aux entraînements, soutient moralement Noémie, la conseille ; il est son coach. Une entente parfaite dont Paola se sent exclue. À tort, elle le sait. « Comme une idiote, c'est moi qui restais en retrait, dit-elle. Empêtrée dans ma jalousie, incapable de voir que Noémie ne cherchait pas seulement à plaire à son père. C'est bien plus tard que j'ai compris la subtilité de la situation. En s'efforçant de conquérir Alain, Noémie s'appliquait aussi à être conforme au modèle que je rêvais d'être. Mais à l'époque, au lieu de m'en rendre compte et de m'en réjouir, j'en voulais à Alain de capter tout son amour. »

Depuis, Paola a lu quantité de choses sur le complexe d'Œdipe. Même si elle ne sait pas pourquoi, elle peut admettre que, dans leur cas, il s'est mal résolu. Un complexe non désamorcé, comme une bombe qui n'a pas explosé et qui reste dangereusement active. Aujourd'hui encore, Noémie est très complice de son père. Et pour emmêler le tout, la mère de Paola défend maintenant les positions de son ancien gendre, n'accordant qu'une attention de façade à ce que dit ou fait Fabrice. Celui-ci acquiesce en se taisant ou en adoptant les vues d'Alain, et l'ensemble alimente un jeu trouble d'alliances contredisant la réalité des ruptures et des rivalités.

Il n'est pas rare que Paola et Noémie se disputent sous le nez d'Alain et de Fabrice qui prennent ensemble le parti de la fille, ce qui a le don d'exaspérer Paola. Au lieu de lui être solidaires, ils donnent l'impression de vouloir marquer des points contre elle. Dès que Noémie sent que ses deux avocats sont prêts à défendre sa cause, elle affiche un air triomphant qui semble dire : « Tu vois, Maman, on aura toujours le dernier mot. » Paola se sent d'autant plus contrariée qu'elle a le sentiment d'être la seule à se dresser contre cette guerre autour de l'assiette. Sous le regard acquis de ces deux « imbéciles », elle doit se retenir pour ne pas renvoyer durement Noémie à la réalité de sa maigreur. Quitte à rêver en secret de parvenir à la faire manger, elle voudrait lui faire avaler son silence et son entêtement, et pouvoir lui rétorquer : « Ma chérie, tu ne fais pas envie mais pitié ! » Elle s'en dispense, évidemment, et elle s'en veut d'avoir de telles pensées qui sont, pour elle, des preuves accablantes de sa toxicité.

Est-elle pour autant la seule à devoir se remettre en question ? Paola ne comprend pas l'attitude d'Alain, ni celle de Fabrice. Pourquoi refusent-ils d'admettre que Noémie se joue d'eux pour garder la maîtrise de la situation ? Ne voient-ils pas qu'elle n'est plus cette petite fille attendrissante, désarmante de naïveté ? Depuis quelque temps, l'entreprise de séduction s'est transformée en pure mascarade au service de l'anorexie. Noémie veut maigrir et elle tente de les amadouer pour qu'ils ferment les yeux sur les privations et les tortures dont elle est son propre bourreau.

Ces relations compliquées et une telle dysharmonie familiale profitent forcément à la maladie, mais Paola se demande quelle est la part de Noémie elle-même dans cette guerre d'usure prétendant à toujours plus de maigreur. Son obstination est déconcertante, mais quand elle déclare : « C'est plus fort que moi ! », elle signifie sûrement que cette volonté de restriction lui échappe, qu'elle en est elle aussi l'otage. Serait-elle définitivement différente d'eux tous, comme ce brouillon de lettre « oublié » sur la table du salon le laisserait croire ? Paola tend la pièce à conviction, à savoir une page de cahier d'écolier soigneusement déchirée sur toute la longueur, pliée en quatre et sans doute froissée à force d'avoir été lue et relue. L'écriture est fine et appliquée, respectant les lignes et laissant libres les espaces des mots gommés. Un brouillon propre, sans ratures :

> « Chers Parents,
>
> Maman ne comprend rien à ce qui me dégoûte. Être à table avec vous en face qui me regardez manger est pire qu'un supplice. Vos yeux sont comme des couteaux qui me transpercent. J'ai l'impression que vous

me suspectez de ne pas FAIRE D'EFFORTS alors que j'en fais PLEIN ! Maman croit que je n'ai qu'à me forcer un peu et qu'après ça viendra. ÇA VIENDRA QUOI ? Que je devienne omnivore comme une grosse truie ? Que j'arrête d'être dégoûtée par vous quand je vous vois vous régaler de viandes et de sauces ? Nous n'avons pas la même vision des aliments. JE SUIS UNE EXTRA-TERRESTRE !!! Je n'arrive pas à vous dire ce que je ressens parce que vous êtes convaincus que c'est à moi de changer. MAIS COMMENT CHANGER MA VISION ? Je hais les aliments GRAS, ce qui est mou et visqueux, suintant de graisse, comme les morceaux de poulet que vous adorez tant. Comment pouvez-vous aimer cette peau qui pendouille avec en dessous, collés à la viande, des nerfs et des amas de gras jaune tout luisants et dégueulasses... Du cholestérol comme ça doit être dans tes veines, pauvre Fabrice ! Désolée de te dire ça mais j'espère que tu te rends compte que tu DOIS faire ton régime. Maman ne t'aide pas beaucoup !!! Mais moi je ne veux pas qu'il t'arrive quelque chose. En plus de ça, Papa et toi vous savez que je ne peux pas avaler les aliments qui n'ont pas l'air propres, stériles. J'ai besoin de pouvoir les distinguer dans mon assiette, sans qu'ils baignent dans telle ou telle mixture. Maman ne veut pas comprendre que ce n'est pas spécialement la purée de ceci ou de cela que je déteste. C'est quand tout est ÉCRABOUILLÉ au lieu d'être écrasé AVEC SOIN. Il faut que ce soit bien lisse, bien présenté. Je ne peux pas avaler un plat dans lequel il y a par exemple des courgettes écrabouillées, avec dessus du fromage râpé fondu et à côté une cuisse de poulet toute suintante et à moitié déchique-

tée. Maman ne veut pas le faire mais si elle séparait bien tout, avec d'un côté les courgettes coupées bien nettes, dessus une petite pincée de fromage, et bien à côté une jolie tranche de blanc, je pourrais en manger. Elle dit que je suis OBSESSIONNELLE. Peut-être, mais c'est sûr que je mangerais beaucoup plus facilement des aliments garantis STÉRILES, sous plastique, parce qu'ils me paraîtraient plus purs, pas contaminés, neutres... Je regrette d'avoir à le dire mais ce que vous avez touché AVANT MOI me dégoûte, même si vous êtes mes parents et que je sais que vous avez les mains propres. Pourtant, ne croyez pas que je ne fais pas d'efforts. Je n'arrête pas d'en faire. Avant, je ne pouvais pas manger de haricots verts quand les petits germes sortaient des légumes, maintenant j'y arrive. Impossible encore pour la ratatouille, sauf si elle ne baigne pas du tout dans de l'eau ou une sauce quelconque. Il n'y a pas que l'aspect. J'ai besoin de pouvoir séparer chaque type de saveur. Vous SAVEZ que j'adore déguster un chocolat de grande marque ou un morceau de fromage de chez le fromager, juste parce que ces aliments ont été élaborés avec soin et parce que ça fait du bien de pouvoir avaler des choses intenses, pas fades. D'habitude, aux repas, je ne sens rien dans le goût lorsque je mâche. C'est comme du carton et ça me fait une boule dans la gorge. Désolée de vous dire ça, mais maintenant JE DÉTESTE manger, je me force tout le temps pour vous faire plaisir. Moi je n'ai aucun plaisir à ça. Arrêtez d'être sur moi et laissez-moi tranquille.
Bisous, Noémie. »

Paola ne sait plus quoi penser. Noémie est-elle folle ? Ou bien seulement différente dans sa façon d'envisager la nourriture ? Cette lettre est « tombée » peu après une dispute au cours de laquelle Fabrice s'était risqué à dire – une fois n'est pas coutume – qu'il regrettait de voir une « jolie fille aussi maigre ». Il avait maladroitement insisté sur « jolie » et sur « maigre. » Noémie n'avait pas bronché mais son message est apparu le soir même, négligemment abandonné à l'endroit le plus fréquenté de la maison. Elle y livre uniquement son étrange rapport à la nourriture, mais Noémie aurait tout aussi bien pu parler du regard haineux qu'elle porte à son corps et à ses formes, ou de son asservissement à la balance – seule amie fiable l'aidant à peser le moins possible pour être légère comme une feuille. Et Paola constate qu'ils ont beau s'enrichir dans le domaine de la psychologie, discuter à n'en plus finir sur les mérites comparés des glucides et des protides, la réalité de l'enfer quotidien demeure strictement inchangée.

Trois repas, trois temps de crise inévitables malgré les promesses du contraire, sans compter les moments où Fabrice et elle savent très bien que Noémie est partie se faire vomir ou se livrer à une hyperactivité frénétique. Ces bruits étouffés par les murs les persécutent, à qui peuvent-ils en parler ? Eux aussi s'isolent finalement, dans le silence, la honte et la culpabilité... Qu'est-ce qui a vraiment évolué depuis le début des troubles ? Ils osent nommer anorexie mentale ce qu'ils appelaient du « mal à manger », et ils reconnaissent tous que c'est une forme de folie limitée, une folie qui respecterait toutes les facultés mentales hormis celles qui gèrent l'image du corps et l'acte alimentaire. La folie qui frappe Noémie semble atteindre également Paola à sa manière, puisque le temps que la fille consacre à se priver et à éliminer, la mère le passe à épier ce qu'elle fait et à surveiller son assiette.

Nous en sommes au troisième entretien en l'espace d'une semaine. Cette fois, Paola a cru jusqu'au dernier moment que Noémie allait l'accompagner au rendez-vous. Elle avait promis de le faire, et nous commençons l'entretien par la question des promesses non tenues chez une jeune fille qui contrôle tout le reste – son corps, son cœur, sa tête, et bien sûr son entourage. « Comment puis-je être aussi naïve ? se demande Paola. La petite fille modèle, gracieuse et gaie comme un pinson, ne mentait jamais. Tandis que maintenant, métamorphosée en oiseau de mauvais augure, Noémie est devenue menteuse et manipulatrice. » Paola ne veut pas avoir des mots trop durs, mais elle est en colère. Et les derniers propos d'Alain se référant à l'« appétit de moineau » de sa fille ne font qu'amplifier son mouvement d'humeur. « En fait de gentil volatile, Noémie ressemble plutôt à un corbeau déplumé, déclare Paola. Je regrette de le dire, mais pour ne parler que de sa tête, elle paraît avoir rétrécie, comme si elle était réduite. Ses cheveux autrefois magnifiques sont maintenant ternes, secs et cassants. Noémie avait de bonnes joues et un joli sourire que l'anorexie a effacé au profit d'un affreux rictus. Je ne reconnais plus ma fille. Son visage s'est creusé, il est anguleux, pointu. Et ses yeux agrandis par la maigreur brillent comme deux billes noires. »

Cette volonté farouche, cet acharnement, Paola ne les supporte plus. Noémie ne fait pas que se faire vomir. Elle rejette tout en bloc : son physique ainsi que le moindre lien de ressemblance avec les siens, de même que les apports et les valeurs de sa famille, et pour clore le tout les inquiétudes de sa mère. Noémie prétend rejoindre un nouveau corps d'appartenance – celui des anorexiques spartiates qui mènent une lutte à mort contre les calories, les kilos et les rondeurs féminines... Paola est épuisée. Elle veut bien continuer à venir témoigner, mais c'est elle qui va finir par tomber malade. Est-ce encore une application du principe des vases communicants ?

Trois semaines plus tard, Noémie est hospitalisée en pédiatrie après un incident cardiaque. Tandis qu'elle s'acharnait à tout maîtriser, son cœur, lui, a failli lâcher. Elle parle de déclic et se dit prête maintenant à se soigner.

Le point de vue du psy

Les troubles des conduites alimentaires pourraient logiquement inclure, comme leur appellation le laisse entendre, certaines formes d'obésité, mais elles désignent par convention, en psychiatrie, deux types de troubles relevant d'une volonté anormale d'infléchir sa propre alimentation dans le sens de la restriction plus ou moins sévère (anorexie mentale) ou du gavage suivi ou non de vomissements provoqués (boulimie nerveuse).

Les adjectifs « mentale » et « nerveuse » rendent compte de cette détermination psychologique. Ces deux formes de TCA sont à prédominance féminine, dans la proportion de 90 % pour l'anorexie et de 70 % pour la boulimie. Elles se déclarent généralement peu après la puberté et sont le plus souvent diagnostiquées entre 14 et 16 ans. La prévalence de l'anorexie parmi les adolescentes est en moyenne de 1 % et celle de la boulimie de 5 %. Les jeunes anorexiques connaissent, dans au moins la moitié des cas, des épisodes de boulimie suivis de manœuvres d'élimination diverses. Depuis une dizaine d'années, on assiste à une augmentation nette des crises de boulimie avec vomissements provoqués chez des jeunes filles à poids normal.

Comment se définit l'anorexie mentale ? L'étymologie du mot est trompeuse car le grec *anorektos* signifie « sans désir, sans appétit », alors que l'anorexie mentale est une lutte volontaire contre la faim, un acharnement à maigrir par tous les moyens. Elle associe en effet une volonté consciente de perdre du poids, un amaigrissement constaté (d'au moins 15 %) et une aménorrhée (absence d'au moins trois cycles menstruels consécutifs). L'indice de masse corporelle (IMC), c'est-à-dire le rapport du poids (en kilos) sur la taille au carré (en mètre), qui est normalement compris chez l'adolescent entre 19 et 25, descend en dessous de 18 (minceur prononcée) pour atteindre en quelques semaines des valeurs inférieures à 16 (maigreur). Avec un poids de 38 kilos et une taille de 1,65 mètre, l'IMC de Noémie est ainsi de $38/1,65^2 = 13,95$, soit un indice d'extrême maigreur.

Cette arithmétique qui engage le pronostic vital à partir de valeurs aussi basses semble étrangère à ces jeunes filles se révélant pourtant expertes en comptage, avec d'autres chiffres en tête : rester en dessous d'un poids fixe très précis (sous la « barre fatidique » des 40 kilos, pour Noémie), porter des vêtements en taille 36 ou moins, voire chez celles qui sont rompues aux prescriptions diététiques maintenir en dessous de 1 000 kcal la valeur énergétique de la ration alimentaire journalière. Les TOC (troubles obsessionnels compulsifs) de comptage, reflets d'un besoin de maîtrise incoercible, sont fréquents. Les jeunes filles sont alors amenées à dénombrer les morceaux qu'elles avalent, à vérifier *x* fois qu'elles ont fait ceci ou cela, parfois jusqu'à l'épuisement. Quant à l'autocontrôle du poids et du volume corporels, il va de pair avec la hantise permanente de grossir.

La chasse au gras cache un refus plus ou moins avoué : celui de réduire les rondeurs physiques sexuées. Les obsessions portent sur la réduction du ventre (qui doit être plat), des hanches, des fesses et des cuisses, c'est-à-dire des formes caractérisant le bassin féminin et, tout particulièrement, le giron maternel. Pas de soucis en revanche concernant la poitrine – attitude surprenante, mais qui doit être davantage interprétée comme une résistance à l'ordre féminin (une sorte de « buste de fer », bouclier de l'égérie intouchable) plutôt que comme une soumission au registre de la séduction. La préservation de la poitrine doit également être rapprochée de l'attrait singulier dont témoignent ces jeunes filles pour tout ce qui se rapporte à l'allaitement et aux produits laitiers, certaines d'entre elles n'acceptant d'ailleurs de se nourrir qu'au biberon ! Comme nous l'avons ailleurs souligné[1], parmi les objets de la prime enfance qu'elles continuent à investir comme des reliques se situent en bonne place la vache laitière et ses nombreuses déclinaisons en peluche, doudou, motif de dessus-de-lit, chaussons, lampe de chevet, etc.

Nous allons évidemment revenir sur ce double mouvement psychique qui, d'un côté, refuse au corps qu'il advienne femme et mère et, de l'autre, prétend camper sur les valeurs sûres de l'attachement à la figure maternelle et à ses substituts, pour ce qu'il affirme de garantie nourricière indéfectible, avec l'illusion d'une régression possible au rang de nourrisson.

La fin justifiant les moyens, les anorexiques ajoutent aux restrictions et tris alimentaires toutes les techniques d'élimination à leur disposition (vomissements, prises de diurétiques ou de laxatifs, hyperactivité physique, exposition prolongée au vent ou au froid, etc.). Le déni des troubles est classique, frappant tant les conduites alimentaires que l'image de soi, et les manipulations auxquelles se livrent les jeunes filles pour filtrer les entrées et favoriser les sorties rivalisent d'ingéniosité dans l'art de l'escamotage. Leur intelligence, toujours vive, est entièrement au service du contrôle, ce qui explique à la fois que la réussite scolaire soit souvent au rendez-vous et qu'elles parviennent à se (re)tenir d'une manière aussi inflexible.

Dans un deuxième temps, lorsque les troubles s'aggravent, la dépression, le doute, l'épuisement les conduisent

1. X. Pommereau, J.-Ph. de Tonnac, *Le Mystère de l'anorexie*, Albin Michel, 2007.

à se reconnaître malades et à solliciter elles-mêmes de l'aide. La dénutrition émousse les capacités cognitives, l'image du corps et l'estime de soi se dégradent encore plus, contribuant à l'altération de la perception du poids et des formes corporelles, avec souvent pour corollaire une incapacité à voir la gravité de la maigreur. C'est pourquoi, d'un point de vue thérapeutique, la restauration corporelle doit précéder et accompagner tout travail d'élaboration psychique, et non le contraire.

Dans la description qu'en fait Paola, Noémie semble être une anorexique restrictive « pure » qui se prive, se fait vomir, et qui pratique l'hyperactivité physique pour éliminer davantage. Elle veut perdre en consistance et gagner en pureté. Et si elle se rêve en « branche de noisetier légère et souple » dont la sève proviendrait par enchantement du seul jus d'orange et des produits laitiers, force est de constater qu'elle assèche son corps, tarissant ses règles et ses larmes, et déshydratant sa peau. Présente-t-elle des épisodes boulimiques ? Comme souvent, on ne le sait pas puisque ceux-ci sont effectués en cachette et suivis de modes de restitution divers. Il est possible que Paola en découvre plus ou moins fortuitement l'existence à travers les traces laissées ou les bruits de l'intimité émis – ce qui révèle une autre composante des TCA : montrer sans pouvoir dire, voire s'exposer, s'exhiber triomphalement sans pouvoir le reconnaître.

Qu'entend-on exactement par « boulimie nerveuse » ? Là encore, l'étymologie peut égarer ! Le grec *boulimos* signifie « faim de bœuf », mais cette boulimie n'est pas due à un appétit dévorant. C'est un besoin irrépressible de se remplir, une impérieuse nécessité qui s'impose au sujet. Lorsqu'elle alterne avec les épisodes d'anorexie, la boulimie compulsive vient bouleverser la retenue au profit du lâchage. Tout se passe comme si la dureté des privations devenait soudain intolérable, renvoyant un vécu de manque, de vide, de carence intérieure. Cette inversion dans le ressenti conduit à des crises incoercibles et violentes de gavage alimentaire s'exprimant pour des produits réputés caloriques. Les crises sont généralement suivies de vomissements provoqués, avec la préoccupation intangible de réduire le poids et les formes corporelles, mais dans certains cas les accès boulimiques produisent un surpoids incontrôlable, ce qui rend l'épisode encore plus insupportable, appelant un nouveau cycle de restrictions. À propos de leurs crises, les adolescentes parlent indifféremment d'une impression de perte de contrôle ou d'un besoin qui les dépasse comme dans le sevrage d'une drogue. Elles veulent à la fois reprendre la main et combler au plus vite cette sensation de manque pour soulager leur état de tension. Ce *lâcher-prise* vécu comme une débauche abjecte et l'importance du gavage leur font rapidement ressentir un profond dégoût d'elles-mêmes, la peur de grossir et l'envie de se punir, ce qui les conduit à se faire vomir.

Dans les formes graves d'anorexie et de boulimie à l'adolescence, le pronostic vital peut être engagé par la cachexie (état d'amaigrissement et de fatigue généralisée dû à la sous-alimentation), une hypokaliémie (baisse de la concentration de potassium dans le sang pouvant provoquer un arrêt cardiaque) due aux vomissements, ou le suicide. La mortalité chez les jeunes concernés serait six fois supérieure à celle observée dans une population générale du même âge[1]. Le malaise cardiaque de Noémie, sorte d'alerte rouge, a fort heureusement déclenché à temps un plan de sauvetage...

En quoi la société actuelle favorise-t-elle les TCA ? Exclusivement observés dans les pays riches, ces troubles sont à l'évidence favorisés par l'évolution des mentalités et des modes de vie dont un des paradoxes est de prétendre concilier un besoin croissant d'apports (pour éviter le vide, le manque) et un contrôle affirmé de l'image individuelle (pour « gérer » l'apparence de soi). Une société de consommation qui conjugue la surabondance de l'offre alimentaire, la quête avide d'une satisfaction immédiate des désirs, le culte de la performance, sur fond d'individualisme exacerbé. C'est une société pléthorique où il faut amasser sans perdre de temps, puis jeter ou délaisser ce que l'on a absorbé dès que le besoin s'éteint, en renonçant à digérer, assimiler les prises, qu'elles soient alimentaires ou autres.

Cette société de l'excès, favorable aux addictions, est aussi celle de l'apparence, relayée par les nouvelles technologies associant image, son et télétransmission. Le corps, le look, les postures, les envies, les appartenances sont exposés pour se définir et s'identifier, d'où le succès des blogs – ces journaux « intimes » affichés publiquement sur Internet en toute contradiction avec l'idée de confidentialité, paradoxe oblige. Comme elle l'a toujours

1. G.C. Patton, « Mortality in eating disorders », *Psychol. Med.* 1, 4, 1988, p. 947-951.

fait pour s'écarter de la norme et jouer de la provocation, la mode prend le contre-pied de la « pratique du trop », en prônant le culte de la minceur. L'excès bascule du côté minimaliste. Le top model doit être hyperlongiligne (voire maigre), svelte et lisse, tandis que le public visé – encore majoritairement féminin – tend à impliquer davantage les hommes (cosmétiques, aliments hypocaloriques, exercices, etc.).

La société moderne voit également les relations interpersonnelles s'inscrire résolument dans l'échange des biens de consommation et la communication technique, au détriment de la circulation des émotions et des sentiments lors des rencontres « en chair et en os ». Tout cela en lien avec une compression et une accélération temporelles qui touchent le travail, les transports, les relations intrafamiliales, etc. Les soucis de rentabilité et d'efficacité conduisent naturellement à réduire et simplifier le temps dévolu aux repas. Partager entre hôtes et convives des plats cuisinés par les premiers et, ce faisant, donner à l'acte de manger une dimension éminemment sociale et culturelle devient un luxe remplacé au quotidien par une restauration rapide permettant de s'alimenter en solo, ce qu'illustre le succès de la barquette individuelle réchauffée au four à micro-ondes en deux ou trois minutes.

Pour autant, ces aspects contextuels ne suffisent pas à expliquer pourquoi certains jeunes pratiquent l'épure au risque d'en mourir, même et surtout s'ils prétendent avoir commencé un régime minceur, et que celui-ci leur a échappé en dérivant gravement vers la privation anorexique. Soulignons-le : leur objectif n'est pas de séduire davantage en suivant les canons de la mode, mais de « supporter » un corps qui les encombre ou qu'ils ont en horreur, quitte à susciter l'effroi ou le dégoût dans le regard des autres. Défiler tel un spectre sur un podium ou s'exhiber décharnée sur un blog cherche à exercer une fascination qui force la reconnaissance, fût-ce au prix d'un affichage identitaire en négatif. Une fracture narcissique que l'on ne peut rapporter à la seule fréquentation des circuits de la mode ou de l'Internet, et qui interroge en profondeur la construction du sujet. En d'autres termes, il faut un contexte sociétal favorisant sur lequel s'expriment des facteurs de vulnérabilité personnelle et familiale.

Pourquoi ces troubles s'observent-ils principalement chez les filles ? On sait que le rapport au corps propre diffère selon le sexe, pour des raisons qu'il est difficile d'attribuer définitivement à l'inné ou au contraire à l'acquis culturel. Quoi qu'il en soit, la plupart des garçons utilisent leur corps comme vecteur d'actions dirigées hors d'eux dans le but de faire quelque chose ou d'entrer en contact avec autrui. Ils sont peu sensibles à ce qui se passe en eux. Les filles entretiennent un rapport au corps plus complexe : d'une part, elles ont à se soucier de leurs formes corporelles pour être objets de désir, tout en ayant à s'imposer comme sujets ; d'autre part, entre apparence et intériorité, leur féminité est en permanence confrontée à des enjeux qui interrogent les « entrailles » autour de trois domaines – la digestion, la sexualité et la gestation. Tout apport venant de l'extérieur peut s'appliquer à l'un ou l'autre de ces champs, avec la capacité de modifier le corps sans que sa détentrice n'en maîtrise tous les effets.

L'expérience pubertaire – elle-même période de transformations corporelles subies – conflictualise à l'extrême ce rapport entre les entrées, quelle que soit leur nature, et les conséquences qu'elles ont (ou qu'elles risquent d'avoir) sur les formes du corps. Lorsque l'adolescence se déroule sans problèmes majeurs, l'oralité occupe d'abord le devant de la scène puis la sexualité active prend progressivement de l'importance. Il en est tout autrement chez les filles anorexiques, comme chez les garçons ayant un vécu corporel plus féminisé (du fait de leur orientation sexuelle ou de leurs difficultés identitaires). Même si les jeunes pubères concernés n'en ont pas conscience, leur refus fondamental est celui de l'adolescence en tant qu'avènement du corps sexué, avec tout ce que cela implique.

Dans la lettre où elle s'efforce d'expliquer son rapport à la nourriture, Noémie exprime sans le savoir une profonde aversion pour ce qui a trait au pulsionnel, au charnel, au mélange des substances, au contact et à la reproduction (jusqu'au rejet des « germes de légumes »). Elle déteste le gras, le sang, la viande, « ce qui est mou et visqueux », à la mesure du dégoût que lui inspire sans doute tout commerce des chairs, d'où son besoin obsessionnel de propreté et de stérilité. Quant au corps dont elle s'emploie à effacer les formes et les productions pubertaires, elle cherche à le réduire dans tous les sens du terme, c'est-à-dire à le ramener au statut infantile (avec les peluches pour seuls compagnons) et à l'asservir à un état d'extinction des envies et désirs sexualisés.

Grandir revient chez Noémie à grossir, à « profiter », donc à mettre en tension les registres du plaisir et de l'abandon qu'elle s'interdit. Elle doit se tenir, se contenir, sous peine, croit-elle, de se perdre dans la luxure.

Comment expliquer ce refus du corps sexué ? Loin d'être la conséquence de « fautes éducatives » que les parents auraient commises, il s'agit de l'aboutissement d'un processus dont le début s'origine vraisemblablement dans la toute première enfance, à l'insu des protagonistes de la scène familiale. Qu'elle ait été allaitée au sein ou au biberon, et malgré l'attention et l'amour que ses parents lui ont apportés, l'enfant n'a pu internaliser une image maternelle rassurante – gage de confiance en soi et de solidité narcissique. On ne connaît pas la cause de ce manque d'intériorisation qui échappe aux simplifications abusives faisant de la mère un personnage phallique ou une intellectuelle aux investissements contrariés par la maternité. On sait par contre que ce défaut d'intégration induit une insécurité intérieure obligeant l'enfant à s'agripper aux éprouvés sensoriels et à constamment vérifier la validité de l'amour maternel, comme si celui-ci n'était jamais garanti. Lâcher prise équivaudrait à perdre ces points d'appui qui retiennent la vie affective au bord d'un vide abyssal.

Cet accrochage fusionnel est en soi source de confusions, mais il s'accompagne forcément d'une demande d'étayage paternel massif risquant de rendre également confuse la position du père. En grandissant, la petite fille se montre très dépendante affectivement de ses parents dont elle cherche à épouser les vues pour convenir et se prémunir de toute menace d'abandon. Intelligente et sensible, elle est d'ailleurs un modèle d'enfant sage et studieuse, précoce et engagée dans tous les apprentissages, à l'image de Noémie. Et comme cette dernière qui s'adonne à la danse, à la lecture et à l'équitation, elle tente souvent de se rassurer à travers des activités visant à maîtriser le corps, surinvestir la vie intellectuelle et préférer la compagnie des animaux aux complications relationnelles des humains.

Ce portrait de fillette innocente resterait en l'état si la puberté – en sexualisant les liens – ne venait pas brutalement colorer de tonalités incestueuses inconscientes la trop grande proximité aux parents. L'entrée en adolescence ressemble alors à un enfer où les échanges deviennent équivoques et les apports charnels dangereux. En famille, le temps des repas cristallise, entre autres moments de partage, ce « commerce des chairs » devenu intolérable. Que peut faire la jeune fille, sinon neutraliser ces menaces en fuyant la table, contrôlant les entrées et en forçant son corps à régresser à un stade infantile ?

Ce schéma général connaît évidemment des variations, mais il permet de comprendre contre quoi lutte la jeune anorexique. Attention en effet à ne pas tomber dans l'interprétation aussi sauvage qu'abusive ! Paola se trompe lorsqu'elle croit que l'hostilité de Noémie lui est adressée. Ce n'est certainement pas parce que ses parents ont eu du mal à l'avoir ou qu'elle a subi très tôt un éprouvant parcours médicalisé que cette dernière pourrait vouloir se venger d'eux en refusant de se nourrir. Et ce n'est pas non plus le stage prolongé de sa mère en Angleterre ou encore le divorce de ses parents qui suffiraient à expliquer l'origine de ses TCA, lorsque des circonstances proches ne produisent aucun trouble objectivable ou comparable.

Ajoutons que toutes les histoires d'anorexiques ne se ressemblent pas, et que la seule expérience parentale commune consiste souvent en un même vécu de culpabilité lourde à porter, parfois entretenue par certains soignants. Attribuer de manière lapidaire la cause de l'anorexie à la « toxicité » maternelle et à l'« inconsistance » paternelle n'aide personne à aller mieux, alors que l'hypothèse d'une vulnérabilité génétique est vraisemblable et que la plupart des spécialistes avouent ne pas pouvoir expliquer plus que nous avons tenté de le faire la genèse de ce désaccord majeur entre la pensée, le corps et l'affectivité conduisant au refus de manger et au reniement de la puberté.

Est-ce à dire que les parents n'ont pas à s'interroger sur leurs modes d'implication ? Évidemment non, puisque dans le cas de Noémie son déni est à mettre en perspective avec deux positions parentales synonymes de non-reconnaissance qui doivent impérativement être révisées : d'une part, Paola a du mal à renoncer à l'enfant que n'est plus sa fille et à admettre son adolescence ; d'autre part, Alain le père et Fabrice le beau-père offrent non seulement un visage dédoublé de la figure paternelle, mais l'un s'emploie à sommairement réduire les TCA à une simple crise pubertaire, tandis que l'autre prétend superbement les ignorer. Ces différents acteurs ne partagent-ils pas – à leur corps défendant – des difficultés semblables à gérer leur vie affective et relationnelle ?

Parmi les pistes actuellement explorées, signalons celle qui porte sur un trouble affectif familial appelé alexithymie empêchant les uns et les autres d'exprimer (et donc d'échanger) leurs sentiments et leurs émotions. D'origine indéterminée, ce trouble d'abord décrit dans les maladies psychosomatiques pourrait contribuer à compliquer partages et relations dans les familles frappées par l'anorexie mentale. Paola qui « parle comme un livre » indique elle-même combien elle est en difficulté pour gérer et manifester, en dehors de la colère, ce qu'elle ressent – incapacité la conduisant à surinvestir l'intellect, donc la pensée opératoire. La théorie du « déclic » si souvent prônée dans ces familles en serait une déclinaison. Après la déception des promesses non tenues, l'espoir de tous est celui d'un déclic salvateur, une sorte d'électrochoc mental qui viendrait subitement saisir la raison de la jeune fille et lui faire comprendre qu'elle se fourvoie. Et ce que Paola rapporte de Noémie, capable de pleurer sans larmes et de ne jamais « rien lâcher » sauf son agressivité et ses rejets, va dans le même sens. Noémie se soulage davantage qu'elle ne s'exprime, se montrant en l'occurrence plus à l'aise à l'écrit qu'à l'oral, ce qui témoigne là encore d'un manque de spontanéité et d'un besoin permanent de contrôler ses affects. Dans le discours de Paola, la jeune fille semble d'ailleurs étrangement indifférente à la situation familiale – absence de trois ascendants sur quatre et omniprésence grand-maternelle comprises.

La résistance aux soins est une constante en matière de TCA. Longtemps, la famille supporte l'enfer alimentaire. Elle se réorganise autour du symptôme, au prix de tous les compromis et parfois jusqu'aux mesures les plus déraisonnables telles que compter les petits pois, laisser l'adolescente boire sa soupe au biberon ou cadenasser le réfrigérateur, etc. La crainte partagée du désamour et celle du jugement des autres renforcent cette position de repli défensif qui – précisément parce qu'elle convient à la réduction des échanges qui l'anime – semble la seule que tolère la jeune fille anorexique de la part de son entourage. Étonnante et pathétique démonstration contradictoire d'une fermeture qui appelle à l'aide en même temps qu'elle l'écarte et la nie, où le refus d'intervention d'un tiers résonne de l'évitement de tout « apport »...

La patiente et sa famille peuvent-elles s'en sortir seules ? C'est rarement le cas, mais l'acceptation de médiateurs extérieurs prend du temps et, souvent, elle s'impose par l'épuisement et la dégradation de l'état de santé avant de relever d'une adhésion réelle à quelque programme thérapeutique que ce soit. Idéalement, la prise en charge ambulatoire devrait reposer sur un suivi régulier associant un médecin somaticien et un psychothérapeute, avec si besoin l'aide d'un diététicien pour équilibrer l'acte alimentaire. Il est impératif que ces professionnels aient chacun un rôle propre bien déterminé et qu'ils travaillent de manière synergique et concertée. Non pour cerner la jeune fille malade et la rendre transparente à tous les regards, mais plutôt pour l'amener peu à peu à accepter les concessions nécessaires à la réconciliation du corps (à nourrir et mieux traiter) et de l'esprit (à apaiser et assouplir), sans que l'un de ces lents cheminements n'évolue au détriment de l'autre. Il est en effet classique d'observer qu'une jeune anorexique est capable de progresser en psychothérapie tout en continuant à perdre inexorablement du poids.

L'anorexie mentale, dans ses formes graves, nécessite une hospitalisation dans un service spécialisé. En dehors des cas exigeant une réanimation métabolique et nutritionnelle, la réalimentation doit privilégier la prise quotidienne de trois repas. Une période de séparation d'avec la famille est indispensable, mais elle demande à être tolérable en durée et en modalités. Il ne s'agit ni d'un isolement de type carcéral ni d'une rupture totale des relations, et la mise à distance consentie de part et d'autre ne doit pas excéder un mois. Il faut absolument éviter que les parents se sentent rejetés par l'institution hospitalière et il convient de les associer au projet de soins (groupe de parents, rencontres familiales, échanges réguliers avec les soignants). Un contrat de poids est généralement proposé à chaque patient ; entre le poids d'entrée et l'acceptation d'un poids de sortie « raisonnable » (IMC proche de 18), les valeurs intermédiaires donnent progressivement accès à diverses ouvertures, telles que des sorties en ville, des week-ends en famille, etc.

Il est très important que l'équipe soignante exprime clairement qu'elle cherche à offrir des mesures, des repères qui ne relèvent ni de la sanction ni de la récompense, et encore moins de la contrainte ou de la rétention sous toutes ses formes. Elle doit au contraire favoriser les associations métaphoriques synonymes d'avancée, d'épanouissement, de détente, d'échange, de souplesse et de loisirs. Ces différents « gains » que l'adolescente obtient avant tout par elle-même demandent à être reconnus par tous pour ce qu'ils sont : des témoignages d'une progression harmonieuse de l'autonomie et de la présence au monde bien plus que du seul accroissement pondéral. L'objectif des soignants ne consiste pas à « faire grossir » quelqu'un qui ne supporte pas sa corpulence, comme on regonflerait un ballon de baudruche. La prise de poids doit être progressive afin que chaque patient puisse investir sa nouvelle consistance et la vivre comme une densité existentielle inaugurant des changements en profondeur. Le principe général de la prise en charge repose sur un assemblage cohérent de médiations individuelles et groupales permettant de travailler le rapport à la nourriture, à l'image de soi, au vécu sensoriel et à la dynamique du corps, à l'expression des émotions, à la verbalisation des peurs et des angoisses, à la scolarité et au projet de suite.

C'est ainsi que nous fonctionnons au centre Abadie. L'originalité de notre service appelé UTCA (unité pour troubles des conduites alimentaires) est d'animer un « corps groupal » de patients qui se forme et se déforme au gré des mouvements institutionnels, figurant ainsi de manière transitionnelle la souplesse que nous espérons leur faire acquérir individuellement à travers différentes modalités de prise en charge. À travers le groupe, les patients expérimentent et négocient diverses formes d'apport à même de les aider à mieux tolérer les échanges interpersonnels. Nous cherchons à ce qu'ils réconcilient le corps, le cœur (l'affectivité) et la raison – ces trois composants essentiels que l'anorexie a désolidarisés. Cela prend du temps : la durée moyenne de séjour est de trois mois.

Et une double évidence s'impose : d'une part, il est non seulement impossible de travailler contre la volonté des patientes, mais il faut les encourager à participer activement au programme de soins au lieu de le subir ; d'autre part, il serait totalement illusoire de vouloir modifier des comportements durables profondément inscrits dans la dynamique familiale sans l'aide et l'implication effective des parents.

Ces derniers sont d'ailleurs souvent en demande de conseils sur l'attitude qu'ils ont à adopter lorsque l'adolescente revient à la maison : doivent-ils fermer les yeux sur ce qu'elle donne à voir ? Faut-il au contraire qu'ils réagissent dès qu'ils observent le moindre écart alimentaire ? Attendons-nous de leur part qu'ils lui proposent des repas distincts uniquement constitués d'aliments qu'elle aime, ou bien doivent-ils se montrer inflexibles pour l'obliger à manger le plus normalement possible ? Beaucoup de parents appréhendent cette nouvelle confrontation censée avoir été pacifiée par la prise en charge soignante. Ils ont connu le temps des promesses non tenues et ils craignent à présent d'être une fois de plus déçus en constatant que les progrès réalisés peuvent eux aussi maigrir à vue d'œil. Comment doivent-ils se préparer à ce retour tant attendu et redouté à la fois ? Il faut absolument que les parents abandonnent l'idée d'organiser l'accueil autour de festivités alimentaires, que ce soit à la maison ou au restaurant, puisque l'ado le vivrait forcément comme une mise à l'épreuve de ses TCA. Ils sont tentés de le faire, arguant que la sortie tant attendue de l'hôpital mérite d'être dignement fêtée en famille par de bons petits plats confectionnés avec amour ou à la table d'un « petit restaurant sympa » – histoire de se faire plaisir en terrain neutre.

Généralement animés des meilleures intentions du monde, les parents ont aussi envie de voir comment l'ado se comporte devant son assiette et, souvent inconsciemment, ils s'évertuent ainsi à reprendre la main sur ce qui justifie à leurs yeux l'ordre parental : pouvoir redevenir des parents nourriciers acceptés et aimés comme tels. Le problème est que l'adolescente vit à nouveau le repas comme une scène de torture ou de débauche dont elle ne tire que des tensions et des dégoûts. À la différence des « bien-mangeants » qui n'ont pas ce genre de préoccupation, l'ado anorexique a du mal à prendre plaisir à manger, c'est-à-dire – on l'a vu – à prendre en soi quelque chose qui fait du bien, surtout en présence des proches. Elle aussi risque d'être déçue en constatant que les mêmes causes continuent à produire les mêmes effets, alors que ses progrès semblaient indiscutables en milieu hospitalier. La réalité est que souvent ils l'ont vraiment été, mais que le dernier endroit où ils pourront se manifester un jour en toute quiétude est la scène familiale.

En attendant ce climat de détente qui réclame de la patience, les parents doivent renoncer à donner d'autre importance au contenu des repas familiaux que celle de s'alimenter de la manière la moins persécutrice possible. Les regards insistants, les injonctions à finir tel ou tel plat, les commentaires culinaires, etc., sont à éviter, sous peine de provoquer d'insupportables crispations. De même, les remarques portant sur le poids et les formes corporelles réclament pondération et circonspection. Il faut que les parents retiennent que si « maladie des relations » il y a, les rencontres et les échanges doivent se faire autour d'activités et de moments libres de toute prise alimentaire et de toute appréciation physique. L'évaluation des TCA et leur répercussion sur l'état du corps incombent aux soignants chargés du suivi, non aux proches qui doivent justement éviter d'être trop proches et intrusifs dans ces domaines sensibles. Est-ce facile ? Évidemment non. Cela se travaille avec le temps et, souvent, l'aide de tiers, qu'il s'agisse des groupes de parents ou des thérapeutes consultés.

Y a-t-il un nombre suffisant de structures spécialisées comme la nôtre, en France ? Non, on est encore loin du compte, même si les pouvoirs publics se sont saisis du problème des TCA comme de celui des conduites à risque, ouvrant pour pallier le manque criant d'unités médico-psychologiques dédiées spécifiquement aux jeunes une quarantaine de maisons des adolescents (MDA) départementales. Beaucoup de ces lieux d'accueil n'ont hélas pas de lits d'hospitalisation ou sont insuffisamment en lien avec les structures susceptibles de proposer des séjours thérapeutiques à temps complet ou partiel. Espérons que l'avenir modifiera cette donne dans un sens plus favorable. Avec une aide appropriée et des soins adaptés, l'adolescente anorexique peut réellement sortir de son enfer et sa famille retrouver l'apaisement escompté.

Conclusion

Où en sont aujourd'hui ces mères en vrac et leurs ados en vrille ? Hélène est en pleine forme. Sa fille Élodie a eu son bac, au rattrapage et de justesse, mais elle l'a eu. Leur relation s'est apaisée depuis que l'adolescente vit en colocation avec deux copines. Un miracle n'arrivant jamais seul, Jean-Luc a décidé de payer sa quote-part pour permettre à leur fille d'habiter à deux pas de la fac. Élodie est inscrite en sociologie, mais elle se prépare à changer d'orientation à la rentrée prochaine. Elle voit un psy plus ou moins régulièrement. Hélène n'en a aucun retour, tout comme d'ailleurs l'avance des consultations qu'Élodie se fait directement rembourser par la mutuelle. Elle trouve cependant sa fille plus mûre, plus responsable, même si elle n'ignore rien des beuveries étudiantes qui ont allègrement pris la suite de celles du lycée. Ce qui a changé, c'est que la mère n'est plus là pour constater les dégâts et que la fille ne semble plus en quête de ses propres limites ni de celles des autres. Avancée considérable également, Élodie accepte qu'Hélène fréquente quelqu'un. Mais chacun chez soi, partageons seulement le plaisir de nous voir, telle est la devise de ce couple résolument moderne. Hélène a dû vivre vraiment en solo avant de s'autoriser à réinvestir un homme. La séparation d'avec Élodie a été beaucoup moins difficile qu'elle ne l'imaginait. Après son cancer du sein, une page s'est tournée. Son niveau d'angoisses de base a réellement baissé, elle ne s'inquiète plus comme avant. Elle ne touchera pas le fond car elle a décidé de garder la tête hors de l'eau. C'est sans doute une évidence pour tout le monde, mais la peur de mourir raccroche à la vie, permet de relativiser, ouvre de nouvelles perspectives. Seul le minuscule cachet blanc qu'elle avale tous les matins lui rappelle que la Chose a voulu sa peau et qu'elle ne doit pas baisser la garde. Un « contrôle technique » annuel maintient aussi une certaine pression, mais Hélène va bien, elle nous l'affirme.

Nacéra se relève à peine d'un nouveau drame – malheureusement définitif, celui-là. Son père, Mohammed, les a quittés, emporté par une embolie pulmonaire. Comme sa mère, Nacéra a beaucoup pleuré, mais la conviction que cet homme n'avait en réalité jamais failli et qu'il est mort digne a fini par la réconforter. Dans ces circonstances, Romain, le fils cadet de Nacéra, s'est montré impeccable. En l'observant lors de la veillée funéraire, elle a soudainement remarqué à quel point, avec le fin duvet qui commence déjà à ombrer sa moustache, il ressemble de plus en plus à son grand-père ! En revanche, Nacéra continue à se faire du souci au sujet d'Antonin. Après avoir réussi le concours d'entrée dans l'armée de terre, il a finalement été écarté pour « raison médicale » – une raison que Nacéra n'est pas parvenue à lui faire avouer. Il a trouvé un emploi de vendeur dans une boutique de vêtements de luxe située dans un complexe commercial, et s'est installé en appartement avec sa copine, une certaine Katia dont le genre ne plaît pas du tout à Nacéra. Tous les deux donnent l'impression de ne penser qu'à leur look et aux marques griffées qu'ils portent. Parmi les jeunes qu'ils fréquentent, certains circulent en voiture de sport, sans qu'on sache d'où ils sortent tant d'argent. Antonin prétend que le prêt-à-porter ne connaît pas la crise. Elle espère qu'il ne ment pas et qu'il ne va pas devenir un *bad boy*. Comble de tout pour Nacéra, il est arrivé en retard pour emmener son grand-père au cimetière, prétextant une panne de réveil. Nacéra aurait préféré avoir de meilleures nouvelles à donner. Le seul élément positif, c'est que Romain a l'air de vouloir tracer une route bien nette en évitant les détours. Ils s'entendent de mieux en mieux. Lui réussit à grandir sans renier ni sa mère ni ses origines. Nacéra, elle, veut se montrer moins exclusive pour ne pas le transformer en « Antonin bis »...

Pour Élisabeth, la situation avec Tania s'est incontestablement améliorée. Sa santé en revanche lui joue des mauvais tours. Et puis, l'âge de la retraite approchant, elle doit envisager ce qu'elle fera de son temps. Elle se sent jeune et ne se voit surtout pas faire du macramé ou des tournois de Scrabble dans un club de seniors. Hors de question aussi de se lancer dans trente-six activités comme le projettent tous ses collègues : courir les expos, se mettre à l'aquarelle ou encore hanter une salle de gym. Christian prétend qu'il lui fera oublier des propos aussi désabusés. Elle verra. Élisabeth a un autre projet en tête : pour les 15 ans de Tania, elle voudrait partir au Vietnam avec elle pendant un mois, à la recherche du temps perdu et de la mémoire gommée. Un voyage qu'Élisabeth imagine comme la fin symbolique de leur odyssée respective. Même si tout n'est pas rose, leur relation a évolué et elles ont pu parler calmement lors des deux dernières médiations. L'adolescente a quitté le foyer où elle avait été placée en catastrophe, et elle a pu intégrer un ITEP (institut thérapeutique éducatif et pédagogique) dès 14 ans, tout en conservant le suivi de son éducatrice. Les résultats sont spectaculaires. En se retrouvant avec d'autres jeunes filles en souffrance, Tania ne s'est pas inspirée des pires situations pour aggraver son cas, à l'inverse de ce que craignait sa mère. Elle s'est au contraire « reconnue et retrouvée », selon l'expression qu'elle a employée. Le plus incroyable, c'est qu'elle a repris une scolarité normale dans le collège situé non loin du foyer thérapeutique. Elle passe en quatrième, alors que personne n'aurait misé sur ses chances il y a seulement six mois. Elle vient en permission à la maison certains week-ends et les choses se passent plutôt bien, à condition que sa mère évite les disputes à propos de la cigarette (Tania fume un demi-paquet par jour), des tenues tendance « gothico-romantique » de sa fille ou des piercings que celle-ci s'est fait poser sur le cartilage de l'oreille à l'insu de tous. Tania continue aussi à se scarifier, mais les crises s'espacent et, surtout, elles ont beaucoup diminué en intensité, perdant ce côté à vif qui faisait tant frissonner la mère. Serait-ce le prélude à une « cicatrisation » de son passé ? Élisabeth veut y croire, et elle ne se laissera pas anéantir par sa propre maladie.

Pour Barbara, pas question non plus de baisser les bras. Elle se faisait une idée complètement fausse de l'hôpital psychiatrique. Tant de clichés circulent ! Coralie y a séjourné pendant onze semaines, mais personne n'a cherché là-bas à l'enfermer ou à la droguer de force. Même la mère de Barbara n'a rien trouvé à critiquer. Les trois premières semaines, elles n'ont pas été autorisées à voir la jeune fille, mais ensuite elles ont pu le faire souvent, sans être obligées d'implorer les autorisations. Julien s'est mobilisé pour accompagner Barbara à plusieurs reprises et il a même rendu visite tout seul à sa fille deux ou trois fois en sortant du travail. Chloé, qui était à Londres à ce moment-là, a cependant écrit une gentille lettre à sa sœur qui l'a épinglée au-dessus de son lit. Barbara et son mari ont trouvé les soignants très à l'écoute et toujours prêts à les informer. Loin des caricatures habituelles, le psychiatre qui s'est occupé de Coralie s'est montré lui aussi ouvert et compréhensif. Évidemment, voir leur fille circuler à l'aise parmi d'autres patientes au visage d'égarées a été une véritable épreuve. Mais les médicaments qu'on lui a donnés ne l'ont pas transformée « en zombie », et ces histoires de complot qui ne tenaient pas debout se sont dissipées. Coralie a avoué qu'elle avait commencé à entendre des voix bien avant de prendre du cannabis. Ces voix ont pris ensuite le contrôle, et elle ne parvenait pas à les faire taire. Elles résonnaient dans sa tête en lui disant de se méfier de ceci ou de cela, et elle a fini par en conclure qu'elle était téléguidée. Coralie ne dit pas les choses tout à fait comme ça, elle est beaucoup moins claire. De longues plages de silence entrecoupent ses propos et elle ne termine pas toujours ses phrases. Elle admet avoir été malade, mais elle reste réservée et méfiante dès qu'on veut la faire parler de son délire. Elle se ferme d'ailleurs totalement lorsqu'on cherche à savoir qui sont les inconnus qu'elle a fréquentés et comment elle a réussi à se procurer des munitions de guerre. Elle a été examinée et testée sous toutes les coutures et le Dr S. qui la suit en hôpital de jour avance le diagnostic de schizophrénie paranoïde. Le cannabis n'a bien sûr rien arrangé, mais le psychiatre est formel : même sevrée de drogue, Coralie aura encore besoin de soins pour une durée indéterminée ; elle est malade, elle doit suivre un traitement neuroleptique et bénéficier d'une assistance psy. Ils doivent cependant garder confiance dans les ressources de leur fille, et savoir que plus ils adhéreront aux soins proposés, plus ils l'aideront à mieux s'adapter à la réalité. Ils ont compris que Coralie était une hypersensible que trop de pensées et d'émotions contradictoires pouvaient submerger, l'obligeant à se barricader psychiquement pour se sentir moins vulnérable. Son intelligence vive l'a desservie, ce qui est un comble. Elle est aujourd'hui incontestablement plus sereine et veut reprendre une scolarité normale. Il est prévu qu'elle refasse une terminale l'an prochain dans un établissement spécialisé alliant soins et études, si d'ici là son état le permet. Elle a encore des moments d'angoisse et il lui arrive de remettre violemment en question son traitement qu'elle accuse de lui engourdir la tête. Barbara doit alors lutter pour ne pas aller dans le sens de sa fille ; il serait tellement tentant d'accuser les médicaments d'être responsables de son mal-être. Bien que plus apaisée, Coralie a toujours des obsessions étranges. De façon récurrente, elle s'inquiète de l'existence de sorciers qui manipuleraient les gens à distance, ou bien se demande si elle ne devrait pas être exorcisée, posant cent fois la question à sa mère. Barbara doit alors la rassurer et lui rappeler que ces idées sont le produit d'une imagination débordante due à la maladie. Tout cela sans s'énerver et en prenant sur elle pour éviter de pleurer. Comment a-t-elle pu ne pas voir que sa fille sombrait peu à peu dans le chaos mental ? Dire qu'elle a banalisé la déscolarisation de Coralie, à trois mois du bac, au nom d'un soi-disant engagement fanatique ! Barbara s'en veut de ne pas avoir réalisé à temps que sa fille ne tournait pas rond et qu'elle n'allait pas devenir une combattante sioniste. Julien n'a pas été plus perspicace, mais curieusement, il a mieux supporté qu'elle l'annonce du diagnostic. Au lieu de chercher l'évitement, il a entraîné Barbara vers les bénévoles de l'Unafam[1], indiquant par là même qu'il avait cherché à se renseigner. Le couple participe dorénavant à un groupe de parents dont les enfants ont à combattre les mêmes démons intérieurs. Et Barbara

1. *Union nationale des amis et familles de malades psychiques*, association reconnue d'utilité publique et regroupant en France plus de quinze mille familles.

a décidé de donner des concerts au profit des malades mentaux hospitalisés.

Catherine espère remporter le match maintenant qu'elle regarde la réalité en face. Un match en double car elle a définitivement choisi de faire équipe avec Pascal et d'oublier François. Comme sur un court, il y a un moment où il faut se recentrer. Grégoire est en thérapie avec un psy, au rythme d'une séance par semaine. Avec son air dubitatif, il prétend depuis le début que ça ne lui apporte pas grand-chose et Catherine a pu craindre qu'il mette un terme à cette aide censée l'aider à réaliser pourquoi il a tenté de se suicider. Mais non, c'est toujours lui qui réclame à l'avance le chèque correspondant, et il ne rate aucun rendez-vous. Il a laissé pousser ses cheveux et il porte une barbe de trois jours soigneusement entretenue. Un look de surfeur et une démarche souple à peine voilée par une légère boiterie. Catherine le trouve tout simplement magnifique. Ne serait-ce que de ce point de vue, la prise en charge l'a rendu encore plus beau qu'il n'était. Le point noir, c'est qu'il continue à passer des heures devant son « ordi », et que son psychiatre ne cherche apparemment pas à l'en dissuader. De quoi parlent-ils en séance ? Black-out complet. Lorsque Catherine ne peut se retenir de lui poser la question, Grégoire la fixe avec un petit sourire semblant dire : « Maman, je ne t'en veux pas, mais tu ne changeras jamais. » Une rencontre familiale est prévue avec le psy. Catherine compte aborder le sujet de l'addiction aux jeux vidéo, car elle a entendu parler d'un centre de désintoxication où les jeunes apprennent à se séparer de la drogue informatique. Elle verra bien ce qu'il en dira. Grégoire et Mathieu se sont revus deux fois et, là encore, pas de commentaires sinon qu'ils n'appartiennent plus aux Aigles du silence.

Depuis que leur fille est réhospitalisée, Paola et Alain son ex-mari déjeunent ensemble une fois par semaine pour faire le point. Ils ont trouvé un petit restaurant à égale distance de leurs lieux de travail respectifs, et se voient sans Fabrice ni Christine, qui ont bien compris le but de ces rencontres. L'autre jour, Alain – pourtant peu féru de psychologie – a souligné l'incongruité de la situation : pendant que Noémie continue à se battre avec son assiette, eux se donnent rendez-vous au restaurant ! À vrai dire, ces échanges leur font du bien. Ils s'autorisent maintenant à se raconter sans crainte d'être jugés et, surtout, ils ont décidé de lâcher leurs rôles respectifs – l'une de « surveillante alimentaire », l'autre de père doublement coupable d'abandon et de laxisme. Le poids de leur fille suit son cours, en l'occurrence une courbe globalement ascendante mais accidentée. Il y a des hauts et des bas qui n'ont pourtant plus sur eux le même effet destructeur et dont ils ne parlent plus comme avant. Il a fallu pour cela une première hospitalisation qui s'est révélée un fiasco. Noémie n'avait pris que quatre kilos avec un apport quotidien de 2 000 kcal. Rentrée à la maison avec un contrat de poids évalué chaque semaine par le médecin, elle se prétendait guérie. Jusqu'au jour où ils ont découvert qu'elle buvait deux à trois litres d'eau avant chaque pesée et qu'en réalité elle se maintenait sous la barre des 40 kilos. Ils n'avaient rien vu ! D'abord farouchement opposée à un retour à l'hôpital, elle a fini par craquer un soir en pleurant de vraies larmes et en implorant à nouveau qu'on la soigne. Noémie est entrée dans une unité spécialisée où elle effectue donc ce deuxième séjour hospitalier, de plein gré cette fois, sans être enfermée, et en ayant droit aux visites. Noémie a déjà changé, même si elle est encore très maigre, puisqu'elle se maquille et se coiffe comme les autres ados, réclame des vêtements neufs et veut bénéficier des soins d'une esthéticienne. Une évolution suivie d'une révélation qui a fait mouche sur tout le monde : lors de la dernière médiation familiale, elle a déclaré « avoir peur d'aller mieux » ! Terrible maladie que cette anorexie où le mental abrite deux volontés contraires : l'une veut s'en sortir et connaître l'apaisement, tandis que l'autre s'acharne à freiner les progrès par tous les moyens, jusqu'aux compromissions les plus inimaginables, en famille comme à l'hôpital – vomir en cachette dans la douche, faire des pompes en secret pendant la nuit, etc. Comme l'a dit son psychiatre, des comportements d'« incarcérée de l'intérieur » qui montrent à quel point les TCA parlent de privation de liberté. Comment aider leur fille à se libérer? Paola et Alain y travaillent, chacun de leur côté, en se faisant eux-mêmes aider par un psy, et ils ont envie de mettre en commun l'état d'avancement de leur marche respective. Ils ont compris qu'ils ne devaient plus « prendre la tête » de leur fille avec la nourriture et la maigreur – sa pensée est assez prise comme ça –, mais plutôt l'encourager à poursuivre sa métamorphose adolescente qui parvient à s'effectuer ailleurs que dans le cocon familial.

Ils en conviennent eux aussi : ils redoutaient chacun à leur manière de voir leur fille grandir.

Hélène la littéraire, Nacéra l'insoumise, Élisabeth l'instit dynamique, Barbara la musicienne, Catherine la gagneuse et Paola l'Italienne, voilà six combattantes au qualificatif auto-désigné qui ne se laissent pas abattre. Leurs difficultés personnelles, révélées ou amplifiées par leurs ados partis en vrille, les ont d'abord mises en vrac avant que ce grand désordre n'induise un besoin salutaire de rangement. Ce que les psys appellent au fond le « travail de la crise ». Et comme toute entreprise de rangement qui se respecte, l'exercice ne manque pas de soulever de la poussière !

Nous remarquions dans l'avant-propos que les pères n'avaient pas le beau rôle, mais que dire des grands-parents qui apparaissent eux aussi soit notoirement absents, soit outrageusement présents et possessifs jusqu'à l'abus manifeste ? Plus ou moins consciemment, nos mères témoins en font le constat. Elles livrent avec justesse ou excès une véritable illustration de la répétition transgénérationnelle et des conflits œdipiens, que l'adolescence des enfants réveille en chaque parent. Peu importe finalement que les portraits frisent parfois la caricature et qu'à l'instar des pères réduits au silence, les grands-parents puissent y trouver matière à contestation. Aucune chasse aux coupables n'est ouverte. En revanche, l'intérêt d'une caricature réside dans son pouvoir de révélation.

Grâce à cette étrange faculté humaine qui permet de dégager davantage de sens de ce que l'on énonce tout haut que de ce que l'on continue à ruminer tout bas, la plupart de ces mères ont depuis révisé leur jugement et leurs positions. Après avoir forcé le trait, elles ont compris que personne ne choisit ses parents, et que ces derniers ne seront jamais comparables ou opposables à leurs ex. Impossible en effet d'apposer l'élément « ex- » à un parent – qu'il s'agisse d'un ascendant ou de la personne avec qui l'enfant a été conçu. « Ex- » implique une rupture définitive que ni l'ascendance ni la parentalité ne peuvent admettre. La maturité affective consiste à « faire avec » ce qu'ils ont été ou ce qu'ils sont, ce qui ne relève aucunement du pur et simple acquittement. Il s'agit plutôt d'accepter l'idée que si tout un chacun grandit par identification, il peut aussi se construire en regard des travers de ses proches – ascendants ou descendants. Pour toutes ces raisons et plus doctement, cet ouvrage aurait pu s'intituler « Entre ruptures et continuités ».

Qu'est-ce que ces mères révèlent, plus largement, dans leurs témoignages ? Elles montrent qu'aucun parent d'ado ne doit rester seul à se (dé)battre avec les difficultés. Il faut être au moins deux pour se poser des questions, et donc réfléchir plutôt que ressasser. Même lorsque l'ado accepte d'aller voir quelqu'un de son côté pour parler de ses problèmes, les parents ne doivent pas attendre qu'il évolue sans eux – c'est-à-dire sans qu'ils aient eux aussi à revisiter leurs propres positions, avec ou sans l'aide d'un tiers. Les limites qu'ils ont définies demandent à être révisées, et il faut évidemment veiller à ce qu'elles ne soient ni trop contraignantes ni trop lâches. Mais cela ne suffit pas ; il n'est en effet pas possible de poser et de garantir un cadre dont les contours eux-mêmes resteraient fixes, figés, quelle que soit l'évolution de chacun.

L'adolescent bouge, ses parents aussi, et les limites qui les impliquent deviennent alors instables et mouvantes. N'oublions pas que la limite est, au sens étymologique du terme, l'entre-deux qui sépare deux territoires contigus et dans lequel les protagonistes trouvent un espace de confrontation et de compromis ouvrant sur une reconnaissance réciproque de leurs frontières respectives. Pour que le cadre soit réellement « contenant », les limites qui le circonscrivent doivent avoir une épaisseur – celle de la rencontre et du dialogue – qui tolère, dans une certaine mesure, les conflits entre ceux qui en sont les garants – les parents – et ceux qui évoluent à l'intérieur du cadre – les enfants. Lorsque l'ado refuse tout dialogue et même toute aide extérieure, il est encore plus urgent que les parents désemparés consultent pour s'en ouvrir à un thérapeute et, ce faisant, qu'ils prennent du recul par rapport à la situation. Plus ils attendront un changement unilatéral qui ne les concerne pas, plus l'ado en crise n'aura de cesse de vriller encore un peu plus ses conduites jusqu'à ce qu'ils réagissent.

Il est vrai qu'en tant que parent, il faut du courage pour aller se confier à un tiers et reconnaître que l'on est en difficulté. La souffrance donne envie de fuir ou de se replier sur soi, surtout lorsqu'elle est teintée d'une pudeur impuissante et coupable. Résister au repli et au silence, et oser entreprendre cette démarche est pourtant essentiel ; non seulement, celle-ci permet d'y voir plus clair, mais elle n'échappe jamais à l'ado en vrille particulièrement sensible à cet aveu de détresse parentale qui entre en résonance avec la sienne propre. Si ses parents acceptent de se remettre en question, pourquoi continuerait-il à refuser d'aller lui-même consulter? Tous doivent comprendre que ce n'est pas démissionner ou perdre la face que de solliciter l'aide d'un tiers pour mieux voir de quoi on souffre, donner un sens à cette souffrance et nourrir la relation de telles progressions.

Puissent les ados en vrille et les parents en vrac s'en convaincre pour sortir de leur impasse.

QUELQUES LIENS UTILES

Ados et parents
(sites généraux donnant de nombreux accès) :

Fil Santé Jeunes : www.filsantejeunes.com
Jeunes Violences Écoute : www.jeunesviolencesecoute.fr
Fédération nationale des écoles des parents et des éducateurs (FNEPE) : www.ecoledesparents.org
Site d'information, de conseils et d'échanges pour parents (inclus des espaces publicitaires) : www.magicmaman.com
Union nationale des amis et familles de malades psychiques (Unafam) : www.unafam.org
Institut national de prévention et d'éducation à la santé (INPES) : www.inpes.sante.fr
Ministère de la Santé et des Sports : www.santesport.gouv.fr
Haut-commissariat à la Jeunesse : www.jeunes.gouv.fr
Centre d'information et de documentation jeunesse (CIDJ) : www.cidj.com

Consultation nationale de la défense des enfants : www.paroleauxjeunes.fr
Éducation au service de la santé : www.adosen-sante.com

Adoption

Enfance & Familles d'adoption (EFA) : www.adoptionefa.org
Site officiel d'information sur l'adoption d'un enfant en France ou à l'étranger : www.adoption.gouv.fr
Organismes autorisés pour l'adoption (OAA) : www.diplo matie.gouv.fr
Association La Voix des adoptés : www.lavoixdesadoptes.com

Anorexie et boulimie

Association française pour le développement des approches spécialisées des troubles du comportement alimentaire (AFDAS-TCA) : www.anorexieboulimie-afdas.fr
Fédération nationale d'associations TCA : http://fna-tca.objectis.net/
Informations sur les troubles du comportement alimentaire : www.boulimie.com
Programme national de nutrition santé : www.manger bouger.fr

Drogues, alcool, tabac

Drogues, alcool, tabac info service (DATIS) et Mission interministérielle de lutte contre la drogue et la toxicomanie (MILDT) :
www.drogues.gouv.fr et www.etats generauxalcool.fr

Dépendance aux jeux vidéo

Adresses des centres de prise en charge spécialisée en France : www.game-addict.org

Sectes

Liste des sectes du Rapport parlementaire français :
www.info-sectes.org
Mission interministérielle de vigilance et de lutte contre les dérives sectaires (Miviludes) : www.miviludes.gouv.fr
Union nationale des associations de défense des familles et des individus (UNADFI) : www.unadfi.org

Suicide et mal-être

Union nationale de prévention du suicide (UNPS) :
www.infosuicide.org
SOS Amitié France : www.sos-amitie.org
Fédération SOS suicide Phénix :
www.sos-suicide-phenix.org

Phare enfants-parents : www.phare.org
(Contact : vivre@phare.org)
Association nationale Jonathan Pierres vivantes :
www.anjpv.asso.fr
Association Suicide Écoute Prévention Intervention auprès des Adolescents (SEPIA) : www.sepia.asso.fr

MERCI !

Mères d'adolescents en souffrance, parents désemparés, jeunes ayant accepté que l'on parle de vos problèmes... Sans vous, ces pages seraient restées blanches.

Soignants discrets toujours à mes côtés qui me supportez au quotidien et m'assistez sur la voie de l'exigence... Sans votre équipage, je n'aurais pu mener à bien cette traversée du navire-hôpital *Abadie* en mers adolescentes.

À tous, merci !

Avec une mention toute particulière pour ma fidèle lectrice en second, Marie Faure, qui tient les cartes hauturières en compagnie de mon épouse.

À Jean-Philippe de Tonnac, mon compère, ami et routeur épistolaire, qui a préparé avec moi cette croisière.

À Mathilde-Mahaut Nobécourt, mon éditrice et armateur, qui m'assure de sa confiance et sait me faire vérifier chaque rivet.

À Christophe Auguin et Bénédicte Dupin, vrais navigateurs des réalités australes, qui m'ont accueilli sur *Antipode* pour me faire approcher le grand Horn.

À Max, Laurent et Jean-François du Cercle de voile d'Arcachon, qui m'ont donné le goût des bastaques et de l'empannage sous spi.

À Béatrice Dupin, secrétaire en charge de mes projets, qui sait me préparer et m'avitailler avec prudence et affection, et à Delphine Murat-Dufois, sa collègue et complice qui s'occupe du carré.

À Alain Pons, cadre de santé et quartier-maître respecté qui veille au grain.

À mes collaborateurs et collaboratrices psys du centre Jean Abadie, Christophe Beitz, Delphine Bos, Emmanuelle Caule, Anouck Cavéro, Marc Delorme, Anne Joly-Burglen, Amandine Labérou-Arnaud, Catherine Liot, Jean-Philippe Moutte, Jeanne Payet, Philippe-Pierre Tédo et Jean-François Viaud.

Ainsi qu'à Béatrice Desprès, Alexandra Léchaudel, Françoise Jambet, Christine Menneron… et tous les soignants de l'UMPAJA, l'UTCA et la consultation polyvalente du centre Abadie, Pôle aquitain de l'adolescent, CHU de Bordeaux.

Table

Du même auteur :

Chez Albin Michel

Dictionnaire de la folie. Les mille et un mots de la déraison, 1995.
Ado à fleur de peau. Ce que révèle son apparence, 2006.
En ce moment, mon ado m'inquiète. À tort ou à raison ?, avec Laurence Delpierre, 2004.
Le Mystère de l'anorexie, avec Jean-Philippe de Tonnac, 2007.

Chez d'autres éditeurs

Quand l'adolescent va mal. L'écouter, le comprendre, l'aimer, J.-C. Lattès, 1997, réédition J'ai Lu n° 7147.
Un coquelicot en enfer, J.-C. Lattès, 1998.
L'Adolescent suicidaire, Dunod, 3e édition, 2005.
Souffrances et violences à l'adolescence. Qu'en penser ? Que faire ?, avec P. Baudry, C. Blaya, M. Choquet et É. Debarbieux, ESF, 2000.
L'Adolescence scarifiée, avec Michaël Brun et Jean-Philippe Moutte, L'Harmattan, 2009.
Un corps en trop, BD, avec Fabrice Meddour, Marie-Noëlle Pichard et Aurélie Souchard, Éd. Narratives, 2009.
Nos ados.com en images : comment les soigner, Odile Jacob, 2011.

PAPIER À BASE DE FIBRES CERTIFIÉES

Le Livre de Poche s'engage pour l'environnement en réduisant l'empreinte carbone de ses livres. Celle de cet exemplaire est de :
400 g éq. CO_2
Rendez-vous sur www.livredepoche-durable.fr

Composition réalisée par DATAGRAFIX

Achevé d'imprimer en octobre 2012, en France sur Presse Offset par
Maury-Imprimeur – 45330 Malesherbes
N° d'imprimeur : 176057
Dépôt légal 1re publication : octobre 2012
LIBRAIRIE GÉNÉRALE FRANÇAISE – 31, rue de Fleurus – 75278 Paris Cedex 06

31/6690/7